GORGEOUS
Book of
LARGE-PRINT
WORD SEARCH

Andrews McMeel Publishing, LLC
an Andrews McMeel Universal company
1130 Walnut Street, Kansas City, Missouri 64106

www.andrewsmcmeel.com

www.puzzlesociety.com

13 14 15 16 17 PAH 10 9 8 7 6 5 4 3 2 1

ISBN: 978-1-4494-4822-6

This 2013 edition printed exclusively for Barnes & Noble, Inc.

ATTENTION: SCHOOLS AND BUSINESSES
Andrews McMeel books are available at quantity discounts with bulk purchase
for educational, business, or sales promotional use. For information, please
e-mail the Andrews McMeel Publishing Special Sales Department:
specialsales@amuniversal.com

GORGEOUS
Book of
LARGE-PRINT
WORD SEARCH

185 PUZZLES

The
Puzzle Society™
puzzlesociety.com

Andrews McMeel
Publishing, LLC
Kansas City • Sydney • London

```
D B A V L P D R O O L S A A L A A R I W C D A E S
I E T V I C T E I C B R Y I I A H G N A H S S C S
S A Y T I C K R O Y W E N C T H C W L G B A A N O
T A A N M R U I E C T I H I R N P G R C B M T I H
A W N M E A N E O A L I M A R E M L G I R N U R H
I N A S T D L E I N C A C I S E X O E L G A C M B
R S I B V I O Y R A B I Y O C I Y E N D Y S A S I
S I X D A L S N G R S Y T I C N A C I T A V N S D
N E M I N Y A O T K A U N I D I A T A O R L R A S
R T N A B D N N C R C E A N A S X S M R R E I E C
B O S I I U G R O R V E A Y L O N E R N N T A H T
M P S A L R E I N T M L A A L A L P M C N T S L P
I E C I N R L N R C T A T N A L T A S A T A L H A
R Y N I E W E C O R R C M S S L I D I L O A A A R
L Y E N A U S B O S Y M S L W W A U E Y M R P L I
C I R I O C N P I D A N N V N A E B T C R R A S S
E E I A O I M N E I B I O L T C R O C D I D A M A
A D A I A O N N R S D I R D A M O S A D O A L R I
H S P C H Y V M N E M S A E N M T T A I L G E N A
E O T E N E A A N A S W O C S O M O O W S N O N E
S A N F R A N C I S C O H R Y N L N L K O D G A I
L N I E L L G M D N I L N M I S A E R K Y B C S D
D C L P T I B A A A V A E O P A T O B A N O S C E
L T O I T T E O Y K E R H N D A C L N C I X Y P N
C A I E E I L M C A L N I E C E A L N X O Y T D A
```

1

Cities

ATLANTA
BERLIN
BOSTON
BUDAPEST
BUENOS AIRES
CAIRO
CHICAGO
DALLAS
DENVER
LIMA
LONDON
LOS ANGELES
MADRID

MEXICO CITY
MIAMI
MONTREAL
MOSCOW
MUMBAI
NEW YORK CITY
PARIS
PHILADELPHIA
PORTLAND
RENO
SAN FRANCISCO
SEATTLE
SHANGHAI

SYDNEY
TOKYO
VATICAN CITY
VENICE
WARSAW

```
S S L E N P E T G H P T O K L N N S E N B M E R T
E C N C O E E C N P R A A E H G S E E E T O O S M
S F Y O I R S G I N D R A U G T N I O P U E A L R
T I E U H T N N L M C N G E O R I F R L O A K T A
W P L A N R A I B N E N N U S A F T D A D S T N U
O T E L L D A K B O U A R I A E H P O N E C Z C T
O F R T I E A C I A O N A E N F G N E O L E I E E
E F T N B F F O R W A R D S G J E L R I U A I R R
L N C O M E F L D M U B E F A E D O B T O C T E L
E G M S H N I B E P I L O M S N L I D A F H H U N
G N N E F S F N R P P A E D W T N L G E P O E U A
D T E N C E T L O P A S S I N G A N O R O A L E D
A U I T F E L M M A N T O M A N C T R C I A E H R
K A M R A R A D C A N A E S O R O A K E N N N E O
B O M E D E W F I M N T G I H O O E I R T M A R J
L L A B T E K S A B T S S L S O F W A T S F T E L
N E K N U D M A L S E S R E T N I O P E E R H T E
S H O O T I N G R N E E D L W O R H T E E R F N A
N L R A T O I A A F L J O N L E O C O U R T O E H
S E R H E S E N O E S H E A U T O R E M E C G C C
I T T A C N S R E R U L A N N O O D E M F O B T I
O L M T T R P U H O O P E F R O B H B F E O F E M
S W I E L A Y U P C N T Z O N E Z E D W R R R E M
T T S G N B A L N S T O E O W D D R R T N P G A L
N H W O S O N Y D L O N L S D E T C T F M M M E C
```

2

Basketball

BASKETBALL

BLOCKING

CENTER

COLLEGE

COURT

DEFENSE

DRIBBLING

FORWARD

FOULED OUT

FREE THROW

HOOP

JAMES NAISMITH

LAY UP

MAN TO MAN

MICHAEL

    JORDAN

OFFENSE

PASSING

POINT GUARD

POINTS

PROFESSIONAL

REBOUNDS

RECREATIONAL

REFEREES

SCORE

SHOOTING

SLAM DUNK

STATS

TEAM

THREE POINTER

TOURNAMENT

ZONE

```
M E Z S M D A B A M O W A A Z O R B X N C N R B L
F A A Z R A A I N V E N T I O N S E P I M M R R B
O H R C H I F A K O T E G D I L O O C N I V L A C
I S I Y A W G N I M E H T Y O E H R M D L S I D E
A O M W R N I P T F I T Z G E R A L D I E T H R T
G U I L L R J O E I K O S C R C M N L S F U I O H
E A N Z E E L S O S W T O R T X O F O U K S D E A
H E O S M R C T X S A W H A R T O N E M P A P D R
N R A E R T E W H R D D S R T B E M O E E R H O C
W N E N E E K O D E I V V L S R W E A M O L A W P
R O A M N O E R A P A W I W I G F K I H Y S Y G B
H S E N A N A L N P R E R U T C E T I H C R A A O
U B N E I E N D C A T C M D N A G B Z C R N E S B
N M A M S I E W E L D E K O S A I O W O E A I A J
K O E A S T E A H F E T B Y R T H I A E T K E B S
S S Y N A I A R A A C N B O I O I N S G T E A S T
O E A I N W A T L M O E B O B B E D H A I R E E O
T K T H C S A A L T E L N K H D C H U R S T O N C
G O D F E L O A S O O V P K L O J I G F L W W H K
I O R Z N E Y E S P M E D K C A J K H F Z E I O I
H B T W O O L F E O O D N N Z S O I E U J G T N N
R E H T U R E B A B R B C Z G U B E S S Y Z E W G
E E B L A C K T U E S D A Y A E A I T A L K I E S
E S L H O O R U A P P G U M E G A T L A E Y T E Z
I E C K E N P W O M E N S R I G H T S M O K I N G
```

3

The '20s

ARCHITECTURE

ART DECO

BABE RUTH

BLACK TUESDAY

BOBBED HAIR

CALVIN
    COOLIDGE

CHARLESTON

DANCE HALLS

ECONOMY

FITZGERALD

FLAPPERS

FOXTROT

HARLEM
    RENAISSANCE

HEMINGWAY

HUGHES

HURSTON

INVENTIONS

JACK DEMPSEY

JAZZ AGE

POST-WORLD
    WAR

PROHIBITION

RAGTIME

SMOKING

SPEAKEASY

STOCKINGS

SUFFRAGE

SWING

TALKIES

WHARTON

WOMEN'S
    RIGHTS

WOOLF

```
E I N T E R N E T A R R T S O K A E E T A Y W E T
P E W S O V H E E P R E M R M D R A O S E P K T R
C C R A O R U I G V O R W O O C T P I E E W E E P
O N T I H A S S R S F W A D A A A P E N D T M D T
R E P O P S O E A L M S A T A D N L T S K M O B K
I E S H U L E P P A O R W S E R R E I E A T O V T
K R R R V V P V H C P C I S R M C P R R E R P V N
L E M E E I D I I R S C N L A P H I G S R R S T E
P N E T W O R K C R O R D O W O O O K N A O P C T
N P M U O M S U S N D R O N T T R I E O P O E O H
R Y O P B I S S S N D K W O F P O I U I R P O P E
A E R M T C E M L E P O S O O A I A J S O P T N R
S R Y O L R C O S T N H T I S L I N U X N P I M N
E M O C S O S K A P O O I B D L O V T S I R C E E
R O D L W S T E T P R O C E S S O R C R O R R R T
M R E A C O R O H E P I N R C I A M C A T P K T T
N R N N P F A F W S M L S S N A O S P E I O E O I
M S N O I T S O W U A E I T R M A D N P P V Y O H
R P E S I N T E M O A O K C L V D D L R I Y B S K
O E E R C D K P A M S S P U A L E U O R R P O A A
M S R E R A D O B E Y E O J R T E T D M S O A D T
A V U P O A N E E T B N E O N I I D S U O D R A T
P F C R O H I N F S N U M I R N R O P I M B D O O
O L N P A L E R E I C I R D O A T S N K M R E I E
N A D O R I M M P R M P L M H L R R P S T N R P N
```

4

Computers

ADOBE

APPLE

APPLICATIONS

DELL

DESKTOP

DISK DRIVE

ETHERNET

GRAPHICS

HARD DRIVE

ICONS

INTERNET

JAVASCRIPT

KEYBOARD

LAPTOP

LINUX

MEMORY

MICROSOFT

MONITOR

MOUSE

NETWORK

PERSONAL
   COMPUTER

PHOTOSHOP

PRINTER

PROCESSOR

PROGRAMMER

SCANNER

SOFTWARE

TOWER

VIRUS

WINDOWS

Y A I E A P R E N S I A M I E N S S A A O I G C T
S T C E R R S P L A S O O E I H S A O M N G O H N
Y N I A M S T A A H E E S G X P E L E I R A R Y S
E A S I E T A S S N I A T N U O M C P S E E G H N
W N N B T T A R L H C S I I S L O E A R T H A G S
B E A T S R L P N G E W V M A L R N R A S H N R H
R R E C Y C L I N G P E T R D U A E W U N S I G O
T F C R S V N O D E S A T A O T M R T I T G S E E
A I O T O I N C I N D T R W I I C G E E P A M A D
I S C R C R A E N O E H N L I O C Y P B B D N U S
H H T C E U H O A H R E U A I N S E C T S C T Y N
A L A C I S Y H P S E R C B L E N H T I D O N N F
I U N E I E T R B U G S L O O P E T A M I L C O E
A O I N B E A R A A N L I L N G G N O M A B O G U
E A M N I R T S C S A E B G A E Y S L T S D T M I
H I A N O S I A T C D A I T G R X H O M C S P E I
G S L T L A B S E H N C D A B I O S P H E R E U E
I L S N O R A G R E E N H O U S E G A S L L E Y G
N N L N G C H O I M C A R B O N D I O X I D E U L
O O R F I E U O A I E L O X U E N N A I Y E E A O
I I T E C A G E C C E S C G L I X E A G A N R G S
O U E Y A L Y S A A L L I D S F H I B N N N H P V A
B N T U L H N N R L A F A I H U G O D I S D V N L
A L L S E I I T R I B G R E P R N R P C A R L P S
O N A N A C T R N U H P M N T D R O C E A I E S P

5

Environment

ANIMALS
BACTERIA
BIOLOGICAL
BIOSPHERE
CARBON
 DIOXIDE
CHEMICAL
CLIMATE
EARTH
ECOSYSTEM
ENDANGERED
 SPECIES
ENERGY

FOOD CHAIN
FOREST
GLOBAL
 WARMING
GREENHOUSE
 GAS
HABITAT
INSECTS
MOUNTAINS
NATURE
OCEANS
ORGANISM
OXYGEN

PHYSICAL
PLANTS
POLLUTION
RECYCLING
SUN
VIRUS
WATER
WEATHER

E N E E U S V P M I C I R O V C M R K L L R I E I
I N R A L C D N M M A C H I N E G U N I W R G L E
I U A A N U E A R E T E O L O E E I E N T A Y V R
E N T H C R R O L A K E I E N F M U R D O C K V S
T F A N R M S V E C R F S N O P A E W C I G A R E
C R N A I W H I S E N N A S T S T C U H S G G E E
M T A O M N E E A T P P A U R P P L E O T G N K B
P E S O E E R T O S T A B M O C T H E M D E A C A
I U A F F R U N C V E N E C O F L A E E A S E E R
N O R E I O T A L E E N I I O G I E A M N N A D A
M C E A G E N M O O C L N L R T O E I A A I W L C
E B A T H D E W E A E F L O E S W N R D R A E E U
R M H U T V V A Y H A O U L I T N E L E I H V N S
O R I R E I D R G R W A E I G H T I E S G C R O E
P H L E R R A N I I A V S C U E U R U E O D V L W
R F G F S T C U N G I T R M V M O A M T A L N O N
L Y I I I S S G T S O E C I A E I L L T O O R C I
A D K L F N H E I I P O T A N S F U R M R G A P N
B E I M O V L O F A L N D A V O N P U M P E E I L
I M S I R A N V N E E M L G N N R O S T L V C A B
N O T P S S T M I V M P E C U G L P W R V C R N F
N C W O H V F E N M R E I A E Y E D D P E W A N E
A O C O I A S I R I E V E G E F S G E S O U T F T
H P W A I N E R A M E O L M I M C N S I O H N U A
T N L C O B A M V C S E I O K A U V A V I O E W O

6

A-Team

ACTION

ADVENTURE

AIRPLANE

BARACUS

CIGAR

COLONEL
  DECKER

COMBATS

COMEDY

CRIME FIGHTERS

CULT
  FOLLOWING

EIGHTIES

FACEMAN

FEATURE FILM

GOLD CHAINS

GOOD GUYS

HANNIBAL

HELICOPTER

HOMEMADE

INVENTIVE

MACHINE GUN

MILITARY

MR. T

MURDOCK

POPULAR

TELEVISION
  SHOW

THEME SONG

VAN

VETERANS

VIETNAM WAR

WEAPONS

```
E I E T O C R I E R T E A O L T D E C M G L L P I
A C D O O H T N E R A P O W O N E S L B N N T I D
A Y A N F A A Y O S O S H L D I R S H D N E I E S
U H U H F R N P F L H K U N G F U H U S T L E Y E
K B S O I E E N L A Y E R A W T P U L L B I L H S
S I T N C B A E I A R G C W M T I M F O R G D A E
I G I A E N O R O E O G L R A E N U D W R F R H D
P L N A S S P L O S H G O G O Y R G D I R O O O A
S E P L P L R I N O H A V G A I N I U O O U A M A
L B O P A E L E S N N E L A E N A E C L N R P E E
L O W N C G S T E C T F E L K G B E S A R S E A T
A W E O E A B A H T O M M Y B O Y B T W N R L L S
B S R R H U O O A O L E T H C E S F O N O P R O R
E K S S S E R R A D C R S N C H A P M I R I N E
C I E T G M A I E W S E A Y R Y L Y L H T H L E P
A H E N A C T E O G C E S Y J Y L I K O C S U D O
P R I N F Y A D G O H D N U O R G W I H E T S E O
S O S L T O H A E S O O N R R Y A E Y D L S S I R
C U T R S B N P I K O O S N P T R O R A E L O L T
L I O G A E A D L R L U T P E C G H A N G O V E R
A E O A D Y E S R E H S A R C G N I D D E W R M E
D H T O V W N L N L H H B R I T O E A R K S O A P
O N H L A C A U L C E O G H N A P A W L R W H T U
E S J Y C R S M H L Y B E L E R G E I Y R A F T S
G I S O S A E R P P A I C A D D Y S H A C K C W A
```

Movies: Comedy

AIRPLANE

AMELIE

AMERICAN PIE

ANCHORMAN

ANNIE HALL

AUSTIN POWERS

BIG LEBOWSKI

BORAT

CADDYSHACK

CLERKS

ELECTION

FARGO

GHOSTBUSTERS

GROUNDHOG
    DAY

HANGOVER

HAPPY GILMORE

HOME ALONE

JUNO

KUNG FU
    HUSTLE

OFFICE SPACE

OLD SCHOOL

PARENTHOOD

SIDEWAYS

SPACEBALLS

SUPER
    TROOPERS

TOMMY BOY

TOOTSIE

WATERBOY

WAYNE'S
    WORLD

WEDDING
    CRASHERS

```
O E C X E U U C U V H R I E K P D L O C C N U I E
L E N U R F O R M A L D P D R R Y U P M R R P D S
C R E T O R J R D E C O R A T I O N S D C N S R R
A O E I S R I H C U N P E T R H R N E W R S E R E
K I H A S U I I M N R W E S S T E K C I T E Y R R
A N G N N K R G Q E B C O N L P Y E I U J M A C N
A E N N S N T H G V T N B R I O R A E R R M R C R
H S C C E D N S E R S I S U C T O I A D S A E I N
L U E N N E T C M E P T L I N E E G N N P E S T P
N E U R A T N H S E R E P B O F K I N G N T E C D
E S N N D D N O L R K C E L T O P O T C L A R E M
E E E E H P U O D S R L O O R R S S S E R D T C S
O N E M S S A L C R E P P U U R R T E E N O K A S
E O I S J Q T P O R I C G M O S R R F R J U I B E
U R R S C J U N I O R A A U C I S U M E U P I N U
G E O N U E E E P H T H C M R I R W I G T R N M
V P E P K O I U E Y E J O O E A O E M N M O C O P
D A I A P Q M U D N K N R E N S L G T N B I C I E
L H M E E J G I R I R P S C C R R O U O M S T C P
E C S E E P N E L I R N H W Y I A N A T R S D E H
A N N E P N A O D E X U T H E M E E E U P C N R N
O E U P E N E C T R N T E O P D E G O O E E E M N
N P C R U E G F F U I P S R R O O O O B R N O E C
K N O T H H A T B I U P I O O A L U D T I U W S T
E A R C S E W T E H O C I S R N U I I R S R O M L
```

8

Prom

AFTER-PROM
BOUTONNIÈRE
CHAPERONES
CORSAGE
COURT
CROWN
DANCE
DATE
DECORATIONS
DINNER
DRESS
FORMAL
HAIRDO

HIGH SCHOOL
JEWELRY
JUNIOR
KING
LIMOUSINE
MAKEUP
MUSIC
PARTY
PICTURES
QUEEN
SENIOR
SPRING
THEME

TICKETS
TUXEDO
UPPERCLASSMEN
VENUE

```
C I B T N E B E N L R A E I S X O B D N A S O O L
R A E R E G I H C E G R D O L A A L L P A S A A T
E S R B K H C L N D K A O O S S K C U D T A O L B
E G W R W F Y K N S E H C N E B O I R A O T C E O
G T R I X D C K R D P L C B E M H A T O I W I O O
S U L D N O L T I A P L A Y G R O U N D I P N N B
S W N G S G E L T D P L A W T P E N N A C S F R P
A N R E G B S H E L L G L C N N A C S I B U T N C
E R A C A C W S N D S O O S C C S H E L T E R K T
T T R B F A H I I G N P O D A O H E A U R A U T R
B U O O Y D A A A C A B F P R U N A N P T N O W A
C O T U R N M P T U I G T M G C H P I C N I C K M
F O O N U O G O N N N N R F S N H N E R S S L H A
O Z L C N P F E U D P U E E B S I R F S E Y L E N
T S H D N K P T O P I O C R T P S M E N K L A H E
C O N L I B O I F P E A N N I R G E M O E E B R H
R I B N N L U P L A I R O M E M K C U I D I T O L
R R O A G D L E I F R E C C O S H L B S W N E I N
H A C B T R A S H C A N R T U I P P I S T S K K K
R B B D R E A H K S I I N O L O I H I E E E S L G
A N O A A I L A D E W C S D N E T T E C N I A E N
S E W S I S R R L I A T R U O C S I N N E T B P G
S C C C L R N A O N O E F N A S E I U O I U O E D
B I R L U E I G L N N U D A E H C L C C I F I A S
O G S P A P E C Y O S N N L I U E E A E I R O N C
```

9

At the Park

BASEBALL
   DIAMOND
BASKETBALL
   COURT
BENCHES
BICYCLES
BRIDGE
CHILDREN
CONCERT
CONCESSIONS
DOG PARK
DUCKS
FOUNTAIN

FRISBEE
KITE
LAWN CHAIR
MEMORIAL
PATHWAY
PICNIC
PLAYGROUND
POND
RUNNING TRAIL
SANDBOX
SHELTER
SLIDE
SOCCER FIELD

STATUE
SWIMMING POOL
SWINGS
TENNIS COURT
TRASH CAN
ZOO

```
C A S S S R S E S B E S N N D S O H L G O G I S H
I N V N N E I E S H S H N L P T G P W S N D S E T
S H E S E S L S U N G I G A F W S E B I H N N I T
H O G T O D D U S E E N H V E S T S U S E U A A A
R S E S C O R F A S T S U T J E N C A L K L L E B
D T N H I P I E J L S I S L L C T V B E S E R H S
N U E I O D T N S S G P C U P R P N S E H P H U T
E B T S I R H T H G I E D P O K A E S P T R R U R
B E O M S T M L R S C E B N I P S W E O E C S O O
H R T K S G D O S S H U W R S S S B P V S E E I P
E L E L E P S O N C K K D P A I I U S E D H S D S
N T V O X N G T S E S N I J G S N I U R N S A S E
A R S C D O G S F A S H I O N O G L B S E S I J B
A R G H P S S L M S A D T G W G N D R S R K U U R
L T N M H A E A E R N I N E L K O I F E T N S N K
R O H U L D R C I E I I E E H E T N I S O P A I S
D R D C A R E L N G T P G C I D E G R A T H E O R
D R F T S U H A U A D H D O T R S I D A S R N R P
L I M L A A S T D N D W P R R N F P U W S G L H C
T E A I M O W S N E C L A P E A E P E A O C T I S
E C S M N E U K V E A H U E T N D S H O C X H G E
S S R E L H N A W T V E T I T T A S T G I B R H I
B S D U U F O L L A K E E I G E U D A S A L L D T
C P E H S B S K N A R P S S M S L H R S L N O X H
C S L O O H C S M P R D J W N E C A M C E P I O D
```

10

Middle School

ACNE
ALGEBRA
AWKWARD
BAND
BELL
BUS
CLASS
    SCHEDULE
CRUSH
DANCES
DATING
EIGHTH
FASHION

FIRST KISS
FRIENDS
GOSSIP
HORMONES
JUNIOR HIGH
LUNCHTIME
MAKEUP
NEW BUILDING
PASSING NOTES
PRANKS
PRETEENS
SCHOOL
SEVENTH

SIXTH
SLEEPOVERS
SPORTS
TEENAGERS
TRENDS

```
M S C M L D E A V S T Y T L T S R D A O N T N F E
O E D A K C O L B L A V A N I E S O A N E T N N I
C T T I T E D F E S G D P E U R E D W O P N U G A
L A U H A L T N O L R V T T O A T U T V E E L R N
C R E O T R S N S L I E S A M O A U L D E M Y E A
S E C A L U O Y G C R E T M U S T R O F T D S C C
H D L A G G O H K Y A G O E B G S U T S T N S O O
S E E O A E S S I V A D N O S R E F F E J E E N N
S F E N C Y B T S E I L D A E D E L V R M M S S D
S N O I N U R E G E T T Y S B U R G I B C A S T A
N O R E R S N N E E L O N N E S F G N E I M G R P
S C B G G I N I I A E T C U T I D T N M X A R U L
S I N N E A E S T S O S T R T U N T C K O A A C A
S E T O S E B E A E L A C A F T S T A R T N N T N
P R S I L E O B N A D K P O B S T T C L T N T I T
B U R T S L A V E R Y S M T N U T L G M A L A O A
B A N A T E E E T N O A T U O A E C G N M O E N T
S T D P O T S O N N S T G A R G N O T T O C X C I
S S R I T R N I S R R G T T T U I C S T P N O T O
E S U C C E S S I O N R I L H E S D T E P I A S N
T G D N V B N A Y I C E O A A G S A T A A L E P S
M N N A R O N E L E I E Y N A M R E H S M A T A R
S E E M N R C T O S D S T T C U T E L A O E E C O
O T N E C R A A E E N O L A E L E P O A A O A N O
I A E H H G B R R N B O R D E R S T A T E S S N E
```

11

Civil War

AMENDMENT
ANACONDA
    PLAN
APPOMATTOX
ATLANTA
BATTLES
BORDER STATES
CONFEDERATES
COTTON
DEADLIEST
EMANCIPATION
FORT SUMTER
FREE STATES

GATLING GUNS
GETTYSBURG
GUNPOWDER
JEFFERSON
    DAVIS
LINCOLN
NAVAL
    BLOCKADE
NORTH
PLANTATIONS
RECON-
    STRUCTION
ROBERT E. LEE

SHERMAN
SLAVERY
SOUTH
SUCCESSION
ULYSSES S.
    GRANT
UNION
UNITED STATES
VICKSBURG

```
N P C A F I N A L I H A R L K H K K D S N C R E P
B G N I D D U P H C T O C S R E T T U B E E N E K
A K E N U C R E M E B R U L E E R E O E C K O P O
E E T E N K C N C O A O T R D I A S O E L A T C O
W P C S R K B O U D A D P K S O K D O L C C R O S
D D R C E S C C A E A C N E S S R O I C R T O C V
O I T D E O L M K L E I R U I K E R O I C O P O A
T E A C E A T A D C R O S K S P B L K C P R A R N
E R E V E G C E O I M T E M E E K E C C R R P E I
S E R S L E L R P S S A I L E A G R R Y C A P N L
I A T N C H O C I P E L N O C C S D E W R C G N L
L O Y I A O T E R O C Y W I H H T R U F N H O U A
O R P C R L U C L P C C O H E C E R F F L A N A S
R S S K A A L I R C R U R R E O I E U I T S I D H
U L I E M K Y E A U E C B I S B L E D F T O V E A
E A R R E O I D E P A E P L E B A I G R F C H G K
E R C D L S E K N C T N E O C L A K E K A L A P E
U E E O P B E L L A I I C N A E A E L K A U E R S
M C C O O P C L E K C P A N K R S T E A E W E C E
T U I D P L T O P E R A N A E L R C P D V A A B E
K U R L C F T M E E E G P C E I P E L P P A E T R
C H A E O C U S I M A R I T C G P P I T L C C M C
F R A S R P K A I R A C E O E A E C R D S R L C P
E E H U N A E K A C T R O H S Y R R E B W A R T S
N A I U E I C A U I E S S U O M E T A L O C O H C
```

12 🌿

Desserts

APPLE PIE
BAKLAVA
BROWNIES
BUTTERSCOTCH
   PUDDING
CANDY
CANNOLI
CARAMEL
   POPCORN
CARROT CAKE
CHEESECAKE
CHOCOLATE
   MOUSSE
CRÈME BRÛLÉE

CUPCAKE
FLAN
FUDGE
HOT FUDGE
   SUNDAE
ICE CREAM
   CONE
PEACH COBBLER
PECAN PIE
POPSICLE
PUMPKIN PIE
RICE CRISPY
   TREAT
SHERBET

SMORES
SNICKER-
   DOODLES
SPICE CAKE
STRAWBERRY
   SHORTCAKE
SUGAR COOKIES
TIRAMISU
TRUFFLE
VANILLA SHAKE

```
C A R E L S M P H S S R C L A A B S E L E T D G T
N M U S C L E T O N E A I L R O E A C T I K N A I
K K N T F L E K E R N H S D A S E H I I H I C N R
A M N D R I L B A E T A C N G L B R C E X K R M P
N L I R E M T A B I C P A N E T B A I O G I C I C
R N N N B D E N B M L T I D U L I S B E T K U L I
T R G A C A P T E E U S U I L R O K O X A M I E L
K E L C E E E A T S N D Y C E U C C R E L C E E S
L E L S P R N R H C S I I A T I W R E R K G B Y E
A S H E S T S W E A T A C S K I U I A C G I S S I
R C U L P N O U O L G E I I S E E S F I O K X M L
T L I G I S N R S O T D W A D N T P N S U I I D I
O I D O N E A R Y R E I T A N E I G E E T A I I T
S H W A N T S S H I H H S A I H M Y G C M D H E O
R R P O I A A M W E M G A E S N E I A B R G I M C
N E O A N L T U A S A E N R O T I I S N H N E N R
P R A K G I Y R E S A L E I E S R G A N C I P I S
L R S C C P T I E L I B T I K G E T I M A L B G G
T I E A L R K K G Y M I M H K L T W L B H C N S S
I Y S R A H I I L E T R E N T R A P T S S Y E A O
E P T T S H L E M E S T H G I E W W H S E C U I N
I N E P S L R P P U I H M A I S R S H S E I I C R
L U A D T T L E L L I P T I C A L T K E N B T A C
S U D E O I R R L N E G E L W R H M B W U S L E M
I R E G P U S H U P S A N H S I I L E I L Y K R N
```

13 🌿

Working Out

AEROBIC
BICYCLING
CALORIES
CRUNCHES
DAILY
DUMBBELL
ELLIPTICAL
EXERCISE
FITNESS
GYM
HEALTH
HEART RATE
KICKBOXING

MEDICINE BALL
MEMBERSHIP
MUSCLE TONE
OUTSIDE
PARTNER
PILATES
PUSH UPS
REPETITION
RUNNING
SPINNING CLASS
SWEAT
TRACK
TREADMILL

WALKING
WATER
WEIGHTS
YOGA

```
H A R D I N G R O H G O M D T A L A E E A C L W T
T L C G L F R N O T N I L C O Y A L O C P N N U M
N U N M B I A K A B O O L O N A H T T R R O I C B
E A N G N L N A R T L E V E S O O R T E S T J R U
A M G I R L T C N E V I O D G I U U G I T E E D S
D K V A X M I N O E F T D I P R A M D P F W A T H
O L A H E O L F L L I L R A V F I A S F O N L B R
M B D E P R N A D C N S N U Y E M N E H I I E F W
F P C Y O E N R T L L E G G D I E R N L N N R E N
L R H O A D W E N D F J F W E O S E W A O U J O O
O X W E O O O O E A O O T O N O S L I W A P B B L
A M T O Y L R E V O O H R K N I N N S O M O J R L
H N O T G N I H S A W N H P E C A R T E R S T F L
N O T O B N O D N T O S P F K O A L A O D P E L N
E R E E A F Y O G M O O O C F O A D F R L L R S J
G N N I M N I M E E L N G O E G I S D E E L D V A
K K O M O A M R F E A N G N T H R R R A I P O P O
T O T L E M G A T M N S H N D Y O K N T F A T G D
O Y H L N A I A R R T F P O L F O A H N R D E A G
R L F R M B N E I N G T O E A L I S B N A A M A O
R O T E I O L V A A I K Y L M N R S R L G M E C A
I S E O E R T L S A D R N L N N R O S O S S Y N T
E N O E A P O L K O W D R A E E N I U E W P S S O
E A I A O P N S L H T N O N R R V H I L N A A I H
D K V E N W B N F J T R E L H D I A D N N C N R I
```

14

Presidents

ADAMS

BUSH

CARTER

CLEVELAND

CLINTON

COOLIDGE

EISENHOWER

FILLMORE

FORD

GARFIELD

GRANT

HARDING

HOOVER

JEFFERSON

JOHNSON

KENNEDY

LINCOLN

MADISON

MONROE

NIXON

OBAMA

PIERCE

POLK

REAGAN

ROOSEVELT

TAFT

TRUMAN

TYLER

WASHINGTON

WILSON

L B P L I I E Y S R I L S S M N G O G Y I P M S T
I H S N I R Y O W E W M O S R A E P S A E R S L G
L B M C R A O C A M L E U I J H D U L A M N E L L
A H G T D C N R W O S I C E B S O O C M A O T R L
B L T H N E I L O J B A M I I O N S N N B E N E I
I G E I R I N D N I S L A N A G L R N N L A O R E
N I W M I A W I T H E R S P O O N S T E A T U A I
A N C Y T E O M S A E F R R E C Z R P A I I N M S
S I F M N E R A O T S N I H O E A R A D N S P H Z
D Z I A M K O O E N O A H A S W I F T Y T S A S G
A A O E A H W S M M D O H O M L D C T L N U L N E
R B N D C S I I A Y L F Y M N A M D I K N N T I S
A M L O A S N M N M R O A N R S I B N A O H E S N
F A S L E A F P E T S R W A I L E F S G A T M U A
N D H N E I R S E I N F A O C O C O O N N I O R L
O C A L E I E O S M S O H B L R D P N L T L L Y L
O E J B H N Y N B B L R T S O A A R J H I E K C M
W P C Z E P O L Y E R R A C O H L A R R I R P O I
R Y H R I E R R G R R I H A N N A M K C A J I M E
H W Z L G N A H O L I T I I E E C N O Y E B S B R
M T N E L Y M E T A L Y S S Y S N O I O A A O M E
C T R M T I S Y O K R L I P K A S W S S R T D O T
O H A R S A B N Y E J U A N A C R H H I T S S A Y
L B N A I I L Y S O R B N W R A S E A I I O O N A
A F I K K E I O N C I R E O I O A E P H G A N R N

15 🌿

Celebrities

ALBA	JOLIE	SWIFT
ANISTON	KIDMAN	TIMBERLAKE
BARRYMORE	LOHAN	WINFREY
BEYONCÉ	LONGORIA	WITHERSPOON
CARREY	LOPEZ	
CLOONEY	MADONNA	
CRUISE	PATTINSON	
CYRUS	PITT	
DIAZ	RIHANNA	
HATHAWAY	ROBERTS	
HEIGL	SIMPSON	
HOLMES	SMITH	
JACKMAN	SPEARS	

```
O U R S P I I T U R S G E E C S M U N N I A I S I
R E A C S K O W A L L S T R E E T J O U R N A L N E
E S U N S N R N U S O M N R T C N O N I N R N N B
L G N O I T P I R C S B U S A T R M U L S U O L A
C V S U I I L I I D I H O I D V L O C D N S I I S
E O T G D C N O I N I P O I E A E A S A O R T V D
D U A L N O O A S R N T B R A I I L W S L A A I E
R O L N O L T N S O E M B R O I H I O N I F L N I
O N N S O U S R T Y E E S I E S I T R D S I U G F
W I U T S M E G Y O B P E E L C C E L L R B C H I
S O B R T N N N D O S V I O O I E O D A I O R V S
S O S O E I I U L O N C O L C M R E P R E R I B S
O E N P H S L G I I P B P H T O E N T E S H C T A
R I M S I T N R B P I R C L N C I O I H I T S R L
C A A I S O O L C T B S C H I L G S A I L T N I C
T W Y W T O C D U U S A T O D A Y M S M O C C D B
D O I S O K E A S N I N B N C O R B S A O O T D Y
A S O I P E R I F E C T O I E S U E I I R O T S S
R B U B A Y N O E D L T H I U A E A V M O O O H T
S E U E T E L N Y R R C A I T K M D I T I T S O N
A E I I S S B C I W L L I L A C O L N S N R S P C
A C N S S N R L F I E R I T O E E D E S B D E T N
T N E M N I A T R E T N E L R L I S U S W I C R Y
I D E T N I R P A T T R V N M A R H R S S S T L U
E D A T S D V T C D I N S T I B D T I N N O I T I
```

16

Newspapers

ADS
ARTICLE
BOSTON GLOBE
BUSINESS
CHICAGO
  TRIBUNE
CIRCULATION
CLASSIFIEDS
COLUMNIST
COMICS
CROSSWORD
ENTERTAINMENT
HEALTH

HOROSCOPE
LIVING
LOCAL
MIAMI HERALD
NEW YORK
  TIMES
OBITUARY
ONLINE
OPINION
PRINTED
SECTIONS
SPORTS
SUBSCRIPTION

SUDOKU
TRAVEL
USA TODAY
WALL STREET
  JOURNAL
WASHINGTON
  POST
WORLD

```
B A L L G A M E T L Y E R O O T O R A N K F I I I
A K E M T I O M G N M N S R H G L M R E A U N E R
L E T H G N I P M A C L T H M U I M S N M U U U U
S E O H M L H A L Y S C I O S M G E U T I S O W E
I A H C X N S I G H T S E E I N G L S A L I M Y O
M V W A N D E R I N G H A W A I I S W A G P N R A
R T R E L A X A T I O N O M M M A A S G H S K Y E
O A A B M L C W D N N G O N M A S A E O E A I I I
O I N O R N M A A A U Y G T E Y N T I C I G R S C
S N I H G N I P P O H S R W Y Y M E A F Y O E M N
O O W W U E E V B K E T I T R U M S U E Y S T L T
S M C A T B D R S R I A N L N G C O S N A I I L A
K U M A T L O E L A H Y T E S U R R O E W O E K E
L S T G H L I E N P I I S Y M P O S U N B I U N A
Y E E T A F A M I L Y N K I L U I C L I U E H R E
A U V N L R S I S A A G C I E U N R S N S G A W R
R M U A E U R T U N W H A E N N A O T S M E T G U
L S W R R I M O D O A O U E O G T U M D O U H F T
O M E U A T M I H I T M A S P G I E I P A R A G Y
I H E A Y C Y D A T M E N A L P R I A B T O C F N
R N S T W N X L O A T O C A R N K R I I R P R D E
H S L S O R P P U N E E I M N G Y P H A I E L R O
T I N E W C I T Y I N S T A P M N T O U R I S T A
G I T R F R E E T I M E A G T E R E H A I O W T U
T T G L M I S O E S B G M A G I T N Y H I I S T R
```

17

Vacation

AIRPLANE
AWAY
BALLGAME
BEACH
CAMPING
CROSS COUNTRY
CRUISE
EUROPE
FAMILY
FREE TIME
HAWAII
HIKING
HONEYMOON

HOTEL
MASSAGE
MONUMENT
MUSEUM
NATIONAL PARK
NEW CITY
RELAXATION
REST
RESTAURANT
ROAD TRIP
SHOPPING
SIGHTSEEING
STAYING HOME

SUBWAY
TOURIST
TRAVEL
WANDERING

```
E G A L Y E A E T A A M E S T S E D O S N C C I T
E G V H E A R E D S T R I P E V E B R S T S M W C
L A O L P R I H T T L R C M L R A U I R R I B S I
S E L L R A P I U O O A E R S M S N M M B A Q G G
O O L B N V L I Y U P E E S O A A M T R C S T B S
E N L T B I S E L T S A C W E N O O M E U L B E A
G L L G U O B M A S H S A S M E T C E S E U L E O
E I B I D U I S E L N G I S K S I A I R S E E N M
R U O B W S R R H L E E I M H A R N O A B K T L I
M Y L M E O E E B O E S R L S S L S N A L S S D A
L S E M I T I A U H M I Y C R U E R Q M L G N F R
A I C Y S N C N M U S E S R E E E C A S T A S T S
M C S O E U O R O B E I I C E V L S R A D T G C C
E T A K R A S S K C E B U S R W G L S M I E N A M
E S E E O O M R T R M R U Q G C E R I L K L E O S
I N H O R S N S R E A O R L E M E R O M A O W O T
D R M P E D R A V E L U O B F S E S B R E G B A A
A U L E L E N M P E T L Y L R E O I G O E R E A E
N B U T F E E A A E T E A O A R A D A N R S L R M
A C T I V T C D G G A V L A A E W I E S D C G O N
O O A A R I C A O S O R P T R K C O B R E N I H S
D B D N F G A M T R K A A A T T H C R Y E P U M K
C A N I H I T S E R E P N S R O O C N R E W M R O
B E C S C R O A W E L C L M P O B I R S L T O O L
S O E S T O E A R O G C R S K S I S S E N N I U G
```

18

Beer

AMBER
BECKS
BLUE MOON
BOTTLE
BOULEVARD
BUDWEISER
COORS
CORONA
DOS EQUIS
FLAVOR
GUINNESS
HEINEKEN
HOPS

KEG
LAGER
MALT
MICROBREWERY
MILLER LIGHT
NEW BELGIUM
NEWCASTLE
PACIFICO
PALE ALE
PILSNER
RED STRIPE
SAM ADAMS
SHINER BOCK

SIERRA NEVADA
STELLA ARTOIS
STOUT
YEAST

```
I E L D O S R R C A N E R I S A A E F R R O T N N
R N E A N C O N R A L E E T R M A C H R E Y E O C
H R G N N J E J E E T O E T L S A E U E A C V R A
N O C T C Y P L E L C T R S C F R O C L E L S A A
S L T M E S P H O E H Y S E E S O E A E Y R E S Y
A I C W B T H B T O D C F T C S L S S R R I C C C
C G E I E R R B S L R A E H E N F D A I A S E R C
G B M O O R Y C N E G R E M E I E D E R I H R E M
G E O H O O O S E E I E T D S E H A F L S R O B M
S N O V W P S S E A E G R Y R E V O C E R E L T N
R I L S E D S T N E T I I I O N O N E O N A T A L
H C E S E I L E B U A F F I T I E C D T N Y O P L
S I N S I S R R T H R T Y S I E R O E I P R S E I
S D E E N E S I C E O S R Y S N U L A E E E R D A
S E C N L A S L V R A H E C I O D O T E R G T M T
A M A L E S E I I G G O V F V T A G E O E R B L A
C L I L T E E Z D R I P I E D I C Y A E D U N S G
N A D E H E N E O I T Y L C W I U O C E L S H R R
C N R W Y S Y E C I N T E N S I V E C A R E T S I
T R A N N A L A T I U J D S I H A N N J A N E S E
O E C U N O T C O C S S U C E I T C I L L E A N I
S T V N N S C I R L Y E P R E V E N T I V E N M N
E N O N C O I L F F A T S U Y H P H T N Y N I V D
R I Y A E J N O A R R E E B O B T H U E N E O R S
O E N I C I D E M L X V E S C I T O I B I T N A T
```

19 🌿

Hospitals

AMBULANCE
ANTIBIOTICS
CAFETERIA
CARDIAC
CARE
CAT SCAN
DELIVERY
DISEASE
DOCTOR
EMERGENCY
   ROOM
GIFT SHOP
HEALTH

INJURY
INTENSIVE CARE
INTERNAL
   MEDICINE
MEDICINE
NEONATAL
NURSE
ONCOLOGY
PREVENTIVE
RECOVERY
SCRUBS
STAFF
STERILIZE

STETHOSCOPE
SURGERY
VISITORS
WELLNESS
WHEELCHAIR
X-RAY

```
E E I R A T E S N D P W T U A U Y D G A A A T O T
R E I A S N N P N P H N R E S G N L E D Y I A A I
A G S E T I C P Y R G L E C E E W I S A E R R T O
E P D S O I O E A C A Y I I N L A W T C G M E E I
L L C A E E N R O C L Y O T C B N T A U R C R T N
E E L T O N S M O O R T R U O C A L M R A L O E I
D A D N N I T L A I R T D U G C S E O M A V O C R
R B F C E M I I L P T S E O J T N O E D I O O I N
E A H C O A T B W A I R R O A T M G D M D X N V L
T R G P M X U C M R W O E E S Y A O T R Y N N I A
M G C F R E T E I S I Y E N T E G E I I O N I L S
S A W C T S I S R D T B E I C G T U G C R Y A D U
R I G H T S O E R L R A I R E E C T E E L R R I C
E N S O L O N E I A D E T J O E O N I T E E A W T
S R E E D R E U E N E R V E E R T N A D N E F E D
T C L P B C G T R T G E C L S L T N E A I B L A T
E U A L C R D R N N P I T R T U R F N N N O E S P
T Y N L A W U S I V C A N G E R P S F F L T I V V
E E I L E E J C C G E I T C T L I R R U E N V E H
I A M R O T N E M N R E V O G S T L E O S I T O U
B D I E H E A R I N G R H A I I F E I M F U S E C
A O R O T U C E S O R P O E M A T P T O E S T L O
C E C N E D I V E A C W E O A T E P Y A E T N W U
T D E S U C C A C N R A M N R N O E B E E C N U R
D S E T E C A I M D N A L N E I B U R A T G U O T
```

20

Justice System

ACCUSED
ARGUMENTS
BAIL
CIVIL
CONSTITUTION
COURT
COURTROOM
CRIMINAL
CROSS EXAMINE
DEFENDANT
EVIDENCE
FEDERAL
GOVERNMENT

GUILTY
HEARING
INNOCENT
JUDGE
JURY
LAW
LAWYER
LOCAL
ORDER
PLEA BARGAIN
PROSECUTOR
RIGHTS
SENTENCING

STATE
SUPREME
TRIAL
VERDICT
WITNESS

```
A T T H O O I O T O E C U Y S U R O U R S G T S V
N D O N T S T N S C A L U A N S E E C L E R K Y C
E Y H Y Y E Y C H C A E E U P R U N E R H T B T I
U I C U R E S G I E S I G C A C T C U I T B A I A
N S A E D N C A P G D R I R T O U T N U O C S I D
O P X I U I C N P I M B C L I R I A C H L M A L L
C E N Q Y M O I I C R O O X R N O C U Q C R R U U
D F H T A E E T N A R A U G R E F N E T M O I D L
O O E C E Y N E G S V E C U N O D B I A N K O I T
B T C S U E L O T E A C F R E S C T G C C E A A E
E O T E E C S T M P U R C H A S E C B I S D E H N
O A T I E E E F S C G Q I L T E I N R U T E R T R
S C I R M O I R O I M R I P Y T O I O P T E S E O
P R R E E U N U E S R T I T T T O H W O A E E S A
C T E C E I P T R O U E S C U T N I S G M R T H E
U R D O G O O N I E U C C L R O E Q E T L C E O N
L I S R N C N H T S S S N B Y L B I C C I R A I Q
A N U G A P T G P Q E A C T V Q T Y N E D A C E E
T T R S H C E L S O S Y I S L E S V R I I Y E R R
E E H A C E T P E V E V O C T I S E O S O R I O A
T R S L X P R I O L I U C H D A H P E O P N O H N
Q N O E E E A I D T A X E S U H E E H S O C N R N
T E Y T I S S E C E N E R O R G E R R U L R K D I
T T R E S R Y A U R R R I R U A S L T S A E V C G
O S A A G C D A N U I C I E C O N O M Y S O Y S W
```

21

Shopping

ACTIVITY
BOUTIQUE
BROWSE
CAR
CASH
CLERK
CLOTHES
COUPON
CREDIT CARD
DISCOUNT
ECONOMY
ELECTRONICS
EXCHANGE

FURNITURE
GROCERIES
GUARANTEE
HOBBY
HOUSE
INTERNET
MALL
MONEY
NECESSITY
PURCHASE
RETAIL
RETURN
SALE

SHIPPING
SPREE
STORE
TAXES

```
L D M W I O I T Z I O A E R R C T O G I S R A L I
G I O A D A L I I S K I D O O W Y L L O H A A E L E
E A T T K C E B N I E T S C I P M Y L O G E B T I
D I S T L P P E E D E A E W O I I H O O E S W A A
D A I E N E T I V E F A I A A L A H N I T G L I O
R R O R T S V S C E E F I G T K S E I K L A T L O
W D A H I T L E R A C F H M R A W O T L M E R A P
E O O W F R A N S C S E D R I I W M I W I W M H L
D D R R G E T A E O I S O O T E O C E D T R A D G
W H O L Y H P A R G O T O H P F L W N G E R N N M
M I F P D N W D D C D R T R A H R A E R S F R L R
S H L T I W A N O T N H A C N H H T C O U E A U S
I O T C R R A L T O E F I T Z G E R A L D E O I R
N F W A A R K R S W I N G R O R N R M W E H Z H T
U W P O F E M P I R E S T A T E B U I L D I N G I
M O O W E M E N R I R U S D R A O E T H E N H H I
M E P T N G D I S E E R R I W Z L O E G R D E D T
O E F L R A O O V P O R E O L L O K E N A E Z E S
C A M P E U N O I S S E R P E D T A E R G N I N N
C N A E D S O E W I Z A R D O F O Z I U A B L O S
I H E O O H S O W O R L D S F A I R K G W U U T F
I B D T M R D I S D T I O E T O N F T O E R C O S
G B K I F O O A T I O S N L T S R N S R N G T E U
V V A P F W M C I A M M A E H R H K R H L T E D R
S S S H O S Z A O E M N E R H E I K O H G E A E O
```

22

The '30s

ART DECO
COMMUNISM
DALI
EARHART
EMPIRE STATE
  BUILDING
FITZGERALD
GHANDI
GONE WITH THE
  WIND
GREAT
  DEPRESSION
HINDENBURG

HITLER
HOLLYWOOD
HOOVER
KAHLO
MATISSE
MODERN
O'KEEFE
OLYMPICS
OUR TOWN
PHOTOGRAPHY
PICASSO
RADIO
ROOSEVELT

STEINBECK
SURREALISM
SWING
TALKIES
WIZARD OF OZ
WORLD WAR II
WORLD'S FAIR

```
N P G E P R G J N L A T A L N D A O D L B S K I A
S B A I E E M A Z T P P M D S G F O T T E N R A G
R L A N H I A E M G C E F A I E R M H T W L R P D
N S R A N B V E A K M R L Y D U R E I S B R R S N
S O S E S M G R A D M N I E T M Y N T A E A G R J
O N E G C A A I T R I T R H A O A A I Z C A N O M
L E A D R M Y R H T E E S B P S N O M I K I E E R
R E D R W N I N V N R O A P R O E S B M H Y E E J
R R E Z P I S Z V A E Y O D L R N O D N A R R O K
E T R R B G L M E J C T Y N G E E D R O M H E J R
T O D A Z H E L R U R A R R W N H A W A O V H R N
M I O G C N E S I R G R M O R S G P Z V J W L I A
T L L N H E H I N A R I R A L T L L R O S N O M L
S W L I S T I K T O M E R V P A F O Y P D A O R A
L N I M N N W F D O C S A D N M A N I A S N A L O
E M M C H A M B E R L A I N O B E A A R T A L D F
L O A U N D W S E T W R A O A R O D L A N O R A E
S F H N N A N I R S O P O S K T N O N H E A A A R
A O D W N L P O H R L M E E A L N A J S E E D T A
R M R A A I J E O N N A R U E G O O I A S B B S A
N O R G O I N G N A N S W I R O R Y F N R E T A R
R H O O E K M G R L E A C H A D N A D B N R R I R
L E E A M A A R E E E M D D A M P E F A E M R Y E
J O P I R N H N M S R O Y N S E E D A E R L M E H
S W H W L W R M G O S A A D H E N A T L O B T M S
```

23

Athletes

BECKHAM
BOLT
BRADY
CHAMBERLAIN
FEDERER
GARNETT
GRAF
GRETZKY
HAMILL
HAMM
JORDAN
JOYNER-KERSEE
KWAN

MANNING
MING
MONTANA
NADAL
O'NEAL
OWENS
PHELPS
PIERCE
RODRIGUEZ
RONALDO
RUTH
SAMPRAS
SHARAPOVA

SORENSTAM
STREET
WILLIAMS
WOODS

U L I U N E N K G O D O A L S I N E N D L D O R L
K A D M S R R P R L K E A S C E E E D Z L L E M E
R N R E G L E M P I R A Z T E N N R A R A L E R R
N N E Z R R N P D R A M L B K E I K I L A R R N G
L E E P E S O E D A M O U P O E N C D A O N A E I
P N C O O U G N U L D N A E R L I E D A A I I A I
L E A C N N E O N L N L R X U I A S O E G N N E I
S A Q D N N E N L O O N G E R T O I R U A O U E A
Y C E R E A N T T D G R E M N Y L P L G Z I R U A
E B H N U U R A O R O R U E E E G K B A O S A F N
E N R N R Y U F E N T L T N A P T B L E L U N E E
D E E U Q L P Z P I K A E O A A E U L E E E R C G
O E O A K A E L A G R N B W E L I N U R A D S D N
H R L Z N R E D N E T L A G E L A G K Y E C D E E
I R U T U I O N G I A D T B O R L E R A E E Q D T
E A R B B B R K N W B B O O E R O R E E G M I A R Q
G I L I A S A R E N L P G U K A L E R I H U U N R
E E P R R H E N A A E G U R N Q U E T Z A L L A M
E P D R C I K R D E E L N I L W R M K A T A O A N
A O L X Q L Y K E E H E D I G L K N M E N Y E E E
N I E L E L R N P U L E D O R E N I O E H D A D E
P I W K L I E R L R I L L L E L L M T R E S K U A
H D P I Z N Z E I A H E O H N D U R C E R A S E T
D L N A F G D R A N W A U D A E R A U I A U T E A
G N E L L U I H A R L L S R P L L L G R E E U O E

24 ❧

Currencies

BALBOA

BANKNOTE

DINAR

DOLLAR

DRAM

EURO

EXCHANGE RATE

FRANC

GOLD

GOURDE

KINA

KIP

KRONE

LARI

LEGAL TENDER

LEMPIRA

LIRA

MARK

PESO

POUND

QUETZAL

RAND

RUBLE

RUPEE

SHEKEL

SHILLING

TENGE

WON

YEN

YUAN

```
A R O O O A U B F F I B E B N G S D N U O A E H H
H V G E E O I R A R F R R E I R R E T R E R C A Y O
V I R I D F R E V E I R T E R N E D L O G M E A T A
O E Y R P I M R I T T S F T L T S E D E G R O L U
G B L I B S E R T S B T T P R N O U A I O T T L I
A B H S I H E D B A I D A E E I Y R E A D B R I E
W B S G E S A M O M U N U N R O I E T E P F T R R
E B N T T E U E X E E E H B Y P F E S I E N S P R
A S R H Y T G R E A T D A N E B S T E C E S N D D
Y I T S T T U M R E I L U O E S H E E T H X D E R
H R B A S E N J I T A N H E A K O I U R S B S T L
S O A E G R O Y R E L F I B R E N M S H R D L P A
E I O L D E S U R B P H H M B A A R O C S L T N B
I B H T E E G U B S S I C T E L R A T K S R E A R
U Y A R G S C O C K E R S P A N I E L H F N T D A
E I L L O C R E D R O B T M G I D A H F D T M O D
E H D M L U M A A L Y I N A L T W L S D L E U R O
B R U T E G A N U E L I S H E U O L T F P S E E R
F R I S B E E O R U L U U B T G C A I A R Y O H A
G E A E K O G F R H U A B H S C A Y F I A Y E E N
C R E H C Y A F U R D N U O H N O O C P U E I N L
B R O H H N A I T A M L A D C O W L H M U E E P U
E D T D A A A R G G B S C S T F D N U O H Y E R G
A D S T D O E G S U B A T N E R T L E E I A B N H
A U A L M O T G I P I E R I F O U H U D S O D M R
```

25 🌿

Dogs

BASENJI
BASSET
BEAGLE
BORDER COLLIE
BOXER
BRITTANY
BULLDOG
CHIHUAHUA
COCKER
 SPANIEL
COONHOUND
DALMATIAN
FETCH

FRISBEE
GOLDEN
 RETRIEVER
GREAT DANE
GREYHOUND
GRIFFON
HUSKY
IRISH SETTER
LABRADOR
LEASH
LOYAL
MALAMUTE
MASTIFF

MUTT
POINTER
PUG
SHEEPDOG
TERRIER
WALKS

```
U I H L W N K S U S I Y K E I R T E I A L O S U D
N A H A E O B B N C E I E S H D A E Z E U Q R A M
C P W B I U Y A L U L P L E A C A L N S V E I I O
E S A E L K L R U O I M I N R I L L C I G W L W A
C T K B U Z S E L C I C Q C A N H I M N I K L E T
W T W M E L C L O I E D C G D H L V I I E W A N M
K I N E V A E U K O H N I D W I Y L N E C Y O J M
H R F S N L L N U U A D L C I A A E H S H R O C Y
B A E K H T L E G H A W C L K S W M D S I A C I D
A B A N R K U I N H A L A P D E G Y F O W A K O U
I R E A G S A R I O T O L K I E N O H H R L D A E
I K B C L R E N K L U A F Y A D I S U T A W G A W
A W O R U E A N U G S O A L O N M L H T G H B L E
C O S N A I V U M R G Y E F A E E Y B E S A D H M
T K T R L D E L G L O K A M F L H E E V S R N L G
A N U O U W B W S N I L E R I L M I K L D T S E T
W A N K U S E U S A I M T O T T U G E N N O V S A
I R S R L T H O R B M L T L Z H T Z O H N N I T C
P I E E D E N D E Y E U W G G N I I A A A C U P I
T I I D T I A I I V I I D O E A U O T U E P I O I
N I R L S N B O A E A I G D R L F A S N D E L E T
O K A I R B O Z N W K O N T A N O T H I R N N O E
N C E W O E K R A U T A U I L N E O K E G N I U G
E M G R B C O W B U O I W G D N D E G A C D L N K
A U K G L K V G N L B R D N M W O O L F I E L E Z
```

26

Authors

AUSTEN

BRADBURY

BRONTË

DICKENS

DUMAS

ELIOT

FAULKNER

FITZGERALD

HEMINGWAY

HOSSEINI

JOYCE

KING

LEE

MARQUEZ

MCCARTHY

MELVILLE

NABOKOV

PALAHNIUK

PICOULT

ROWLING

RUSHDIE

SALINGER

STEINBECK

TOLKIEN

TWAIN

UPDIKE

VONNEGUT

WHARTON

WILDE

WOOLF

R N R N V T Y N O S A O R B E R N P R A R G L W H
L O V E D S R E H T O R B O I R A M R E P U S I S
E B E K I E G R N I S S R C O L I L D V E D A H S
A S S A G E E U T G N A M C A P T D O S K I N U I
C P K T S E H G S T S S A E E P L N O P E K R K E
Y A C E P K N R T D O N K E Y K O N G A M S H O U
H O T O C B P S S T L K G O O F I V A A E K B I R
I B H U G Y N O I T I S O P E L O P U C A L S G E
U E D T R H A C R R T B S G N T S P S D S B G K G
H R T A O D U K R P A L B T A E A O R P A A P S D
L S E E P A D C U A I Y R Q E T T R A W I T P C I
O T R I V I A L P U R S U I T R O D S B D T R K R
N O C I H C H O S R E D A V N I E C A P S L E N B
S B T E U Q O R C H E C K E R S R L N R B E B G H
N L T E I S U E B O S A R P H A P T R D S S E T D
K T U A R B E G P A A P S U B Y I F R D N H H G O
P R R Y R A N O I T C I P B A N C R N C I I D L R
I N H R H E C N N R R A L E K R R A I N A P E G L
S R E H S A W T B I E E H O R S E S H O E S E C C
A Y O E T T G R A G M L T F I D G K A I U H M I H
O R E S R O I A L O S O N I I S G E O I H N E E R
R E E T A R E I L I K O D H M O O N B P P S R L S
L E A R E T M L R A M C P T O I R H O O U A N R S
T E L H H E Y T C L G L A M P U F O K P R U M M Y
C U C S S S E B O T B S S E D T H Q E E L O C V K

27

Games

BATTLESHIP	HORSESHOES	SPADES
BOCCE	OREGON TRAIL	SUPER MARIO
BRIDGE	PAC-MAN	BROTHERS
CHECKERS	PICTIONARY	TETRIS
CROQUET	PINBALL	TRIVIAL PURSUIT
DOMINOES	POKER	WAR
DONKEY KONG	POLE POSITION	WASHERS
DUCK HUNT	PONG	
FROGGER	RUMMY	
GALAGA	SCRABBLE	
HEARTS	SOLITAIRE	
HIDE AND SEEK	SPACE INVADERS	

```
R E A E Y L P L P I P E C U Y A M R I B C L C O N
H G A E W H M M S L R U L T G E E S K E P C W W E
I O E D E A I S E N M C O W H I T E O A K R E H Q
O O R L R U L O C U M I E E U I C O G L U E L A G T
A M H A E C E A K U I O W D N L N M N C E N Y U I
T W L S C R K O C O C P B Y C E T R A E G O S H A
E U R H H E B E U U R U N R H R E E N D R G A R D
C G L T M N L N P U C Y P R E S S D L O M E D O A
W N I E L P A L B K L E M E S A U E U O A L O E S
C O H N Y U Y E E V Y R U B T R M E C W G W R R T
I A W W K R C Y H A Y O G L N R A E G G N C Y O R
O R P L O G E W G D S C T U U S C H S O O U R E R
G S Y C A M O R E O O R E M T E W T T D L K D E A
E T L P I E L M E E E C E G M E D T D N I M I S P
E O R H O O R D G O P H W L R H O R A O A N I M H
W A L N U T A B H I P I S R P C D A S P E N R R E
O W Y B Q N G M Y C C S N C T P O P L A R S E A A
Y G N E E R G R E V E U K G L Y A E U I G E L B L
E L A B S L Y S G W D E R S W E R B E A L I S B R
D P P U T R R B R E A C B D U I U R A K C A I N V
C E O P N Y L R R N R U M Y B A L D E R L R C Y T
N V A E A K E E T E D R G S L Y L L O H C A L A Y
G O L K I Y W R D P O P E Y R S W E O H C N Y R A
U O N H G C O O O S C S E M L R A U Y W A N A T I
E O A O D E P I P L N I I C U B P G G R A M M A O
```

28

Trees

ALDER	GIANT SEQUOIA	SYCAMORE
ASPEN	GINKGO	WALNUT
BEECH	HICKORY	WEEPING
BIRCH	HOLLY	WILLOW
BUCKEYE	LILAC	WHITE OAK
CEDAR	MAGNOLIA	
CHERRY	MULBERRY	
CHESTNUT	PALM TREE	
COTTONWOOD	POPLAR	
CRABAPPLE	RED MAPLE	
CYPRESS	SPRUCE	
DOGWOOD	SUMAC	
EVERGREEN	SWEETGUM	

```
M F A H I E C E B H A R T E G S U L E Y E L E F E
L I B T F N T N Z G T L A E N L S H G T I A P L D
E Z D E N F E P I T V E L W A O R S E E N R L N A
N N F S T N A L P B E G R G T N E P R E P A A L F
O H W R R T O P R E W O L F C B B A O I W F N H L
G L L L H I F T E L I A Z T T S B P R T E N N E O
B R D W L T E L E G U L D U H E G I S R C L I T S
H A A D A G E M O N G B O D G F E P P A T M N E G
B Y A A I E E G N I R E T A W A E N A N P E G W N
I D S R N R E A L G B A E T E U Z L F R L E T A Z
D N O T N C G U G D F A D F O U W E O U A R R E L
E F E E E R B A E E R T I N B K O S B Y N G I R I
I W C N R S T T R B S E A A G S N H I O T S S P O
A S B R E D E E F D R I B H O A O S I E F A W R E
R O E G P D V B L B E E I C B U D G R T O E K E I
E N Z R B T A L O S W N R N S K N O R A O V L R W
N I E U E E S U O E O B D E O T P F R A D E F R E
T A O E R O L A E A L T B B I F E P D E L R S S P
B T H H E D N B E S F N A G L E B P A V A G I R H
N N N G E N N N M E O F T L G W B I S O O R B S E
E U T R R N O E E N A R H O M U L C H T E E T U A
I O O A B G B R I C K R W H A R E O A P O E B N H
A F M S N A G R T H L T I E I O S O G E A N E R I
F B A S L I A O O P U O S G R E Z I L I T R E F T
E Y N N E B L I T L L O G M L E D T E U S H K D T
```

29

Landscaping

ANNUAL
BENCH
BIRD FEEDER
BIRDBATH
BOULDER
BRICK
EDGING
EVERGREEN
FERTILIZER
FLOWER POT
FLOWERS
FOUNTAIN
GARDEN

GAZEBO
GNOME
GRASS
HOSE
HOUSE
MULCH
PARK
PATHWAY
PEBBLES
PERENNIAL
PLANNING
PLANT FOOD
PLANTS

SOIL
STEP STONE
TREE
WATERING

```
L S O E C H M E N A D L A L N O A O R A A A A R R
I A T E A N C A P C H A T E A U F R O N T E N A C L
L T H A G I A S O P H I A R N T Y Y A G E O T Z F
G R E A T S P H I N X A G A T R T E S R E I E L N
J E E I M U A E I U N H O U M T R B T S M A M A A
B V T C N J E E O A E R E Q I U A B E L L E P N E
N I I O B O A O B Q E Y T S R S F A R L E L I V M
H F T A S O E T F W E N O N D E A R T A O S R R F
L O G S C A S H O L S C A I M E L E A F C I E W E
L U T A T O B T T V I L P L R I G T L A E S S D E
L N V L T I L L O N C B R M S D A S L R N E T W R
V T L L G E E O L N A A E E I B R N A A T V A M R
O A L B F T W R S F C P M R E S S I W G R I T T E
O I E F I I E A A S I O B K T A Q M N A A L E O I
Y N I H L E E G Y T E E M L G Y U T I I L L B W R
I E B Y D F T E S A T U L M F E A S L N P E U E R
G R R T G I T Z E A R A M E O D R E R M L C I R A
E E A N R L I F G E W C B I R N E W E S A A L O B
E E F R A E L N E T R T H U N L V T B A Z T D F T
C R H L C F E E A M E I R I N S S B N O A H I L A
F O O E E D S E A E I L E L O U V R E A R E N O E
O A T O L L R Q P E T O A I T H S R H E B D G N R
R N T O A G A I Z E N E V O Z Z A L A P N R T D G
N E G A N Z A C R O P O L I S A N I E C O A A O O
B I S N D E N N L C B A S P A C E N E E D L E N A
```

30

Landmarks

ACROPOLIS

BERLIN WALL

BIG BEN

BOSTON
    COMMON

CENTRAL PLAZA

CHATEAU
    FRONTENAC

COLOSSEUM

EIFFEL TOWER

EMPIRE STATE
    BUILDING

GATEWAY ARCH

GOLDEN GATE
    BRIDGE

GRACELAND

GREAT BARRIER
    REEF

GREAT SPHINX

GREAT WALL

HAGIA SOPHIA

KREMLIN
    SQUARE

LOTUS TEMPLE

LOUVRE

NIAGARA FALLS

PALAZZO
    VENEZIA

PANTHEON

SEVILLE
    CATHEDRAL

SPACE NEEDLE

STATUE OF
    LIBERTY

TAJ MAHAL

TOWER OF
    LONDON

TRAFALGAR
    SQUARE

TREVI FOUNTAIN

WESTMINSTER
    ABBEY

O O R E A R V T S A H N S L T C I L S E T A L G R
L N M H A A B A T J L E A E Y S O S E M I T A N E
U C H E V R O L E T U E R O S A I I A A S L I I V
D B R A S U A R A J R S R C A V A T T N B M S R W
C H R B I T S O L U E A U L L S I C C E I M A O R T
T T I N E G I I N H Y T E B F M R T S R A E T O D
R O L L S R O Y C E C U N L A N D R O V E R L M H
A Y E N N C M O L O D R X Y R R O C L K S A R T N
I O M F L M H T L N T N B H O Y U C L G T O X I B
L T I R M D N L F E V A E D M E O C A O C P L S S
N A H U I E O S T I C S U X E L O R A N I U E K O
Y M O R B S R S L H A I A T O A L N O E N E I M R
R E N S N E C C O L A T B L N L A D N A F J S H N
U E D O R L F R E C C A A I M S C F I I I E A J I
A S A V A M C A U D I R S P S E R C S L N E U U N
A L N U O R A I M J E E P I O E R T O U I D E E I
B A L T H L L O R R N S N I T R A M N O T S A O T
C R D R E N K O A A L A B R D E S C L C I O R R I
O T T A E A I S I U R M O E E R Y C A N L H L B H
E B N M O M C V W G E R E C N E A D H V H U D O I
T N B H C F M R D A A U E D A Z I G T E R R B T O
O S Y A O M P U R J G R H F A L A E E A I A E F B
N T E D R U A I H D L E R E L S Y R H C E H S X E
Y O N F L O R T I S B B N A L A M B O R G H I N I
O I A U I R L R A N Y T C C A T H O O R A S S H A

31

Cars

ACURA
AERO
ALFA ROMEO
ASTON MARTIN
AUDI
BENTLEY
CADILLAC
CHEVROLET
CHRYSLER
FERRARI
FIAT
HONDA
HUMMER

INFINITI
JAGUAR
JEEP
LAMBORGHINI
LAND ROVER
LEXUS
LOTUS
MASERATI
MAYBACH
MERCEDES-BENZ
NISSAN
PORSCHE
ROLLS-ROYCE

SATURN
SUBARU
TOYOTA
VOLKSWAGEN

```
U H U E W O T R I O R E R E L T I H L S I D M C H
S U A T O R U N E C C A I A E I I S S S H N T M S
G N S R D O U G T H H H B N R O A A L B A A S T A
T I E O A B E E S B T S U A C O L O H L A R O A E
I I T S O A R A T T R T O W R T I E A P I C R I E S
E E E I O A A U N R T D M A C O T L E R O N I S U
G D I L V H P I A M L U T G K H L I T K M T T S O
E N R A I L R C U R M O P T N A I I U T P O R R G
L A S M I R T E O N M N U N H I E L R S U O A A P
R T E I A A M W T I T U I S U N K U L N T T T P N
L I O P R E K E C H U S R L L T M R U C E O I L O
A O M T L P S B E A L A I I L A O I O H R I O Z I
E N P O L L O C K N M U O N N I C S L W S T N Z S
R S V S A M M O O B Y B A B A B C I O R M G I R I
Y H P E B R R E T E V I R E H T E I S O R U N O V
A I E I S O M U I I H G I O Y E R K N U E B G O E
A G I N I S U C H S B B A D E O U A T E M R U Y L
O U E N O T S D O I T A C T S E I V O M P E A S E
O I R A O I S T R I I N A H R E S C E T S T N N T
A E P R V L O T I D T D T R O O S E V E L T U A B
S T Z E R P L A H I I S T Y D T I I N C O I O E I
U S P U A N I U A I A U Y R T I I T M I E J C R S
C L N T E D N N O D T A I I O E E T C T S E T E L
A A A T I I I N D E P E N D E N C E E U I Y R B R
L S A P S E A A G R S S R E P A R C S Y K S V B P
```

32

The '40s

ABSTRACT ART
ATOMIC BOMB
BABY BOOM
BIG BANDS
CHURCHILL
COMPUTERS
DORSEY
HIROHITO
HITLER
HOLOCAUST
INDEPENDENCE
JITTERBUG
MARSHALL PLAN

MOVIES
MUSICALS
MUSSOLINI
PEARL HARBOR
PENICILLIN
POLLOCK
RATIONING
ROOSEVELT
ROSIE THE
  RIVETER
SINATRA
SKYSCRAPERS
TELEVISION

TRUMAN
UNITED NATIONS
WORKING
  MOTHER
WORLD WAR II
ZOOT SUIT

```
I K E I E L Y I O M D G C I M D R R V N E N E N E
Y E L A A D M S E I N R S A B S U C O S K S N M L
L C M A M U A E T E E T M R E C O A L S E C L U I
E T R I I S R I M T S A D I I S K U M Y L L O S Y
I L E D R M B E I D O C R P S C A E S A D G T E C
Y M E E W D E S P E R A T E H O U S E W I V E S O
P M A S O E E T R O I R S N A G L B O N E S D O M
C L O N B L E U E D C R I M I N A L M I N D S Y M
B H R N R I O S E U N E D O O L B E U R T O S R U
N T M E K Y A R O T S I L A T N E M A T O V A E N
E M P R T C I R I U C R R T P A T E C N U C I Y I
I S S R D P E U I I T D I U T S R L M I R K D S T
G U T L M L S T L B A H G G R E Y S A N A T O M Y
C E O A C M E I I A U L P R O X O C U T G U O H K
I C V N G L S I C L Y U I A I O D F H N E S V C C
C A G I R S C N U B H A S C R S F E F M T I U Y N
T W O E N L L S E P C U S T O K L G X I X H S E S
D D O R A S T T R G U R O Y O T B N L T C H A G I
E R E A L S T I E I A N G R E E K I T R E E B E O
N E M R O Y I T L N T I R L Y E A R U S S R L E D
I E L L I V L L A M S D M D R M L F Y U C O G K A
I P R I U L O S L L I H E E R T E N O X R E L M M
E N O I T A C I N R O F I L A C O H I N U S F E E
D L Y R O E H T G N A B G I B L Y D A R B C H R G
A O E R Y E G I N F N A P H N E M D A M S I T O I
```

33

TV Shows

BIG BANG THEORY
BONES
CALIFORNICATION
CHUCK
COLD CASE
COMMUNITY
CRIMINAL MINDS
DESPERATE
    HOUSEWIVES
DEXTER
ENTOURAGE
FRINGE
GOSSIP GIRL

GREEK
GREY'S ANATOMY
HEROES
HOUSE
LOST
MAD MEN
MEDIUM
MENTALIST
MONK
OFFICE
ONE TREE HILL
PSYCH
SCRUBS

SMALLVILLE
SOUTH PARK
TRUE BLOOD
UGLY BETTY
VAMPIRE
    DIARIES

```
A B R H N L N O H S A E R L C E E R Y M P J Y A M
B S S H O M H O L L Y G O L I G H T L Y U D H N H
T D R H Y A N E Y O I M O O I R D O O H N I B O R
M O O N A I A D K E K R U L S T N O N W D R D R K
A L U C A R D N C K H D S C R D O L J E H R O D O
T E R S H E R L O C K H O L M E S N U A T C U L F
O M G A E A R Y R I Z H S D E H A F L O H G O E S
Z A M N R S N R P T R U S B O G R A I S T S H I L
J R D R E A R G R O P K Y E E A R D E T N Y U F L
N T K E L I Z A B E T H B E N N E T T A C R Y L K
K Y F D T U O E R N N T O K R R A M H O N N E U L
R M A A U S L M T A O W E G E B A N L A Y J B A N
O C K V B I A R O B A N O R N N F T E W S P O C K
E F N H T N D M Y A S E J A M E S B O N D L T N A
L L O T T D E H M T O N M N K A R A M L A M M E R
M Y W R E I G O E M E R O N G A L A E D M N R D L
Y L Y A H A R I R A O N T I M N D A Y R A E D L R
N M L D R N N K A N T U R E L B O D D Y O L L O I
U B L T A A N B T E I H I H L N D K D O R O T H Y
J O I C U J M E E Y U G L A Y M R A G O O U T S T
L O W O D O L R S I O T O L B A A A G N T M I M E
R L H D H N A L L H P C L L T W D H L S I H L N B
A Y E H H E U J O R O M E O L L O E L A H K H O F
O N T I D S N R Y E E O R L N U O O O A A N E N A
Y H C N I F S U C I T T A C S U M A R T O T R G Z
```

34 🌿

Characters

ANNIE HALL	HARRY POTTER	ROBIN HOOD
ATTICUS FINCH	HOLDEN	ROCKY
BATMAN	CAULFIELD	ROMEO
DARTH VADER	HOLLY	SHERLOCK
DOROTHY	GOLIGHTLY	HOLMES
DRACULA	INDIANA JONES	SPOCK
ELIZABETH	JAMES BOND	SUPERMAN
BENNETT	JULIET	WILLY WONKA
EMMA	KING KONG	
FRANKENSTEIN	LLOYD DOBLER	
GOLLUM	MARTY MCFLY	
HAMLET	NORMAN BATES	
HAN SOLO	RHETT BUTLER	

```
A X T Y A Y A S E S T O P A R T Y E V F E R D O E
T R N N N B R R E T H N R C A A I I G D N S B A E
C O C L O S I N G T I M E T D U T B N T Y E C C T
N A D E S S E R T Y G E S H I F H E T T E N A R D
S H R G T E E A T B E T T E A E I I T N N D C A E
I H G G N N V B E M T R A G P C N C H G I B I V S
O R N P N E I K C E I G U A P R A T L F E I H D I
A I I I A M K G D B E T R S E R I P H R B D C S G
X H D N R I R A H T T E A S T C I S R A E O S E N
E V I G E D T N T T S D N E I R F P B H N Y U H A
Y A N S S N G I I E T S T M Z R A Y E C I X H T T
A C E I P I N I R M T I O T E T S Y E I T A I O E
M N G B R G T V O T E E M X R I E R B X T E G L D
S A B R R H A E O T M E L E T X T A E A A U H C D
R I R E C T X V T C A I T T S I B S T D H A H N R
T R A H I E I N E Y I A E U I H G R C S E D E O I
I D Y O D H L L A I D R E I P R R E E A R I E R V
Y D N L T R E L D A N C E C L U B V D G S R L I E
L C E I N B H I P V V S T T E P C I B V T E S N R
L T E D R I E Y N H T E R G N I K N I R D T S G E
M E T A E G R D T N O I T A T I V N I I I I E A N
N S T Y T O I C O B E N E N D L D A D E X C E G I
T E A A T Y P E S B P U E K A M E H I S P A P E G
M N T I L G S A I I T T N R K T T E R R N R V G R
M N E D I H G K A P H O A N M E T H Y H N E F G E
```

35

Going Out

ANNIVERSARY
APPETIZER
BABYSITTER
BAR
BIRTHDAY
CELEBRATE
CELL PHONE
CLOSING TIME
CONCERT
DANCE CLUB
DATE
DESIGNATED
  DRIVER

DESSERT
DINNER
DRINKING
FRIENDS
GETTING READY
HIGH HEELS
HOLIDAY
INVITATION
IRON CLOTHES
MAKEUP
MEET UP
MIDNIGHT
NIGHTTIME

PARTY
RESERVATION
RESTAURANT
TAXI
TEXT MESSAGE

```
S B M E P M S R O G B S L S G E I L I T A I L P H
R K P L B N E W A F T D E L T T O B R E T A W H G
O G T C U C K O T N S A T I E E R R E K E R F P R
O I N S N L N S T K K R K C O R O S H M T E R P N
D S E I R O T S T S O H G S H P T A R H S M C M N
T N E T K C N E M S A M C E K C A G G M T A N H L
U K R T F I S L H T E G N I L D N I K K M C C R A
O T C T A S H A P R A S A H A N L I R P L A E A I
N T S E J L S C M A T C H E S H F A F N E P E H T
J B N E G A B G N I P E E L S D P I X A O S D A T
O A U F E N C O M L E A D A E L R G R I O R G S D
R L S I T T D I S M A N L I A E I A O E C S I S L
U E O N E E I G O I E F L N R O R B C I P R A E O
E C C K R R C P U X S T O S N K F R D F L I A O A
F U M T H N I A A L N I I T N P C A T S O H T T I
C T N E L L E P E R T C E S N I D A T W G K E R N
S T O K N E D E C A K K O E P W A O B L N O C A H
E S A C N A P R N S C N N O V M R T O E E I R E A
B M A O N I P I E A F R P N L O A E N O S M W U D
M L L P N E L O J P C T I A E E T C R U P R N I T
M K M G M I S D R K K N G K N K R S T A O S O K E
A C P C I O O B L P R N O M C R L P K T M N H T
S A S L C E C D O I R E I M M G E E G M L S P M E
D M A R S H M A L L O W S E A R O A M E A S N A E
R O G H P D K O S E T T I I L B K C A P K C A B L
```

36 🌿

Camping

BACKPACK
CAMERA
CAMP STOVE
CAMPFIRE
CAMPSITE
COMPASS
COOLER
DECK OF CARDS
FIRE PIT
FLASHLIGHT
GHOST STORIES
HIKING
HORSEBACK RIDE

INSECT
   REPELLENT
JACKET
KINDLING
LANTERN
MARSHMALLOWS
MATCHES
MOUNTAINS
NATIONAL PARK
OUTDOORS
POCKET KNIFE
PROPANE
SLEEPING BAG

SLEEPING PAD
SUNSCREEN
TENT
TRAIL MIX
WATER BOTTLE

```
S R R A I A F E J A S T A N O B S E C K P H T M R
P E O I D I A M R E M E L T T I L B L N O T F E E
D C N A P R E T E P U A E R P R S P O N G E B O B
R H R O A R S N I A R N S O U N Y O D D R R C H R
S A O R T N F R R G F I D B E T L I O R M F G R E
E R I B A S N E E O S T R F I N D I N G N E M O T
N L T T E R T F A M I L Y G U Y X K O M R R O B N
Y O S D H B M N A M R E P U S E I E C C N P B O R
T T E O A T I H I R S O U T H P A R K N R O M T U
R T S R B O T R R L B E F O S T I R I S O R E C S
A E T A M M H X P I F G A S C S W O N E N T T H M
S S G T R A U D L E A A D I N P G I A L A D D I N
N W L H G N T D A S M E S A S A I H R B A E A C I
F E P E A D B G J N D C G R I R R T M I E I G K C
E B I E E J M E Y C A I N Y P M I T S D N A N E R
N A E X A E I E T E D R R U M O N S T E R S I N C
M N L P C R S F A R T O A T U M E P I R S N G Y S
O M B L E R I I A S T I O E I F O B O C D P T A L
S C K O E Y L Y H S T L H E I M U A R N Y R I S D
E N C R A R K R Y E E A T W N R U T B I E U B E P
Y R T E A C E O E C T D R A W M W M U F O M M D R
R R K R A K T D T B P T O G P O P A B R A T A E G
G F U B B S A G N M N R N O U B N N R D A N B P N
R L R T H U U M F I I T P D T R Y S G N W M L R I
O A D O M T P I N O C C H I O R N T E T M K A H U
```

37

Cartoons

ALADDIN

BACKYARDIGANS

BAMBI

BATMAN

CHARLOTTE'S
   WEB

CINDERELLA

DORA THE
   EXPLORER

DUMBO

FAMILY GUY

FINDING NEMO

FLINTSTONES

FUTURAMA

ICE AGE

INCREDIBLES

LITTLE MERMAID

MONSTERS, INC.

PETER PAN

PINOCCHIO

REN AND STIMPY

ROBOT CHICKEN

RUGRATS

SHREK

SMURFS

SNOW WHITE

SOUTH PARK

SPONGEBOB

SUPERMAN

TOM AND JERRY

TOY STORY

TRANSFORMERS

```
S U N I P E E O T M O N T B S E C C C N U D E H N
S L G A A E F I A P A Y C H E C K E S S F V T L N
E P A E Y F E E A H E N E U S I F I C I V G E D E
D B U S I N E S S V E M A N S N O I C O I S S L S
H T T C L U C R M Y E S I G O P F I A T N E A U E
E A E E O M G F C P T G S I E G A U I T C M S Y M
O T S P R E A D S H E E T C P R O F I T T C N E E
H I E I E E K S I L L O C O N D N S G N I T E E M
E N I A N T G T S T M S L E O H S I S N N E A N A
I U T S T A T E I O C I V R O D E L C I B U C R K
I S S S R P E T R E T I N I S E E Y O L P M E D N
N P P E Y D C P R I T O T S I A U E I G L N T M R
E N D N L T N S C U D V D S T D I V N S R T T T T
C R N A E E C S C A R E N N A L P I S U C S N R I
T L H C V H H E G T I N L D X I T O U P K P E U R
O C I A E H X E C S R I A M G N L S R P E M M T S
I E T D L E S O T L R A K N U E N E A L C L T D P
N L U A E I E L C P E E I O P V E B N I I E R U S
T L A E E T K T S E R T C S S E S Y C E V E A E S
E A S E G H E N I S E C C Y E O C M E S R P P L E
N U L E D N I R A K A P R U X E S T I F E N E B C
S G E R X S R T R H Y C O P D O T A S K S E D E R
R I S T F I N A N C E S R E P O T A T E S O O N N
Y I C T O I M I G L U N P X N I R T H C C E E R I
C V E N O V R A I P S C E N E P L P D E B A C C N
```

38

At the Office

ACCOUNTING
BENEFITS
BUSINESS
CUBICLE
DEADLINE
DEPARTMENT
EMPLOYEES
ENTRY LEVEL
EXECUTIVE
FINANCES
GOSSIP
INSURANCE
LOSS

MANAGER
MARKETING
MEETINGS
OFFICE
PAYCHECK
PLANNER
POLITICS
PRODUCT
PROFIT
PROMOTION
RAISE
SCHEDULE
SERVICE

SPREADSHEET
SUPPLIES
TASKS
TITLE

```
R R C S R U B G C M R E E B F U R T T E C I I E E
M N I R C E R E M O N Y N Q V U I W N T E G C O T
O O S R V O W S S S U M H T E M U N E I E U H E O
E O S I O G G O T T H R N B M R R U M R E U A S M
E L S M B I O O H N M Y T O I T Q N E I A T M N G
E B E N T E G E D S E A L H O U A L C A A I P O O
T G R O O M S M E N L S N N O M N O N S T S A O T
A D D G E V I N V O T A E B D U Y O U T O O G E M
R B G N E O E O E I G R D R T O S E O M A S N O D
M O N I I O E N O T N O R I P O R E N G A G E D O
I O I D F I N D I A M O N D R I N G N O O A L H L
T T D D V S E C S T R S L M I B S I A S H E O S E
N R D E F A E R E I N N O T U O B E W D R W P L N
D R E W X T N U I V T N T E D P E T R N E E E C E
N T W L R U N M A N I S N O I T P E C E R N R E E
N E I A A E T A C I F I T R E C E G A I R R A M E
S S E R N T R I N M A I D O F H O N O R A D R N R
E I R E N O I S E D B M O A E W E G O F G S P A O
E T N N E G A V L I I E M E S B T N A I N I M V O
T T H U F D D I E D T S D O N I A I N E O S O E N
L N H R E H E A R S A L D I N N E R S U H I E D E
P G I E E V B R R C C A C R R E I A E O E D F E G
I M E B R I D E S M A I D S E B N E N N N R N D O U
H I D H F R T T I N E E M O T E Y O L I M E S M A
G R S E V B I E A S N T O W D R S E C O N D G A D
```

39

Getting Married

ANNOUNCEMENT

BEST MAN

BOUQUET

BOUTONNIÈRE

BRIDAL SHOWER

BRIDE

BRIDESMAIDS

CEREMONY

CHAMPAGNE

COURTHOUSE

DIAMOND RING

ELOPE

ENGAGED

FRIENDS

GROOM

GROOMSMEN

HONEYMOON

INVITATION

MAID OF HONOR

MARRIAGE
    CERTIFICATE

PRESENTS

RECEPTION

REHEARSAL
    DINNER

RELATIVES

TOASTS

TUXEDO

VEIL

VOWS

WEDDING

WEDDING
    DRESS

```
A N O A D S O N I T L M R E N P S J G O L L B E A
M T E I A A A O H I A U I A A P I S A U O M M E I
S E I N I L R A A L I L H H R A N N L N P D T D E
A I X N C A A N E I V V S U E N N L A A S X A N I
G I A I A P I E A I I D M N Y A M O G D A N T Y E
N N R L C M A S A E L X N G P N I A O G I S I A A
I I R P E O E T H I O P I A I S I N U T B A S N P
A P M O A R I L N P B E J R L H G E S R I A I G A
U N N R R O A B P G I A U Y E O I R R N L T E G A
N E B M I C T G C A M E R O O N P U A A N U R U B
T N P L P C L N H N U A G M D D D V M M E S N R P A
A E H A R O O A B C C A A O U U O E G N N I A O L
S T I G Y I S T A R R L N B I R T R N A L A L M T
M N L N N A I S S P A E I A S A A A I E N I E A B
H M I A E I N I I W S Z A N U S I L M E Z E O I K
I A P I A I O K I I V E I G I I B R G I T U N G H
A N P L S I E A A O N E E L N T A I R E S N E R I
G A I E I A Y P O G A I R A A R S N W I R O S L B
Y N N I I R A P I O C R A D G I A N A S V I U A A
N D E I A I U A R G E V I E T N A M E I I O A K A
A A S G G A G I M A L A Y S I A I R A G L U B Y A
Y D A E M E A Z L D I T R H I N S L E U A C P R O
A K N A L I R S A I E S G U I O S A A G A Y M I O
B O E O H I A I I E X I E A E T U I C A E S K I N
A O O R L A P N A T S I N E M K R U T U O L A T O
```

40

Countries

ALGERIA
ARGENTINA
BANGLADESH
BOLIVIA
BRAZIL
BULGARIA
CAMEROON
ETHIOPIA
GUATEMALA
HONDURAS
HUNGARY
INDONESIA
JAPAN

MALAWI
MALAYSIA
MEXICO
MOROCCO
NIGERIA
PAKISTAN
PARAGUAY
PHILIPPINES
POLAND
ROMANIA
RUSSIA
SIERRA LEONE
SRI LANKA

TUNISIA
TURKMENISTAN
VENEZUELA
VIETNAM

```
U I D P A H T M E S N K I E O Y E I N E I O T E L
I C T C O M M O N S A N D P I P E R H R N A A T S
N B N I U L E R C O S I L L C D C A H I I L R W A
H U M M I N G B I R D I S N G T C A O C E L N R N
F R G R R H D E R T E H B W T O S P R E Y N E E D
P W S N R E L B R A W C T I O P I O N D O E A M H
E R O N R N L L N B A N B P Y L R R E A I B S O I
O P L O O P C C E L L I S K D S L E D R S N T T L
I E T O D W E C G A O F L I R O S A O S V C A T L
I T S I R P Y P E G L D W N F W E O W K L S M L C
A N Y L A O E E I N M L D G A K G T L S D A N E R
I M R R L K R C G I G O S F K D N T I G S N L D A
Y O D B L I E D K R V G I I E C U B K K K R O P N
S K R C A E P W A E E E R S S F O O E E L L C E E
L N U E M N E Y I D R T W H T S K D R S W R R T L
L C R K L L H H E N S F E E N O B N W T A L A R A
O G W L P E G F C A D N D R N O Y I A R N R N E N
A T I F R A I B H W A D O A O D E G A E E E E L P
K G A O K L R E I E U B A B W F N G T L R N H N T
N P N O I A W A C C S N Y I D I I R I O O L A R A
O I A A A G O W K Y C G R I L E U N A P I N W N T
A B T I R S I A A E G O O R V K L R C E N N K G P
D G I E C S U L D C E K A R E L E R H H G O T D C
I N E N N I I O E R U T L U V G N I K R D A A D L
O A O E E M E O E O S B A T F A L C O N E A H C R
```

41 🌿

Birds

BAT FALCON
CARDINAL
CHICKADEE
COMMON
   SANDPIPER
CRANE HAWK
DOVE
FINCH
GLOSSY IBIS
GOLDFINCH
GRAY HERON
HORNED OWL
HUMMINGBIRD

KESTREL
KING VULTURE
KINGFISHER
MALLARD
MASKED BOOBY
MOTTLED
   PETREL
OSPREY
PARAKEET
PEARL KITE
PIGEON
SANDHILL
   CRANE

SNOWY EGRET
STARLING
SWALLOW
TUFTED DUCK
WANDERING
   ALBATROSS
WARBLER
WOODPECKER

```
P E L G A O U A S T A E M A A P O P Z O R E M M Y
D E O S P T T I E E T I O A S E R T O T D E C R N
G I O R M N C I A O U N P H Y T U S O U O R L Z I N
I T R E I E O I B L I Z Z A R D R M S U L U M U C
T T T E T O R N A D O H U M I D I T Y R D D A M O S
S D E A E L A R R H M R O T S L A C I P O R T S N U
U T I S I Z L D O P P L E R R A D A R P T R E R D
E R U T A R E P M E T A I R C T E O D T S O S E E
C C T E R D P A E U R H N I S T E T L R M T E T N
U I L I L C E R T O I E G Z E D U M M H T I A R S
R Y I U I R L N E Y R R H U T E R R T E E E A C A
M E G H T T A R R S G L M P O O E E U N E M O F T
E E H S A N N I L E S O O I S R H E N R I L O R I
S S T A P O A M N N R U L O U O D R M D E R J I O
R E N M O M N W C A O Z R O R R M A T A E A O S N
J E I S P M E T L C H M C E R T E T R C M N A A A
R R N S D E W P O I N T I T I O I S A D Y L T Z I
T O G W U T N E U R U A S N C A E S D S A G U M S
M R T E E U E T D R D R D L S R T T W R D F E E T
P G M M I S T E S U N R A N E M O M E T E R L U R
H T E O T O E R G H E E E L E E S W A M R D O L N
P S D O I M R O T S R E D N U H T T D M D R O C A
E D L E E N N D H O S S M R P E R Z R T N R T H E
O L R R Z N I A R G N I Z E E R F O R E N O P R S
```

42 🌿

Weather

AIR PRESSURE
ANEMOMETER
ATMOSPHERE
BAROMETER
BLIZZARD
BREEZE
CIRRUS
CLIMATE
CLOUDS
CONDENSATION
CUMULUS
DEW POINT
DOPPLER RADAR

DROUGHT
FORECAST
FREEZING RAIN
HAIL
HUMIDITY
HURRICANE
JET STREAM
LIGHTNING
METEOROLOGY
MIST
MONSOON
RAIN
SLEET

TEMPERATURE
THUNDERSTORM
TORNADO
TROPICAL
    STORM

```
U I G E E N G E N L P S E L L K S A U T T N K N N
B R H E S H R P P N O O W O R P L E P E S A A J S
A I N E P T O U A I B Y V G L L E N K C U B O R N
E U O L P N V C O L G A T E E U I N E R V H T H O
E T C S I N L E G R A R E O D A R N N O N A N O N
U D L E R D E E H E S R R R M E A O D S G U U R N
N L K E C N O H T B L R U G S L F A H E A L P L R
E T W E S W R U U O W P M E U T D O L L E N R O C
G O S P M R N L O A L A S T E Y P H N A S S M T L
W U U I O I A U M O H T A O A K B I O Y T O O T S
A T E T L W T N T B D A Y W I E O S R U L P S D W
R W J S E O Y E R P E E E N M A C A T E I W S N N
G E T E N R R E A E U T S A I V C D H Q B H R N Q
O D E R B N L D D R E T D B E U L N W O R B H O R
E L C O H R O R I N H E M E S T S T E T E D I M U
T A E F E T O M J H R U R E P V T O S S D I E P E
R E I E E F S H H T L Q O C O A O D T D N A C S U
D A R K N N U U O O A R A U R S U N E U A A I S N
T T L A K J D N C W R A E D F S M L R K V R S T I
E R T W E R I S N E A M H N O A U E N E U G H J T
N S A D A M B A A M F R N M P R I N C E T O N O U
C L O V U R T L T W R E D W R K A L M D R A R H C
E Y R A M D N A M A I L L I W P E P P E R D I N E
Y A W N E Y A O L D B R C R P A U D U N T M O S R
H H L B N A F N A L R P I S U E D H M Y R R R R N
```

43

Colleges

BROWN
BRYN MAWR
BUCKNELL
COLGATE
COLUMBIA
CORNELL
DARTMOUTH
DEPAUL
DUKE
GEORGETOWN
HARVARD
HOWARD
JOHNS HOPKINS

MARQUETTE
NORTHWESTERN
NOTRE DAME
OBERLIN
PEPPERDINE
PRINCETON
PURDUE
SCRIPPS
ST. JOHNS
STANFORD
SYRACUSE
TULANE
VANDERBILT

VASSAR
WAKE FOREST
WILLIAM AND
 MARY
YALE

```
E I N L O T N E S G S U A L E T I R O A A P I B U
V A H O H E R E N E S C M E L R A L E S N O A C A
A H T U R T R E N R U O J O S E R L E E N N C E O
O K T M E M E R D A A T T A P H C R A M S Y T V N
O U L U A P E C I L A S E E A C T R M O R N I O T
C L E V R R M U A N I I I P O R R O S A P A R K S
V O M I R E I C A N U T F D L A E A N T U T O E H
L U R O N I O E O Y E L K A O E I N N A J T A E I
U I I Y A I R I C A E N U S S S I A T I I I U H A M
R S R J V A T E J U L I E T T E G O R D O N L O W
S A E Y I I M E L S R H M A T R I N E T A I T M R
D M K N L M T K E E T I V E E M T F N M A H R M C
I A A O L U A I M U R N E R E E I S B R E E A E H
E Y B H U G L A L A J M Y M Q E T U I R R C R F P
M A E T S E T I R D I A P U D H T F R T H A A E R
I L N N E O I I A A A L A C G T N F U V R L B E I
H C I A I T S P N P O L O I E S E R E E S A E K B
M O H B N U R S E Y I N R I A I M A O E I M T O E R
R T P N N O O E E T V L R E Q V D G O E M I I A S
G T E A A E A E Y E I R O C H I N E A E U T A I A
E F S S R H L C N V A P S T N T E T I J E Y A G M
V I O U E F T T I H A E R E H C M L L U V J L R H
A E J S E B I C C S A P A E F A A O E R Y A T O K
T T A H E O M S N T R T I N D E P E N D E N C E L
O A N A N G A I K H N A M E L O C E I S S E B G I
```

44

Women's History

ABOLITIONIST
ACTIVIST
ALICE PAUL
AMENDMENT
ANNIE OAKLEY
ANNIE SULLIVAN
ARTIST
AUTHOR
BESSIE COLEMAN
CALAMITY JANE
CIVIL RIGHTS
DEFIED
   CONVENTION

EMPLOYEE
EQUALITY
GEORGIA
   O'KEEFE
HARRIET
   TUBMAN
INDEPENDENCE
JOSEPHINE
   BAKER
JULIETTE
   GORDON LOW
LOUISA MAY
   ALCOTT

MARCH
MARIE CURIE
MOTHER
NURSE
PILOT
RESEARCHER
ROSA PARKS
SOJOURNER
   TRUTH
SUFFRAGE
SUSAN B.
   ANTHONY

```
Y T P M R K O N R E S C M I T E D S A C E E M O S
D B C I I L R C L A W S S T I M N D M T E L E V T
E R R S C E R I N R I C I U R N T W Y Y P E V T R
R O R N L L N Y T M L L O A D L N R V T C S I L D
F A C O L A A M A J O R I T Y A P O T E S T T I C
Y A A T E Y T N R I A C T O T A L I T A R I A N C
I M L E T A O E V I T C E L E I C N D R E O T M I
I R B T S I B V N A Y R T N U O C S S A S N N I O
N I R O T E I I T W A N L A T A O T C L M I E T I
O I T A L A T O T S E L U R I P R I O S R I S C E
E I N L O M R M O D G N I K L R L T L N O T E P E
E O I T N E M A I L R A P T J B M U R I E T R I A
R O M I I U P S T O A N C O U N C T I M R A P F E
N A O C A T E V T U U N J P A T E I T T E R E I C
L A N A S R Y A T O R Y T N L E T O I R K D R V E
T V A B P N T H V C I N C E O R Y N I E E R C D R
O M R I O C O M M O N W E A L T H R C R S R T N M
R I C N L R E T S N I M E M I R P T A T T Y I M K
S V H E I E E T A M C C A T I C A L N N N E B A T
A E Y T C D O T M S I N U M M O C E U C R N A T R
C L Y M Y R I N E M S O C I A L I S M I T T E R R
I Y D I R O M N R D D A U R S E A C B S A A L A I
M E P J Y C A R C O M E D S T H E R T L R I I O O
W A E O Y T R A P T C M A C I N T M I O R H S C L
E P L R E P U B L I C I E R T R E P E T C N Y E R
```

45

Government

AUTHORITY
CABINET
COMMONWEALTH
COMMUNISM
COUNTRY
DEMOCRACY
DICTATOR
ELECTION
ELECTIVE
FEDERAL
INSTITUTION
KINGDOM
LAWS

MAJORITY
MONARCHY
NATIONALISM
ORDER
PARLIAMENT
PARTY
POLICY
PRESIDENT
PRIME MINSTER
PUBLIC
REBELLION
REPRESENTATIVE
REPUBLIC

RULES
SENATE
SOCIALISM
TOTALITARIAN

```
E S N E L N O I T C I F E C N E I C S A G H P E A
C E E E S A A K O I L G S E K B O A V E N X E I L
Y H U D L P V R H N W T E L E V I S I O N U D Y A
H S M N W N R A I T A N W V O Y B E I D A L E S S
E U G S T A W W G E O A I C A E H S O E E H K E K
O O H N R A L D H G O R C M B E N T C I S E O E A
C N O N I N P L W R T O N A V A U B S S T N O I D
U D O I K T I O A A E O N M P C B U R E N C N C S
A N T N S P P C Y T T S G X N K R Y T N I O I I N
I A N E E T U N S I V L E R M E E U B H T C N V R
C T L E L I S O I O G O M L T Y I T E O S I G I E
B S L R D E U N G N E N B I O T C N R W O A O L D
O D C R O B B B B W A E M R I R G U E E E M O R O
L N O R O G U I T A P E A I T R R D L R E S G I S
D A N M P H R L K O T A R R E O N E O E H M R G C
E B S A K N B C O C S L A B T N S I D G V R E H P
R N U U N I I H I R L T N R O I A T T N P O S T A
R A M T S A A R R O C E Y R E N I O Y I E U L S A
A C E I R L L N R A H O I H U K R T R L C G R I S
I I R V U C A N R C B E A T G E N E R A T I O N L
A R I H I G K T S M S A Y I V R L O G S I S U A A
G E S R N C S U O E O T I O R O S M I L G S S A S
S M M K O B A O G U I E O E N U I G B A U E B O S
I A I R A R G I R E U B E E B A A R M E B E M E I
G U O P E V I T A V R E S N O C B L N O L S E N E
```

46

The '50s

ABSTRACT ART
ALASKA
AMERICAN
  BANDSTAND
BABY BOOM
BEAT
  GENERATION
CIVIL RIGHTS
COLD WAR
CONSERVATIVE
CONSUMERISM
DE KOONING
EISENHOWER

ELVIS
EXPANSION
GENDER ROLES
HAWAII
HIGHWAYS
HULA HOOP
I LOVE LUCY
INTEGRATION
KEROUAC
LASSIE
LEISURE TIME
POODLE SKIRT
RAUSCHENBERG

ROCK 'N' ROLL
ROTHKO
SALINGER
SCIENCE
  FICTION
SUBURBIA
TELEVISION

```
I R D J R G E N V N R E S Q O L R E T F R V M S N
O P E S G U E K L B W O U S B O C A J E O W V E V
O N E I N R S T I T N I R L M E L W S A B A O A I
D A O E S T P O S R L H A A N L A A S N E L L U C
I I Q O I G I R I E T E N W E S E I N I R N T I T
S R T N M E L R U R T C A B H E E S E S T A U O O
U A S E P W C T S A E D N I H P C V A M P I R E R
E T R W E A E R V B G G N E S A S E A H A A I P I
E E E H A T E N E N L G R W I D E J S R T N R L A
E G C T R T K R I S T E N S T E W A R T T E J R U
S E A I O L S K R O F Y Y M R D L S E E I M K E I
N V B Q O E A R N O N O V S Y I R I E L N O H N E
E E T R R E I E O O A O T S S A O M M E S V N T T
W A T P R A S P T C N E E E E A S E R E O I O U E
N K L B L R U R A O P W M R E E E T N E N E N A E
T S U N E E L O V H W A R I N C D I A F R F E L U
R S D L O I A E E C J E V E A N L W W O T R M R O
R I A J S U L N L L R R R S A N R E A N E A O O P
I S G C A N I R I E E E T E M C U W H R R N N L L
U P N M S E C U A O C W W E W N K P I T D C E Y T
I U U E M L E E E H T W H E R O E I W G E H H A I
N B O E A L E M N R C S E M E P L I U E O I P T R
L A Y L O I E E A A W A A M A U M F A N O S I F A
R E E K P N T I C I V R I A L E E R A R O E I R N
R E U E E M I N D R E A D I N G I I T N A E E C H
```

47

Twilight

ALICE
BELLA
BREAKING DAWN
CHARLIE
CULLENS
ECLIPSE
EDWARD
FORKS
JACOB
JAMES
KRISTEN
    STEWART
MIND READING

MOVIE
    FRANCHISE
NEW MOON
NOVEL
PHENOMENON
QUILEUTE TRIBE
RENESMEE
ROBERT
    PATTINSON
ROMANCE
SERIES
STEPHENIE
    MEYER

TAYLOR
    LAUTNER
VAMPIRE
VEGETARIAN
VICTORIA
VOLTURI
WASHINGTON
WEREWOLF
YOUNG ADULT

```
C I I S E O T I T O U W M I R L D T M C R B S N L
A A L T E S I B T A C N M A C A V E E A L T R Y P
R G D S A U N A G U U E C I L C T R E P N S R U P
N G A L R L I D S N P G I G E I A S U D A N P R E
E S U O M R O N E R T A L R N N P L M A A A E E N
O O E I L I H A W S T S I E D A G A E S E D A O O
E U R N A D S L Y A E P O A O P O V E R T Y B A S
A K S A N N P E S O M R E T N A S E O T B G D T B
T O S T A N M A R E R R T P Y G E T N E I C N A E
S U P U U D N K I E S U E Y H A R R I F L E E N L
C S S R D Y R L E C T N B R S I E A N I G E R I A
P C O A Y I A L N N W R F A S E N D A L H L A S A
R I S L I M T M R E Y N I M A S G E A D I O C E E
P M O R O C C O S D U A T I F D E A A L I O S H C
A L E E O Y O N E N P A T D R I T C C I B C A A I
A O T S J U N G L E W O N S I A I Y A W U O G U N
O O H O L A E P A P T N E D C S P G I S A L A S M
L I I U E S A R R E F T N U A S L N J E S O D A I
E I O R A L T R A D I T I O N I A S N U E N A E O
A P P C W L O I R N T I T I U D I D I P S I M K E
K I I E U S O I E I P T N I N P N E R E U A O I E
H D A S U O L U P O P P O O I E S T O O T L O N N
A R A G A K O O E A N A C J O S M N R E F I B C C
Y C S C A P S N I R A N D N N A U O S A D S O W I
U L L A B A B A S I D D A U I A A A A E N M K V A
```

48

Africa

ADDIS ABABA

AFRICAN UNION

ANCIENT EGYPT

COLONIALISM

CONTINENT

DESERT

ENORMOUS

ETHIOPIA

GREAT
   PYRAMIDS

HAUSA

IGBO

INDEPENDENCE

JUNGLE

KENYA

MADAGASCAR

MALI EMPIRE

MOROCCO

NATURAL
   RESOURCES

NIGERIA

ORAL TRADITION

POPULOUS

POVERTY

SERENGETI
   PLAINS

SLAVE TRADE

SOUKOUS

SUDAN

SWAHILI

WILDLIFE

YORUBA

```
L I N O N B U R P C L O T H L S A E L T E T R T A
F S O I C B L I E D I P N T E N U A T D A E R T O
T E B O T T L E S W T B U R I A H C G N I K C O R
N R E L Y S A T I U O A I G I I C A U R O U N R R
B N P I A E A S E I O H B B N C R T B E V A E B G
F P E M A N Y B A B R I S G I I K R E B I I S L R
A A R A B I K G O E B T X Y L R L R I S R E R X C
A D D E L I V E R Y S S V N B T C L A T I B C N S
G Y E R G S P L T N O A U E A A D G U S O R C A R
F A T C N N S H B D T G I E E I B A E P S E B A E
T E I H I B A O G G I I S V A D G N I L W A R C L
R X C S H E H N B E O R T P O E O I O D B S Y Y A
R N X A T S C E T L A L E A I P A I O E L T E H R
R M E R E C A R T C B R A C S A R P R R E F I I R
L X E R E B N V Y I S R R I B R B C B N X E A A Y
R H I E T T R O Y I L B R F O S R I I O P E R T A
E B L P C N C U B R N N I I I E D S A E T D E R I
I T L A O B R S B R R G R E I A S R T R U I L V A
U T B I P H P I V P L I A R O A I Y B I B N L F L
T L E D C D I S S E E A E D B B G C I T R G O B U
S A D E R I S H R R U U E U I R O N C H T C R T M
T S C P C H R A P S S E E S Y S S I E E L T T A R
G T Y I A E O O E C H O S P E E A C I Y O E S R O
A T B X E A X E D E B R R P O Y S A G S R U C B F
B C B E S P G I G B S S I C I N N L R R O U Y S B
```

49

Having a Baby

ANXIOUS
BABY NAME
BABY SHOWER
BASSINET
BIB
BLANKET
BOTTLES
BREASTFEEDING
BURP CLOTH
CAR SEAT
CRAWLING
CRIB
CRYING

DELIVERY
DIAPER RASH
  CREAM
DIAPERS
EXCITED
FORMULA
IT'S A BOY
IT'S A GIRL
NERVOUS
ONESIES
PACIFIER
PEDIATRICIAN
PREGNANT

PULLING UP
RATTLE
ROCKING CHAIR
STROLLER
TEETHING

```
L J C D T L O Y O L I E S B O D T T E I O U S E E
E C P J T N E I L V O A L X L E L O L P C H P C D
V E A O A E R S Y N T H E T I C P P A T E C T S L
H F E N A J Y R A M N B P E G B R T S S S R B H S
L S D W V N N P O N T N M L T E D T A S S E D N P
R E C O A A O A W S D O U Y W M A E O H Y N E N O
E C O A H C S S I E C A P A E E T G E R P I L H L
L A C O P G R A A C M U L E L O D O H P P N M A F
I L E T O E P C A B E K H C T H H G R I G S L T P
E E O N E L E S R A E C T D H S B N E O A C T R I
E O S H R S I L L R A A R B G T O F P E S O T T L
L H I K I N G B O O T R E N O A O O P G T U O E F
P S S T O E O E L X D R I X E O O D I N W O E C S
M T A P E A N L V L L N F H A B H I L A F K T D S
L F I K S K V N V S N O O T O E R A S S R R K L E
L L O O T E R T L U R R A H Y A L T A N R E K E R
S A S I M R B E R D E R S L E A T H E R N T H X D
E T C S O B T M N U N P L G F L T L R E A H S E R O
O O T T G I M A S N O W B O O T T E L I T S R R K
H E E W O S N A T L G R L E S S A T L O S R W T F
E B O A S L E C O O R T H O P E D I C L A A R A E
A R L D O G S L F L T T I R T S E C C L A F S E S
M B D N O A C P O O E D H S M L C P B N A B E E L
M S I N S I E S E C I O T S E H M A E O N L N R A
M F A C T E O D L N E F C L O S N S T R O T E S A
```

50

Shoes

ATHLETIC
BALLET
BOAT SHOE
CANVAS
CLEATS
DRESS
FLAT
FLIP-FLOPS
HIKING BOOT
LEATHER
LOAFER
MARY JANE
MOCCASIN

MULE
ORTHOPEDIC
OXFORD
PREWALKER
PUMP
RUNNING SHOE
SANDAL
SHOELACES
SLIP ON
SLIPPER
SNEAKER
SNOW BOOT
STILETTO

SUEDE
SYNTHETIC
TASSEL
WEDGE

```
Y S A C I Z C E D E S R S S E N A L M F A O O O A
I T F W C C A F F E I N E S E A F C O R G F C A E
O E E D K F U E G N I T S A O R R U E O R F L H C
O E O D D E C A F F E I N A T E D A R T O A F N C
O O R S E E R R E E G O D R A C M O G A U C X C O
T O L L S E F A K U E A C M N H A Z E L N U T C R
F O L G V E D N C O F F E E B E A N C O D C I U H
T C O E N S R I A U A R C S T A R B U C K S O C F
D T B M F E T P F A I R T R A D E W E R B S S O N
A O T N C C R S S E R P H C N E R F C E E T B A U
I D L P A U A A R E K A M E E F F O C P E S L A U
L C D U R C C E L A R F G F A A F H F E T E P S R
Y A F O A C T S S E O M T C E F O E P E Z B O C E
C A F A M E R I C A N O O Y E C O I A C M S N D U
U R E H E T O P E A P L A E O A N M P O O E I N F
P C R K L K P A W K K E H L R G E A M M T L C R E
L B D L A E X N P A T O A S E D S E M M B T C K P
N O I U N T E A E R U T R L M T M S A O L T U B T
G R E C I O T V A S E T E I X B L L R D A A P O L
T E C E C L C E E R A T L S F Y T L A I C E P S O
R T L E E O A C M E E K L E A S K N N T K S A R E
O A C M E A L E B I F F N I C R P T O Y T L C E C
C A E G C E T P M O O T A H F E N E O T P E S C E
S S C I C N T C H M F A W E S T Y E A E E U C A P
V I R K T P O E A P S N P E F K L R E E T L I E H
```

51

Coffee

AMERICANO
BEVERAGE
BLACK
BREWED
CAFFEINE
CAPPUCCINO
CARAMEL
CHOCOLATE
COFFEE BEAN
COFFEEHOUSE
COFFEEMAKER
COMMODITY
CREAMER

DAILY CUP
DECAFFEINATED
ESPRESSO
EXPORT
FAIR TRADE
FILTER
FRENCH PRESS
GROUND
HAZELNUT
LATTÉ
PERCOLATOR
ROASTING
SEATTLE'S BEST

SPECIALTY
STARBUCKS
STEAMED MILK
STEEPING

```
I T A I A A E A T W U Q A N E N E G L K P A P W A R
R G O A S L U E R A S I E N A E B E E I A E E I G
R N N V P E C I P C S K A K K Y U U R U R E E Y R
L R E R R A Y T E H H L C O R W R N V E N S E M U
H T U N T S E H C A K E R O E E E N R R N T A C R
C P D Q G O E U K M E P V H C A K U E V S G O L E
T Y U K A E F I T P I I C C E A R E I D N M R C I
E N I R A M A U Q A I T O D L A R E M E N S A A A
P L E G E L L C A G L E E C A L I L R E U W N M M
P F O W E I A K L N C U S N D E A A E G N L G N M
P I E N H O L I V E K D L A O R B K A E E A E E E
U A E K G I I P O U R O E A N A V R A U E E T A R
M D R E M U T T R U U R I I A N A R L N R L R M S
R A Y R E D N E V A L N R N R P U B E G G R E A T
Y T P L L W I E P O U E R U S E Y G E E Y G O A H
D E S I O U Q R U T E D L A R K U M C E L A N L R
N M L P E R I W I N K L E M S E I E H E L G M T N
U L A L M C P E E L R O E U W L G C O U E E E A R
G E O G O H N W E R W G L A O A U A I R K P M R I
R U C T E W E C R O U L T R A M A R I N E E D O O
U N R U S N C W I G A O A G A W N N O I G E I C N
B E A L E E T N L C C O B A L T E R R N T R G R E
R Y H L A A F A E I R E M K E W V A I A L A E M I
N G C G A I E N N M G E T H E E F R L N U A E I R
O E P U A U A A E S R U U M I M R E E E A T D C N
```

52

Colors

APRICOT
AQUAMARINE
ASPARAGUS
BURGUNDY
CELADON
CHAMPAGNE
CHARCOAL
CHESTNUT
COBALT
EMERALD
FUCHSIA
GOLDENROD
IVORY

KELLY GREEN
KHAKI
LAVENDER
LEMON
LILAC
LIME GREEN
MAGENTA
OLIVE
ORANGE
PERIWINKLE
PURPLE
SKY BLUE
TANGERINE

TURQUOISE
ULTRAMARINE
WHITE
YELLOW

```
L B C H W A N T E K U T P A C H N Y C I U T G U S
V E E E O A I D P C I A D P T A A N W T W O E T R
P L N H S A R T T U O E K A T E N G T E P A O I E
T A O T E K L P D E A T T U F O L D L A U N D R Y
A E Y N O O O A D T E E T F C X K S E A H O P A R
T P U W G A R D I O S R E K V E O O O P B W A S E
A S I I S H L O S Y L R I T E D N N E R O E S D N
C O S N C S P S I T G C O U K N B N T I T S U E A
L K R D R T I G N T E O O W N I S T D S T M B O E
T A L O U G S N F T D E T B S W T S U D T R A P L
O D I W B O A I E E S C H P H U T G S W I M C I C
R O S C B C U K C P A P A S E E K A T G L I G C L
S A W L R T W A T S T P R C E S E B P L W R T K W
T S N E U E A B A R E S O A P G N H A A S F R U O
S N I A S U O Y N R T V I H Y I N S N H V H P P B
X T N N H B D D T A S P O A N B U A T T Y S E T T
B N R E T N U O C E P I W L E P O R H I E Y T O E
C L O R O X W M W C K D E B G O S T C C V D E Y L
B N T E N E G D R O E S E B U O U T T S I E K S I
O H S I L O P E R U T I N R U F I T L L N B C I O
N C R S W E E P L I H E S T R A I G H T E N U P T
E E G F T R I S P R I N G C L E A N I N G W B T K
I K T A U V S S A N I T I Z E T L V T V A C U U M
R G R A S N L O I I M A I F N E A T C C R O R O B
I P O M O O R B E T R A W G T U A B T D T Z U L U
```

53

Cleaning House

BAKING SODA
BROOM
BUCKET
CHANGE SHEETS
CLOROX
DISINFECTANT
DUST
DUSTPAN
FOLD LAUNDRY
FURNITURE
    POLISH
GLOVES
LYSOL

PAPER TOWELS
PICK UP TOYS
SANITIZE
SCRUB BRUSH
SOAP
SORT MAIL
SPRAY BOTTLE
SPRING
    CLEANING
STRAIGHTEN UP
SWEEP
TAKE OUT
    TRASH

TOILET BOWL
    CLEANER
TRASH BAGS
VACUUM
VINEGAR
WINDEX
WINDOW
    CLEANER
WIPE COUNTER

```
N O R D T E B A N G T P A C C A A E R R C I N A C
I O N T F Y E I E I C I A A D T A I P E C I R E O
V N O R O N E L T T D N A E N E P E C M T E D R Y
T N I N R A I N C N E D C N R N U A T N I L V C G
P O T O B M I A C V V E E E O I P L M E E E R I A
N P A V U C H I P P E P N O I T N E V N O C G T R
A R N E I E T L O L N E A U E O Y D E B A T E S R T
T T I M I I O L Y R G N I S I T R E V D A O O S M
S O M B Z L O R N I T D N A V C J C O E I R O T E R
R L O E D C B D D A U E L S U M P N A N Y A V O P
P L N R A D G M M T E N Y E D Y N T T I O L I E S
I A D L C A N D I D A T E C G O N A U A L C C O R
A B R L N N I A R L L T B T A I N E E T O O E E P
R G O T N T T E O A O N R L D R S L S L P L P I M
S E L N Y T O E E R O E D C N A A L D I L L R G G
N R N E C N V A N D N U C T A A I O A P E E E T E
D E T D N Y C E E E O T P L G U C T Y T P G S R C
O D B I Y S E I R A M I R P A O C I I P I E I E O
V P N S T R I M R O F T A L P S I U L Z N V D G O
M R E E I E B N A U C S N E O I M M S B A O E I E
G E B R R T I U T D U N Y S R D L D C P U D N S B
Z S I P O P U L A R V O T E P I M P N P O P T T R
M O V S J G O M E B V C M C D R H C D E B T E E A
E R O T A R C O M E D U M M R E T D I M A E D R G
E R E M M N A E G O V E R N O R O Y A M Y A R V E
```

54

Election

ADVERTISING
BALLOT
CANDIDATE
CAUCUS
CITIZEN
CONSTITUENT
CONVENTION
DEBATES
DEMOCRAT
ELECTORAL
   COLLEGE
GOVERNOR
INDEPENDENT

LEGISLATIVE
LOCAL
MAJORITY
MAYOR
MIDTERM
NOMINATION
NOVEMBER
PARTY
PLATFORM
POPULAR VOTE
PRESIDENT
PRIMARIES
PROPAGANDA

REGISTER
REPUBLICAN
TUESDAY
VICE PRESIDENT
VOTING BOOTH

```
L Y E R G N A E J H G R E E N L A N T E R N T I N
O V H E I M I S E N V E F E E F M E A H E P A I M
M I R M M H Y H A E L F R N S I N A A N O N A I N
M N A I A M P E E N D R A U T P R E O A H R C D N
B O S R E B A E T S H U U D O F A F O D D A R G I
T S U P C T L N G M E S L Q R F O E L E I N C D
C I T S A T N A F R M R R K M E C F W D R A T R I
I O C U A E P M C W N E M L A N E I A K N U N O I
A P M M S D E O E K U V I U A N E R T S P M I M N
L S G I O N N Y O B L L E H O O A O L S H O I S C
T N A T A S A M A N R I U U A W E A L A A R M A R
N E M P B E M C Y H R S G R E A V U O S S T T F M
M L B O T A T L J S D M L H M L W O L G A W N W L
A C I R E M A N I A T P A C T U I E T M O M P A N
G A T R F A B E I L O I T E N N N R I M F M M D F
N A D O G M O M S F O V Q S U A I D A A M G R L R
E A P A S N O E U E U L P U M M M N E A F O A M A
T E L D M N G O P E A N B O E N R R G R E M F E I
O M N O E N I R E V L O W M Y O E F E E D A A G P
A E E V T A A K R L K R R Y T R G O M D P O C T E
A Y T E D U L M M E E H T T H I L E G N I T G N O
A L I V E D E R A D T T A H P K E P R G R P G A E
A R E E U I B P N G N R O G R P E S H P I E S R A
U R A A W N A O O Q E F U I Y H S I U A S N I P T
Y A U S M I W R A S C M E M N T E I B L M T R W U
```

55

Superheroes and Villains

BATMAN
BLACK
   LIGHTNING
CAPTAIN
   AMERICA
CATWOMAN
DAREDEVIL
FANTASTIC FOUR
FLASH
GAMBIT
GREEN LANTERN
HELLBOY
HULK

IRON MAN
JEAN GREY
MAGNETO
MEGAMAN
MIGHTY MOUSE
MR. FANTASTIC
MYSTIQUE
OPTIMUS PRIME
POISON IVY
SHEENA
SILVER SURFER
SPIDER-MAN
STORM

SUPERMAN
THOR
UNDERDOG
VENOM
WOLVERINE
WONDER
   WOMAN

```
C U O H U B T I M R U A L H A D A C A D Y I R R A
B E J O L E A E U R T N N J I E C R E E G E O N T
T C S B L C D I M S I H D D U B O L L Y W O O D D
D D S D E N M M O R B D O H S R N Y O B E I L N K
N H A D E I H L E D I I M L B U O Z M O J E N S S
Y P O P U L O U S H N M I S J O M I R B H E T R A
S E H T P D D H I M A L A Y A S H I D M A H D I K
H I S D I V E R S E I A B V I H D T U E R G W O C
M M N N C E E M U E L H M I N B O E C E K S L C H
E M E D W B E D O A U A U K I Y A N Z A H K N I D
S Y C T O R P I B C A M M A S S E V N I A E U W D
A D O A S A U O L U R J L A M D E A B T N E D L E
H B N C O Y R U P I N A M J N M R U A C D O R R S
S E O M A F S Y J I S T C E E O O D H T A N L I M
R G M T O H H E A H T L P Y E C R C H K G I N O M
S V I R A A I A T N V E I I B D E E E O E D D I C
A D C A A V N I F S D E T M V F I N I U E R N A A
R E G D O I D R A N A I D I V A R D A U U R N R E
E N R E N N U R I R D C H B R C I I A A I R F B I
G H O R M M I L S U M D U Y O E N P U A L C A O S
F I W O E P S M L L N H A R D B A O I L P M O H E
I K T U O M M T R E S E D R A H T A H R D Y E E M
K M H T E R R T N J S F I E L D H O C K E Y O L B
O L U E D B R L A R G N A H B M R A S B A J N U P
L M M S I E G I U L S K R A I A T A L R I H T A O
```

56

India

BHANGRA
BOLLYWOOD
BUDDHISM
CASTE SYSTEM
COLONIZED
DELHI
DEMOCRACY
DHOTI
DIVERSE
DRAVIDIAN
ECONOMIC
   GROWTH
FIELD HOCKEY

HIMALAYAS
HINDUISM
INDEPENDENCE
INDO-ARYAN
JAINISM
JHARKHAND
KOLKATA
LABOR FORCE
MANIPUR
MUMBAI
MUSLIM
POPULOUS
PUNJAB

RUPEE
SARI
TAJ MAHAL
THAR DESERT
TRADE ROUTES

```
I E M E C T T S J R O H B S I R R A H D E O E S Y
N Y I L O L C D S E T H R O G E N D P T S L A E H
O R T I O F I C T E F D A N I E L C R A I G G E B
A I D N I K A P I U O W U D D U A N D I U A D N I
M T S J M E B D O N M O O L B O D N A L R O F O O
N O S B I G L E M C L A E A C M S R F Y C N B M A
I R C E O G B L L E S E I D N I V F O B M D H A I
D O O W H A J I L E L H A I R L I L D J O A T D P
E H L W L L E R R E F L L I W F D O E L T N I T A
N U N A L P A C I N O L I R R M D O B D R I M T R
T G I I K C S S E E I K W A M D T H R E E S A N
J H E D R K L M T R C S K N A H M O T H L L L M A
S J G E R I U G A M Y E B O T K D E E J D R L N E
I A A I B B R C U J L U N E L L E K C M N A I A I
T C O C O E E I O B J N I T F S L I A S A D W H R
I K A W O V N H N C E L D B E F I L F A S C A C L
S M A S E A N A S T I N P H N C S A L M M L I E R
L A O T L N O O F E S L S O N R I N L H A I S I V
I N S U Y F W K J F R I F T M A N M I S D F E K D
M N M D L N S I N E L C H R I S R O C K A F E C R
I E E N S E R O L K D E E E U L E I H K N E N A T
L P C V L L O A O S R H C W S C L U V L A S O J D
P T E Y N I T S T C O E N K J E E E N R A Y B O A
V E R O W E R T N J L N D H L E A I R O E A G N A
V C T K O L E I A A F J E B T S H T E H D J W E F
```

57 🌿

Actors

ADAM SANDLER

AL PACINO

BEN AFFLECK

BEN STILLER

CHRIS ROCK

DANIEL CRAIG

DANIEL
    RADCLIFFE

ED HARRIS

ELIJAH WOOD

GARY OLDMAN

HUGH JACKMAN

IAN MCKELLEN

JACKIE CHAN

JOHNNY DEPP

JON VOIGHT

MATT DAMON

MEL GIBSON

ORLANDO
    BLOOM

OWEN WILSON

SEAN ASTIN

SETH ROGEN

SHIA LABEOUF

STEVE CARELL

TOBEY MAGUIRE

TOM CRUISE

TOM HANKS

VIN DIESEL

WILL FERRELL

WILL SMITH

WILLEM DAFOE

```
U O E M E G L I O I N O L E L O N C A O L G T N A
N G Y Y R T S I M E H C C S C I S Y H P U G S T P
O N A U S E R E Q S L O A I B R Y R D N G I L O B
I S I S E L S Y N O K S M U E O R B K R Y N P P T
T R H R C E C S I N O U R E B Y M E R S L U K Y D
T V E V P E R P E G E L L O C R S I T P L L L C N
S G L H I R F E D N E I R F Y O B I I A U R R T A
S E D I E R A N I Y M H R O C S M O R P E G B E B
A I N R L L T A L N O P B I J U N I O R I H K S G
C N E A E U H K O O B R A E Y D T F N G N B T R N
O E I E L O L U T T E L G L G Y A E O G C U Y A I
T D R O E G E C A L C U L U S L L A H Y D U T S H
A A F A R L T C N L O F R D H C E E C E G L E A C
S R L C E I I O U M A C F E R S I I N T D S G R R
N I R Y H D C B I L I I Y H N C R T R L R N T L A
D E I H B I S E G O S P O C E F G E D S I U N P M
M R G O S E C D S C O D A S S O C R K V L N M Y N
M G H T N S L L Y U H E N E V O F A I C E T A G E
R O C I T N I G E T G I G E Y R E R O M O H P O S
A M O M M P Q A L G E B R A I E D E E A N L O L T
I R S E G A U G N A L N G I E R O F A S B C U O M
S R E G A N E E T F M I U R C O F A R A H L F I R
A C O N O I S N S E H D L D L E A N L E R M P B O
C E A E C P E R N L S R E H C A E T H S H T A M O
I P T R O I S T B A L G G Y L L B R E C I C C N L
```

58

High School

ALGEBRA
ATHLETICS
BIOLOGY
BOYFRIEND
CALCULUS
CHEMISTRY
CLIQUES
COLLEGE PREP
DRIVING
FOREIGN
  LANGUAGE
FRESHMAN
FRIENDS

GIRLFRIEND
HOMECOMING
JUNIOR
LOCKERS
MARCHING
  BAND
PHYSICS
POPULARITY
PROM
SCHEDULE
SENIOR
SOCIAL CLUBS
SOPHOMORE

STUDENT
  GOVERNMENT
STUDY HALL
TEACHERS
TEENAGERS
THEATER
YEARBOOK

```
L S U U I I Y A O L L K K C G S P A O A O E A A P
S S E H S D Y C M A R T I N L U T H E R K I N G C
I K S E H E R U T L U C R E T N U O C H S B L I P
P A C I E I W U I K S A I E A I T A B H H U O R A
N T I K A T M Y C I M R Y L H E I A D S K P E A H
S E S L S C R C O P O I R I A P R O T E S T L P R
C B N E P T L M M U T S S U R B I H H O N G E R L
G O N W L T H I I A T V O L I Y D E N N E K W N C
R A R S A T L G H O O H I E L A P D A E T O O P M
E R I M T O A A I R B V D A P B A S Y T I I O M P
L D A I H C R E N R L O U S U P S T N L T P D L O
K S N R R L B R B U L S D R T A S Y A A A A S L C
C W A N A V O L Y L E I N F S A G O R R A N T U M
N W Y G C W O K S T B I V S U L L G T A E E O C U
Y R A R O P M E T N O C I I A A E O P M A H C U D
N O E S S H D A P R I N I S C T T R T C R I K T L
C A R G A R K M N E A O S S N O U S A P H H G A I
M L A M A Y N S L T I C C I S U M K L O F C R T G
T P O F T E N B I N E I E A A S O A G A S L T I R
S S T E S N C O N I M I H I A S T R S A C T R H I
T I U U I B N A L F F N V N D A K O Y T H I B H E
I E W Y W S E I P P I H R C S L C R E L A A S H N
E O Y I A B N R L S T R I K S I N I M N N S P U H
O S A I R G S C S D A T A R M S T R O N G S M I M
S E A C I T I G O L G G E R E A P S H E E L A P E
```

59 🌿

The '60s

ARMSTRONG
ASSASSINATIONS
BARBIE DOLLS
BEATLES
BELL BOTTOMS
CHANGE
CIVIL RIGHTS
CONTEMPORARY
COUNTER-
   CULTURE
DRAFT
DUCHAMP
DYLAN

FOLK MUSIC
GLASS CEILING
HEPBURN
HIPPIES
INTEGRATION
KENNEDY
MARTIN LUTHER
   KING
MINISKIRTS
MUSICALS
PLATH
POP ART
PROTEST

SKATEBOARDS
SPACE AGE
VIETNAM WAR
WARHOL
WOODSTOCK
YOUTH

```
N H G L R R I N T T L O B H I R E A T B M E R L C
S E O C N P W E R P I L S N L A T E R T C E L M A
E S E T C N O I A E I S O L M O H R R I C S A E M
W I N E E W O L L A H S S A R E M H L E H E H L E
O O R E R E M A T I F I I A E V O N E L R L A N X
I N D R H T E A N E G D U R G I H W T C O A S E L
E S A T A A N I R H R O S E M A R Y S B A B Y T E
E O E S C C N A E E T G D R I S I X V S L M S R H
N D D M E G T N L T D I E E E D A N R E A O E N P
F B E L S U N B I O A D S I A R W I C N E N M S R
T E H E S H B I A B E P A E S A E T M O H T N S T
A I T N R R S N R G A B D L E T S S N S A S A D S
E N F O R G M R J H M L E D S E H S I R S J R S R
P Y O E H E M X I N I M C L C B I Y R A Y M S N S
R I N R E N E U A V C A L A O E O B R M R S E I G
H S W A J L I O E R E E E T E R A C P B E L M L T
G R A M I T Y V I L L E H O R R O R A T H I L M H
B N D T V T E E Y R A T A M E S T E P J B N R E O
N A E H X A C C N A E S N H E T S I C R O X E R H
H B E G E S N E S H T X I S I R A E M S E G E G C
P R R I B V T M E F S N R I A V R A A H B R S O Y
F R A N K E N S T E I N E V E S C R L I S R W A S
T B L A I R W I T C H P R O J E C T D A T W N E P
P R S B M A L E H T F O E C N E L I S A I S A N E X
I N T H T N E E T R I H T E H T Y A D I R F N H R
```

60

Movies: Scary

ALIEN

AMITYVILLE
   HORROR

BLAIR WITCH
   PROJECT

CARRIE

DAWN OF THE
   DEAD

EVIL DEAD

EXORCIST

FRANKENSTEIN

FRIDAY THE
   THIRTEENTH

GREMLINS

GRUDGE

HALLOWEEN

HANNIBAL

HELLRAISER

JACOB'S
   LADDER

JAWS

NIGHTMARE ON
   ELM STREET

NOSFERATU

OMEN

PET SEMATARY

POLTERGEIST

PSYCHO

RING

ROSEMARY'S
   BABY

SAW

SCREAM

SEVEN

SHINING

SILENCE OF THE
   LAMBS

SIXTH SENSE

```
R L R A O S E E M S E I T I R B E L E C F B E T A
T I S S E L F P R O M O T I O N H G E K M T A C I
N L S N M G N I K R O W T E N L A I C O S R I N N
E D D L N O R S I I M E H N S S S I S Y E R T E T
E E N E T H O C R T Y N B E S I V T N I R L T O W
R E A A I E B G O E E O T E I A E L D R T A E E I
R E H J I E R G N A W E M T T E N R E T N I N A T
O B T S T H I N O I N O W B W I I I O O S E I P P
T B R R E D S P V R S S L T H A S J S O E E O A I
C T O O O O Y A E S O I E L E N A B O P E L S J C
R E H R K W R Y D L R O T T O R W B E R A A I M W
L D S E C A A E T R B T I R N F E I W W B M N A E
A E I E O M L D H P A B M F E A A R E A M S S E S
Y H P B N S P R N C M K A B N V N E L Y R L T E R
C S E H V U S I Y T T I M B R A D E F O I M A L G
O C O U E R I B M R N U C I J E O A M T R R N E C
S J M O R Y E E S D O R K R K L L E S L I E T T T
S E A S S C B L S P R N B N O L A A S A N E M S A
C A O H A Y A T M E E A N E O B E L M B O L E O I
M C L K T E X T B A S E D N E T L B R T I O S O G
O A K A I L T I L L W T I N M E H O L O E D S R G
V B R T O I A L E S H A T I W A N S G B M C A W I
O R G D N M A I S L R R T D L F H A A E A M G I L
N V G N A L S N N S E I O W E E M S B T E C E T V
P O P U L A R T L T I M I L R E T C A R A H C I L
```

61

Twitter

ADVERTISING
ASHTON
   KUTCHER
BABBLE
CELEBRITIES
CHARACTER
   LIMIT
CONVER-
   SATIONAL
DORSEY
FOLLOWERS
INSTANT
   MESSAGE

INTERNET
JIMMY FALLON
JOHN MAYER
KIM
   KARDASHIAN
LITTLE BIRD
MESSAGE
MICROBLOG
MILEY CYRUS
NEWS
POPULAR
RETWEET

SELF-
   PROMOTION
SENDER
SHORTHAND
SLANG
SOCIAL
   NETWORKING
SPAM
TEXT-BASED
TWEETS
TWITPIC
WEB SITE

```
B S U C S S C S N H U N T A T B S T E C A P I S I
I N E D O A S O N T A U P O C L L A N C S O E M A L
L N E O I M I G L O H H E R O P N O O F A N S A E
E S N S R O O O E C C N N N I Y F E U S L I I E U
M I B L S O N C E S A E O C S N U Y B E A E D T N
O H L T E S A B N A F I Y L I G R E E B W G N H F
S A C U N I F O R M S E R T A A L E R L O E A G C
C B U P B R T M E I O O A E V E S I G L M S H H E
E O A T A M L A V R O E L M T K E T F A E L C E T
O T I L O U P E S L E B A E B L E M N B N L R E S
E T S S L R L A N R N S S N D S S R L T S A E F W
S N N I E E A T H L E T E S E N U E L O S B M M F
E I C N T E H C E E B O N C O O A C T O M E T L E
N A S D A S K E I A S S S L T T V C C F D S N E L
O E O I A B O H S N O I S S E C N O C N L A E T I
A S C V S H I K S O G B O F A M H S W F E B S T U
F S M I E U E L P S R O S N O P S L T N Y A E P N
R T N D E T M M A A M I E A O T N T S D E M O A I
O S S U B I S H V E N U E L E E T I T T A R B Y P
T C H A M P I O N S H I P K S S L A E T E M L L A
S E L L A O N C U E T E C S U V S F E I G N A A C
L L O L E U O K M N O I T I T E P M O C S O N I M
E I M I L U T E S R T G L A A T I E O E I B U I S
S S W L A A T Y S M E C U E U E T Y S S A L O U S
M B N O C A A R H S H N M S A T E U U E M A E O C
```

62

Professional Sports

ATHLETES
AUTO RACING
BASEBALL
BASKETBALL
CHAMPIONSHIP
COMPETITION
CONCESSIONS
FANBASE
FOOTBALL
GOLF
HOCKEY
INDIVIDUAL
LEAGUE

MANAGER
MASCOT
MEN'S
MERCHANDISE
OWNER
SALARY
SEASON
SOCCER
SPONSORS
TEAM
TELEVISION
TENNIS
TICKETS

TOURNAMENT
UNIFORMS
VENUE
WOMEN'S

```
E R S L U E L E B D T E M S D M E Q I D A E O A E
E H K T T L D R L C W P E A E A H D H A O S L E D
T E A H L I E S M A A S T L N B I D R N H E A H E
E A S L U N C H S O U P N A O S C M S L L U L R B
B A E O T R U T T S S E T S O H T E E T E Q S S S
E U A A C S E C N T R C M R E E A X C E T E M P U
E A B R N B A A A L S I F B E B I I P S P B D A I
I U M C E I R S R I H A T S N I S C W E S R T K P
L R T E I L N E U R O L C H I P S A N D S A L S A
E U L E S H I D A L A S T H T A I N D E W B L P A
H I I S X L A I T K A N E P I T C A N W E I M N T
A P M N E A H N S E F I I S R N A N M A U A O B O
F B A M L A C N E U R A E E M A E R E D M E E R C
N S M A I E E E R H U O S S E T S S C A N S P E I
A O T T E N T R E E A S N T R E S S E D E E R A P
S C C A D H E R O N S E R E I P I B U L R E S D T
E K E A S O T M E T I E D I S I H P F S Z R C A U
D A I L C W O O E D D E R C T T I B N I A K I N E
B I W A O L N F O E N O N V B R A R T L S A E D T
N E A A C T O M A B S E E E A S E E A U T M R B M
E A C Z K L E C A E S N T S B T P T U R A E N U O
E E S I T A L I A N S A W R N P I R O N R O R T U
R E I S A B D A F L D E E R A X N O P L E A C T A
T N E W I N E L I S T T H I S B Q A N E A A S E T
E N E H L P Q U Z P I I P I B S H E T S R A L R B
```

63

Eating Out

APPETIZER
BARBEQUE
BARTENDER
BOOTH
BREAD AND
   BUTTER
BREAKFAST
CHAIN
CHINESE
CHIPS AND
   SALSA
COCKTAIL
DESSERT

DINNER
ENTRÉE
HOSTESS
ITALIAN
LOCAL
LUNCH
MENU
MEXICAN
RESERVATION
RESTAURANT
SALAD
SEAFOOD
SIDE ITEM

SOMMELIER
SOUP
SPECIALS
TIP
WAITRESS
WINE LIST

```
R K C H K O H N I L L G L Y S F E O H C M F F L C
T O T I D A E L M F O E A A B D O A O O E I S D Y
L E A R U P P I K M O Y B E S N K V L N M S N C E
O D H D K E N B L Y F U O A T L M S O V O C H Y S
O O G Y C C T T E C I R R F A M I L Y O R R T E N
T O N I H E R R O L R V D T C J A A T N I R H E Y
O I I E S L D T I A E A A R H A K K U N A H A O A
O U V E I E P S W R W I Y L S O G I O P L O N F D
W E I E A B E U P K O V O T E E F Y I Y D K K A S
S A G N L R V T D H R L N C N N A J D K A A F D R
R E S S W A T S T E K E N E E D T E U H Y O U I E
A E K T R T B A Y U S A L B S N A I H L T U L D H
O N N P R I E O I E R S R R I S S H N E Y T N D T
N Y A A O O A T R B E R E T S A E T H E M E E T A
E O H T T N N P M A R H F R V S Y W R C S B S H F
K T T R Y O A E N Y T R K R D M A H O R F D S A E
C H R I S T M A S O Y E R A I T L O H O C L A N F
E S T C M E W A M O M L D L B L P S A R R T C Y C
T B E K R E H L L U N E L I O R P I P M L E D D S
T I H S N O I T I D A R T A N E E W O L L A H A S
W I T D T E I Y Y A P E L A U N R S S F S T I S B
U Y R A S N O I T A R O C E D N E G I S I A E F L
D D Y Y A N E W Y E A R S E V E N R S O F T O S R
D E Y N H C N O P S K R O W F F O A S T R M R D E
T L E R H N Y A O D D S O C I N C O D E M A Y O R
```

64

Holidays

ALCOHOL

ANNUALLY

CELEBRATION

CHRISTMAS

CINCO DE MAYO

DECORATIONS

DRESSED UP

EASTER

ELABORATE
  DINNER

FAMILY

FATHER'S DAY

FIREWORKS

FOURTH OF JULY

HALLOWEEN

HANUKKAH

LABOR DAY

MEMORIAL DAY

MOTHER'S DAY

NEW YEAR'S EVE

OFF WORK

PARTY

PRESENTS

REMEMBRANCE

ST. PATRICK'S
  DAY

THANKFULNESS

THANKSGIVING

THEME

TRADITIONS

VALENTINE'S
  DAY

YOM KIPPUR

```
T A P R M S F E C N D L D I I I E I U E C F W H A
E N R A J A S A T R A M U D C H S H N S I U V C I
S N E E T G L M S I N I A J S D L K S O I C R S T
N G S T D R R S H A G L C T N O O S Y S U H N L S
N G B S C E L T I D M S I N A I C U F N O C N S G
T S Y S I E D T I O M U A J O T A C H E M I N A S
T D T E T K N I T A H M D C S M I O O S H T G T O
H C E N I O H A E C T H U N R S E S S M E V A I A
A T R T A R T I E E S E J C S I E A R I N L I A I
N S I I O T S I S O Y T I N A I T S I R H C S A I
I A A W A H S F H M F L C N S I C V U A A I S T L
T I N S A O S E Y R O U E R A S T A F A R I A N A
M S I H D D U B T H C I I O H A N T S P I L R N T
Y E F A I O N M T O A U R A D A S M S A U A A A S
T N M V O X U A E F R O A V T C E U S T R C A I O
I R E O T D C M S A M P E M I T I E H C U J N R C
T J L H C B N H H S E N S E T H T E U N S S B A E
E M N E D A R H M A T N N T T E R A A I T I O T T
A D S J E E I A J I H T N I K A N C T O O T A I N
H E E L S T T E S M O R M O N R I I I E N O T N E
D I L E T B O T T L D O S S O L A A S I I J T U P
T U U A S K S T O C I Y C U G T T U H S T D L A O
M R N U I D M G A M S H I N D U I S M S L T C C I
H A C N A I Y I L T T E A N F R S K T T S S T O T
O F O H B S C G S I O T S I T P A B O N I C O E S
```

65

Religions

ADVENTIST

ANGLICAN

BAPTIST

BUDDHISM

CAO DAI

CATHOLIC

CHRISTIANITY

CONFUCIANISM

GREEK
    ORTHODOX

HINDUISM

ISLAM

JAINISM

JEHOVAH'S
    WITNESS

JUCHE

JUDAICA

LUTHERAN

METHODIST

MORMON

MUSLIM

PENTECOSTAL

PRESBYTERIAN

PROTESTANT

RASTAFARIAN

SCIENTOLOGY

SHIITE

SHINTO

SIKHISM

SUNNI

TAOISM

UNITARIAN

```
O E E U X A Y P O W K E U A T I L C N K O H E W M
E O D I S C O V E R E N M A A B N M N O S N R Y L
S L F W N K W C O B A A W Q I V T E C P C U E L U
V S C W E T R W E I R Q T F A E W P O L N M P K F
O G U I A L T I N I O A O N I Y T R S N I K O E I
L O Y R W E L O E C P A I N O I T N E V E R P E T
T O E E N L S C G S O T I R R S V R T E R A U W U
D D N D S H L Q I L Y N K E I D S W E N O L L T A
I H O A T A I I U F O E O L H W A G N I L N A N E
N O M I I O P B A I R O L N O N I O R B L O R E B
F U M R R N E I Y W R U I R S C I E X U I U M M E
M S E T R A R I P I S E L O T R R S N T N S E N S
A E L Y T S N I I T W D U M H N R C S M G W C I U
T K N E A O P T R S R T T N G I U E L A S E H A O
A E O S L N D A R L H L E O I S O U L U T E A T H
L E N O H F T S N E A L E G L A M O U R O K N R T
K P E S M E E N R M P D O O G C Y A N M N L I E H
I I E S D L A N S M A O T R N L E K T E E Y C T E
U N W I E M L L I T R X M L I O C O T W O A S N H
A G O R O I A S T O E T I E K N R N W B S R W E L
G M N Y V K L R T H N A P M O N L A Y I R L H G N
R N X I S A T S U N T C G N O E A A R G E H A L O
I H N O E O E L I O S N C O C K L N S A I E P M N
T G I R H S R F T E C O S M O P O L I T A N T R O
E F S P I E C N E I C S R A L U P O P U E R O G R
```

66

Magazines

COOKING LIGHT
COSMOPOLITAN
DISCOVER
DWELL
ENTERTAINMENT
    WEEKLY
ESQUIRE
FOOD NETWORK
GLAMOUR
GOOD
    HOUSEKEEPING
HOUSE
    BEAUTIFUL

INSTYLE
MARIE CLAIRE
MAXIM
MEN'S HEALTH
MONEY
NEW YORKER
PARENTS
PLAYBOY
POPULAR
    MECHANICS
POPULAR
    SCIENCE
PREVENTION

REAL SIMPLE
ROLLING STONE
RUNNER'S
    WORLD
SMITHSONIAN
SOUTHERN
    LIVING
SPORTS
    ILLUSTRATED
US WEEKLY
VANITY FAIR
WIRED

```
S R A G R M I E E F S D M T D O D S T M N J H N T
L F D C P N E N I D A E D L U F E T A R G E E X S
E I R H T U G O L R A O U C I D M J R S O J C C S
A A I S T E O G J O F G A R U U C E C K E E N A U
Y R A T N E M U C O D U C I S I C I U M E S A I A
I E A D O D U Y S D S D R I F P A A L U N V D U T
F R P S S M A G O T R N C F E T Y Z T S A C N U E
S R A I N A N D M U D H A J S T R J U I O S E S Y
N E C Y F R O W G O I R O K H L A E R C M N T D E
P L S D P E E U T S T A S R E O I F A F S E T A S
O E I N R H S K T J N D E O F M A F L E G V A S P
O I P O P E I O C B I E R O E T J E L S G A E U R
N A E N E I R O A O D M H A E I A R Y T I H G O I
D R A W A Y M E D A C A I K D R E S S I E E U T T
E A D G C J Z F Y H O E R H T R I O I V J I H R D
D T W T E I D S B C N A O A E X A N G A F H U M E
I P E R F O R M A N C E S J T N E A N L F C C H C
N I F N U X A N H A E J I I A I D I I E A I O D O
T Y N A L I N U T N R I E T X Y S R F O W R N E R
A E S N R E W K G N T S N T S J I P I K P Y L E P
L S Y E D N A D Y U T A H O O R S L C X A R O T S
S N R H N E C G E M S E I P P I H A A O H E E R A
O S E T S O C W D R A T L S E D D N N D R H S N K
J A D I W D U H G N O I N A I C U E T I N U E T E
T U H I D A G N I C N A D S A T A E B X N T R C S
```

67

Woodstock

ACADEMY AWARD

ARLO GUTHRIE

AUGUST

CANNED HEAT

CONCERT

CULTURALLY SIGNIFICANT

DANCING

DOCUMENTARY

DRUG USE

ESPRIT DE CORPS

GRATEFUL DEAD

HIPPIES

HUGE ATTENDANCE

JANIS JOPLIN

JEFFERSON AIRPLANE

JIMI HENDRIX

JOAN BAEZ

JOE COCKER

MUSIC FESTIVAL

MUSIC HISTORY

NEW YORK

OUTDOOR

PEACEFUL

PERFORMANCES

RAIN AND MUD

RICHIE HAVENS

SANTANA

SIXTIES

THREE DAYS

TRAFFIC JAM

```
V H O H G I O R L T D O O K E I W N T L I A A E G
L F R I E N A L D S E L Y K N O I S E E F G B R G
V D U R I C H A R D T H E L I O N H E A R T A A B
R I S F A R E C B I N E N I T R E H C R A I D A S
E L S I V T R O H F R G S T H G I T N I N E M T N
O M E L B R O O K S R I I D N S R N T N T N E W R
E V L M E O L R S N P A D E A N C E L A W K R I T
V M L A I R K S H L B I V E O L F E M H Y R R L R
R E C D O I L T E C L A E T U E S I R L L L D Y L U
O R R A F G O E R A F L L T T M N R N I F M M S S
V O O P A O F A W F P I N L L A W I A N W A E C E
A B W T V W H L O N R T C R A I I L Y N K H N A R
O I E A A E S F O I H E H H W D T O C S D G E R P
R N R T R I I R D R A R D C M M E T H T H N G L R
T O A I R W L O F T R A W O R A R E L N N I D E I
D F H O A N G M O N C T W E E R R B I E V T N T N
L L I N L E N R R K C U T R A I R F H E J T H T C
S O E S G E E I E T H R R R F A T R T E S O A B E
R C O S I I A C S T L E O F O N C O F O M N H A J
F K S E V E I H T F O E C N I R P O C H I L R N O
T S I E M R O O O E O O T O E O I N O L I T T D H
L L N P O E P T O Y E A N V O M I I E I E H I I N
B E N R T A C E I S W O R R A V A R U E R L O T I
T Y C S D R S O C I H E H T E T L F E L R N N A H
T L I V E A C T I O N L H K I P S L O R L N E E L
```

68

Robin Hood

ANIMATED
ARCHER
ARROWS
AVENGE
BALLAD
BANDIT
DISNEY
ENGLISH
    FOLKLORE
FILM
    ADAPTATIONS
FRIAR TUCK
GIVE TO POOR

KEVIN COSTNER
LITERATURE
LITTLE JOHN
LIVE ACTION
MAID MARIAN
MEL BROOKS
MEN IN TIGHTS
MERRY MEN
NOTTINGHAM
OUTLAW
PRINCE JOHN
PRINCE OF
    THIEVES

RICHARD THE
    LIONHEART
ROBIN OF
    LOCKSLEY
RUSSELL CROWE
SHERIFF
SHERWOOD
    FOREST
STEAL FROM
    RICH
WILL SCARLET

```
S I S T P A I S T S H E L K L E S R E P M E B O Y
A S A K A E S I E K R R F R A A O O O R E I M K C
L E O C C D E A C T B L S I L H E Y I U K T O O E
I I S P I K E E I E A Y E L T O E N A E K R P A R
I A A B T A B E E T C H C O L Y M P I C K R S A V
E O E R A L E I T O K E F I H I F R O P O I C F A
A I D S O L A A I S S F B L E K K L N F S B T N L
O V E B L A C U Y I E I F I R E B I E K S P E O E
R S D R S K H F X N T E I E E E I S I O A I O T E
T P A A C E R P S C D E C B L T S R E T B U I T V
E E R P E E L E R F L R S B U I G E E H A S I U A
L A O A A A O K A H E V U O O M L P V I S D A O S
L E A A Y L A G U A S O T N R O P E I F D N E R A
R H E E D I S L T E D E A A N L O C E P A S R L L
V A R O R R A I V I O L S A R S S J C O P U L C L
L S I B I N O P Y P P R E N D B F U E A E A L T N
P E N V B N B L V R L O E U E P G M R N E S A T N
E P L T A I L O O T O F A B N N K P E O N S B A S
P H C L C A L O T H R E E H I T S S V G K A Y R H
E E V R R P D R E C I E C D E L N E R S E Y E E E
L S N P I N U N L O S P L V E E R R E O I L L T R
I T Y O I O L I H C T A M T F H E V S Y U E L A R
T A A E C I A R Y U P R R E A L F E S O O N O O O
H L R D B T O L R S O S D N Y D U B N M F E V L C
D H P I I U B A S P S I D E O U T O A U E O B F Y
```

69

Volleyball

ATTACK
BACKSET
BEACH
BUMP
COLLEGE
COURT
DEFENSE
DOUBLE BLOCK
FAULT
FLOATER
INDOOR
JUMP SERVE
KILL

KNEEPADS
LIBERO
MATCH
OFFENSE
OLYMPIC
OVERHAND
PROFESSIONAL
RALLY
RECREATIONAL
SERVE RECEIVE
SIDE OUT
SIX PLAYERS
SPALDING

SPIKE
THREE HITS
TOP SPIN
VOLLEYBALL

```
N E A E G N F R N T D S T R E M G S J R P W D E E
L I N B I L L O F R I G H T S Y H C R A N O M T E
C R T H S L O S U V R F I Y I N O L U D U O T H R
T N A G D R T B F O N T R R E L A L T B N S N O A
M A E E I N J I A F I A T N N N R P E F I T S M W
S N L O N M E E L L E C E S I E A M R R T R C A A
A T C E R T W H R B L W I E D V A I M D O E E I S L
U O I G N G O T T L G A N E N N R E E H D A N J E
L N B E N R N T E I O E R O U R E V T S S T D E D
O T N W O R T S K H W E N T A D S A C I T Y E F E
N I I A I E C N A R F R E T A R F N S R A O P F H
O N L S T S A L R E O M N K E G U I S A T F E E T
S E K H U E H H D K E Y C W N E S L F A E P N R G
S N N I T I P S S N D O M I A U E L O H S A D S N
Y T A N I N E A M U L N D I N R T O T C L R E O I
N A R G T O R B H B F N G I E R E V O S O I N N S
L L F T S L E F L F U K S H E Y E O A M H S C L S
T C N O N O I A E O R V I N O I T A R A L C E D O
I O I N O C V A F E A R N I L S F S I D A I S L R
R N M I C A T H N L R E P R E S E N T A T I O N C
T G A M N H N O I T U L O V E R J H G N I E N C R
I R J N E T N A I T I L I M L A C O L H F R C T N
B E N E E C L O Y A L I S T S O E R E O N T E T T
M S E S U N L N N B I U N R E U S L D J I N F L L
M S B W E S M P I O E R I P M E H S I T I R B G O
```

70

American Revolution

BATTLE OF BUNKER HILL

BENJAMIN FRANKLIN

BILL OF RIGHTS

BRITISH EMPIRE

COLONIES

CONSTITUTION

CONTINENTAL CONGRESS

CROSSING THE DELAWARE

DECLARATION

FOUNDING FATHERS

FRANCE

GEORGE WASHINGTON

GLOBAL WAR

HMS DRAKE

INDEPENDENCE

JOHN ADAMS

LOCAL MILITIA

LOYALISTS

MINUTEMEN

MONARCHY

NAVAL BLOCKADE

PAUL REVERE

REPRESEN-TATION

REVOLUTION

SOVEREIGN

THIRTEEN

THOMAS JEFFERSON

TREATY OF PARIS

UNITED STATES

YORKTOWN

Y I M E A B C F A M I L Y F R I E N D L Y O L A N
B A I W Y S O H N L I T T L E M E R M A I D M E O
A N A T N U N T I N S C I N D E R E L L A S T N E
Y O N U E U L E L G R O K W K T O R R M H E A D R
D I A C H R A X I P H S R E R N I H D T I E T C F
O R T I A A M B Y E N S I D Y O R L S R I N A F R
E E N L C I F K E I J D C E A M N N I N A T I W T
U I O T H E M E P A R K A H A N O I S I V E L E T
P A M I U M T P S R U N K C O W S U E R E D Y C T
D R H K E A O M I N I T A H W O U I S E M E E A C
C U A I F P I S I M A T Y H S A L E D E U I N U I
B E N N Y N C I A K H T I A I L I M W R O M S Y U
T C N R E G O T A B S T I N N O S A U L M A I L R
O R A I C A E N E D E L R O C D K D S S A S D R B
A M H C L D E E A A R O B R N R T N D L I N T O M
O M T B F E O M I N F M F O N A E H A R O C L A Y
T L N I N M S N P I U E R R I A L D E B G N A E D
U E L L N R C I L D L N T N E R D T I B R L W L B
E M C F R M O A U C O E Y O N I B F R B E U E E Y
S T E L A E C T N R T S E N N I W L N E L A B M R
M D N D S L I R O S C M T U A N A L D E A E S W B
N E S M L I F E N O T S H C U O T L N V D S S T E
E E N C H E E T A H G I R L S P U R A S N A U I N
C Y D T C A E N E Y R O T S Y O T Y A W D A O R B
C A A O L D Y E L L E R C E M Y N R K Y M I S P E

71 🌿

Disney

ABC FAMILY
ALADDIN
ANIMATED FILMS
BEAUTY AND
   THE BEAST
BROADWAY
BURBANK
CALIFORNIA
CHEETAH GIRLS
CINDERELLA
CRUISE LINE
DUMBO
ENTERTAINMENT

FAMILY
   FRIENDLY
HANNAH
   MONTANA
HIGH SCHOOL
   MUSICAL
INCREDIBLES
JASMINE
LITTLE MERMAID
MARY POPPINS
MICKEY MOUSE
NATIONAL
   TREASURE

OLD YELLER
PIXAR
ROY DISNEY
SNOW WHITE
TELEVISION
THEME PARK
TOUCHSTONE
   FILMS
TOY STORY
WALT DISNEY

```
N O C A C U D L I C E E I E H B C I T C A M I L C
R A D I R F L A C E D L V Z I I K K O S D N A N A
E A I H P L E D A L I H P E E L D M W K E I E A H
N P C L R O A O S M O T G R T X R C S F G U H Y I
S C T M C S I L C E E C I O U U A C I W A R E R S
A E A B E G D B S C R R K H O P O C N B L O K E H
N M R R L O T P O A X I I W K D R B G K U C N T A
I E C O H D N A R T D T O C O E F O A U O U A A W
C H F K M R E E I H E I O U A R L E L L A I A V S
R T D E C I T M X I L C N R S N K I L O L E M I H
P L M B N O C R E H T A F D O G B O F L C A S R A
L A C A R V H K M E R L I A I E P E R W A M A P N
C N M C L R E E A N A L S H R I L R A A T S O G K
E O E K T E E H E N O Y C U H A S L L U N L G N R
F I L M C S G O T I O A T R H R K L V C T G P I E
L T O O U E C A R I S C S H D T M R R A N Y E V D
A O D U F R I C A A I C D P H T L I A I S A L A E
E M R N I T N T B P A L G E I C K O U I E B A S M
S E A T G C A L T T P A L A T A X I D R I V E R P
T L M A H K A S H A C I T I Z E N K A N E D C O T
C W A I T N E T E V N M L T O H C I T V E A I C I
C I T N C B L E T E D E S N E A T E S N E T N I O
A I I A L M S C H I N D L E R S L I S T O N M I N
N W C C U S L U M D O G M I L L I O N A I R E R B
T C A U B R E A L I S T I C C H A R A C T E R S A
```

72

Movies: Drama

ALL ABOUT EVE
AMERICAN
   BEAUTY
BEST PICTURE
BIOPIC
BROKEBACK
   MOUNTAIN
CASABLANCA
CITIZEN KANE
CLIMACTIC
CLOCKWORK
   ORANGE
COLOR PURPLE
CRITICALLY-
   ACCLAIMED

EMOTIONAL
   THEME
FIGHT CLUB
FRIDA
GODFATHER
GOODFELLAS
INTENSE
MELODRAMATIC
PHILADELPHIA
PIANIST
POLLOCK
REALISTIC
   CHARACTERS
RESERVOIR
   DOGS

SAVING PRIVATE
   RYAN
SCHINDLER'S
   LIST
SERIOUS
SHAWSHANK
   REDEMPTION
SLUMDOG
   MILLIONAIRE
TAXI DRIVER
WALK THE LINE

```
E D E S E E P T L A N O I T A E R C E R A C I N G
E H T L C L O P E I T D R P T I F N G T E R O C R R
R T L A E R P L R N E T N A T T A C S E K R I O E P
P D B A N N S E C D L M N L H L O O P P I B E E E
C A A A G Y P Y L I T U B R E N A I E H B E L S B
S C C S N C C E I A T C S K E X E R C I S E B T I
C Y P T I R D S P M O N I G I N R N I K S M E E C
O R C M T I L R L C B B A E S L E E A C O O G A Y
P N L I U I D E E S R I C I C G N P L C R U N E C
G P M M M P A J S E E I I D E E E C I G C N I T L
K H E R M A S W S R T P C C L D I T Z I O T T T E
N S C L O S T O P S A O E C A N S P E N L A F L L
L P A Y C O O L E D W H E L M E T O D T C I A I B
L S E A A N M L D N E A I G C Y R A O C Y N R E R
E R N T O M I E A O O N B T U R L O I C C B D R N
I F T I Y T D Y L M G R I Y L E Y S D G A I A L E
E K T E T S O P S E R B F N R S P O U Y R K S G K
E I D B H H A N D L E B A R A I M R C L N E S E C
C M U O E A R S T N S R O T O U R D E F R A N C E
D E R A I L L E U R U A E N W R E O G E R I M L M
G T N R W E I E L A D L R X R C Y C M R P C I I D
S U O Y T I T E E B N A J E R S E Y T S R I J S C
F E R M C T L C I A P E L T N C K D A P Y A B C S
R O G E T B I K C C C I P D E N A A C A P O N M E
L S R O T C E L F E R B U L C G N I L C Y C E E P
```

73

Cycling

AERODYNAMIC
BICYCLE
BIKE LANE
CANNONDALE
CLIPLESS
   PEDALS
COMMUTING
CRUISER
CYCLING CLUB
CYCLOCROSS
   BIKE
DERAILLEUR
DRAFTING

EXERCISE
HANDLE BAR
HELMET
JERSEY
LEMOND
MOUNTAIN BIKE
PADDED SHORTS
PEDALING
PEUGEOT
PUMP
RACING
RECREATIONAL
REFLECTORS

ROAD BIKE
SCATTANTE
SPECIALIZED
TOUR DE
   FRANCE
WATER BOTTLE
YELLOW JERSEY

```
F T L K I L E E T I R H S R E S L A E T L R D E R
L T S R A R S R I A E F E F C H S P O H N E C R I
S E T L E K R F O L M T D Y A A N I N R T A R R R
R T T I U I N E F A I S T T E E I M E O A U D D G
G I O P G L R S T O I O H P T H E H C A N G E L C
G N L L A B L U O F Y T T S T T C O U T F I E L D
E R I I E U G A E L L A N O I T A N M P U N N O B
M A A N L N T S S F A U L L I N D V P F L G L A N
T A T F N T B E M I T S A P L A N O I T A N T O F
A T R I A I L A L I K E E S N Y E O R A N T L S P
T M N E C A A I S U T E W O R L D S E R I E S A S
N L C L I O T O A E N A F R H G T O N N N E D R C
C A T A D R O E S H S D E O B F R T N G E N A O A O
T H T O E S T R I K E I E T I S I T C E N H A T B
L L I W M A N R D E S U I K U C E A U N G F R T A
B I G R A A A O A U T T E A A A E G T E T E E E T
R S I A A E L O O E U S T T M A A L E P S B E H T
R L S O M B P A M T O M C T G E E R C T R R R M I
L A M D L I O Y L U E H B I L F R T O O A A I L N
E R I I I G E L T L E S A E O T M I O R P S B U G
E E S E R A I F L R R E L T V L U N N E R I R L O
L E O O N E M P D L H T L R E T T A B T P E T L R
A G R T E A P O T S R O H S T M Y A A M B U E D R
R F E H E L I P N I O W E T A L P E M O H G E P E
T A I T E F I E L D I N G T E A M T H E U R T F R
```

74

Baseball

AMERICAN
   LEAGUE
BALL
BATTER
BATTING ORDER
BATTING TEAM
BUNT
CATCHER
DIAMOND
ERROR
FIELDING TEAM
FOUL BALL
GLOVE

HOME PLATE
HOME RUN
INFIELD
INNING
LITTLE LEAGUE
NATIONAL
   LEAGUE
NATIONAL
   PASTIME
OUTFIELD
PITCHER
PLAY OFFS
POP FLY

SHORTSTOP
STOLEN BASE
STRIKE
STRIKES OUT
THREE OUTS
UMPIRE
WORLD SERIES

```
V G A E L I T P U S C S T I W A I A P S S N N O N
S B A S E L R T T S O A G D N S A N S U I S U D E
E L T C O R B T A S I I L O S A G E B R U S H R G
A G E A P P L E B L O S S O M P R R R T D P N Q N
B O I R T N N O H N R K W N E E N E O C L N F A
E L C L O N O N A N E N I G V N E R B O R D I I R
N D O E N B G O L L V K A O U O E I E L A M N L O
P E L T E A E B L T R L L D N P T Y S P E O I D K
H N U C M I O E R I S C D A P T S E L E I R V C C
D R M A T J A U C T D N S I E H O L E I R L S A O
E O B R E I O L B E F U L R I W O C M S L N T L M
I D I N G N F B R R S S R R E L O F M L C O N I T
I B N A R E O S W D S O R M F W S U S S R D G L A
I O E T O M R R E Y O I C H E R O K E E R O S E M
M W E I F L S Y D T O E R E E T E L O I V S L L S
H H L O S L E A L N E L L R E W O L F N U S I P W
B E A N T K L C A M E L L I A O E A P E U G E R S
A A S W C E L I A E O D E N T D S E T Y U U S U I
L W K A T E L C H O L A O L A A U P M C O Q L P Y
O O L R P H R T K A L A A D R O E N I M A S S E J
Y B B E O P O E S C C Y Y N O E P G G S C L O A R
Y N E S D C M R Y I R B Y T E H R P P W O M A S P
I O L O G E G D N I M O G R O O R Y N L H I H A E
P S B T P O I L E R U A L N I A T N U O M O U E E
U W P L A K I O D H S U R B T N I A P N A I D N I
```

75

State Flowers

APPLE BLOSSOM

BITTERROOT

BLACK-EYED
    SUSAN

BLUEBONNET

CAMELLIA

CHEROKEE ROSE

COLUMBINE

DOGWOOD

FORGET-ME-NOT

GOLDENROD

HAWTHORN

INDIAN
    PAINTBRUSH

IRIS

JESSAMINE

LADY'S SLIPPER

MAGNOLIA

MISTLETOE

MOCK ORANGE

MOUNTAIN
    LAUREL

PASQUE FLOWER

PEONY

PUA ALOALO

PURPLE LILAC

RED CLOVER

RHODO-
    DENDRON

SAGEBRUSH

SCARLET
    CARNATION

SEGO LILY

SUNFLOWER

VIOLET

```
N N T S T I N T T N D G D U U O D N R O R A D R E
E C L R M L N I E L O E T O E T A V R B C A G N G
U E T O A E E E E O R I U E S T C T N E U I T I T
E S I T S M E D I N G T T E O E N I S C E U F S E
A I E C C A C U N N S U A C A L E O I R N T S U A
C E Y E R D N P S T C R E L U I E E S E B E E P R
C M Y R D C N G A U I S C S N D S B T A R A I P C
E I R I E H T N E S P N N E T E O W G T V E R O I
P I A D R G D S E L N Y U I I A O R C I C S O R N
T H T M T I E O D R E A N R M R C A P V U T G T T
A N N I N O S D E D E S E D K E D T R E Y P E I E
N E E G R N I U A C D S R S R A E H O A R I T N R
C R M M R O R Y N O A I D E E E D T G R T E A G N
E C U S N M T G M M S I M L D R A T R T T A C A A
S S C T E I G R A E O O N R I C C R A S C Y A C T
P E O N M N A R N D N S E S T C D N M R R A N T I
E I D E I A D T C Y L W S M O R E I Y R T N U O O
E T V T R T O D R S O I T B R A R C T Y I L N R N
C I I E T I S L O E O M A E S O O M T T Y E S C A
H R I S S O T E T R T T T M M T R T R O T F A T L
W B R I G N I R E I G N U Y C R U L E I I N E N E
T E S O M I N I S E R I E S L T V C A B L E E O N
P L G E E A S B I S R R T C A A C S L L A A D E T
A E E N O I S I V E L E T I T O E P A E E T B N N
G C E R S E L R S I A T E E M I T E M I R P I E M
```

76

Emmy Awards

ACCEPTANCE
SPEECH
CABLE
CATEGORIES
CELEBRITIES
CEREMONY
COMEDY SERIES
CREATIVE ARTS
DAYTIME
DIRECTORS
DOCUMENTARY
DRAMA SERIES
EDITORS

ENTERTAINMENT
GIFT BAG
GUEST ACTOR
INTERNATIONAL
LEAD ACTRESS
LOS ANGELES
MINISERIES
NETWORKS
NOMINATION
OUTSTANDING
PRIMETIME
PRODUCTION
PROGRAM

REALITY
STATUETTE
SUPPORTING
ACTOR
TELEVISION
WRITING

```
A S A S L I O R H O S P P H R U H T A N L R C D M
T R E F O R I E N T A T I O N E R S O E R O P A E
M E R D E B A I M P S S O P I I S M S S I N O H D
C P T P P S N E T E N E N R R O N T N T P L T H O Y
Y T I N R E T A R F O I O T I A S H C R A E S E R
C R E U O F D A R A M T M Y E I K S R S S A T P M
T S M S F I D D B E S I P I I R M A P I K G E E I
R X R R E L T N O K S V N Y D O A F R E O R O I T
I D A O S S H A S E E I K O I T L E P O O A I M O
I D H E S U N M C F L T D S R T E S N R B D A O R
A E R N O P S H H I H C S E N X E R M O T E R I Y
E F H I R M E S O F L A F M N O R O M J X S U E F
N C I R E A A E L A I P I T D T O L L A E A T I I
V R O A A C I R A C A C P S O D A E M M T A M P K
A A E C I N N F R R I R N A A L G S X R M F L R K
D H I R O O R E S O U R C E S L D N S M R D U S G
L K C I S E M O H S Y E A L S A S U O I S O K T S
O L T Y R A R B I L I O A T I H A O A O S I L E E
I S L E K I S G P N S H S C L G R C P I T T N S I
R E O S C I M E D A C A E O A N O I N H R N A E D
H R S K R D I A L A I C N A N I F L C L O E S N U
R I N I S H T T X K A E R B G N I R P S P M S A T
O N R E H I M T O R C U C O G I S E R I S A O V S
M X Y P Y T I R O R O S L T O D O T R A N A O R N
M R S E O S N S T C E I F D O H X M L F Y T E R E
```

77

Going to College

ACADEMICS

ACTIVITIES

APPLICATION

CAMPUS LIFE

COUNSELOR

DINING HALL

DORMITORY

EXAMS

FINANCIAL AID

FRATERNITY

FRESHMAN

GRADES

HOMESICK

LIBRARY

MAJOR

MIDTERM

MINOR

ORIENTATION

PROFESSOR

RESEARCH

RESIDENT
ASSISTANT

RESOURCES

ROOMMATE

SCHOLARSHIP

SOPHOMORE

SORORITY

SPORTS

SPRING BREAK

STUDIES

TEXTBOOKS

```
C T C D S I A A I M K N L M H Y E V L L N I U U W
C B S A J D R Y A F F I R M A T I V E A C T I O N
C B T L S G T E G D N E I I D A V I D B O W I E Y
B L A T D O T N S D S O A H O A M T T H G I R L E
K R R N M N E K F C R N O N N E L N H O J N L I L
H F W S B R N C M A A M P A L I O E A N T I W A R
T B A T O I I O N H U F L O P P Y D I S C D I E A
S D R L K C D H H A I S A H I S N I G S S R T R M
E N S F L H S D I M T T T U D O O O T N K R A E B
D A E D A A A I A R Y S F R S E S N T G A A N R O
O L O W A R R V E S D A O I A P A T O C S I D S B
Y S N A O D M A N B F F R A N P N N Y T I A T W A
L I S T S N K D H G D R M O T E E M N N Y U S T C
G E T E G I E O R L O A S O M G M E T R I S K V Y
A L H R N X A A A M P R H N V I M O I C I H Y A N
H I G G I O A R I A W I O F J E I S L D D W L I F
J M I A R N E N R N E I E R V O A N N I E H A L L
O E R T D G O H B A S T S O A E H C D A R S B I A
I E L E O T G N P U T O M K E G J N O B S I E K V
D R I W O M M C L A E S O L D E N B U R G S S T A
A H V T M N R L S E N N O V I I M I O P E D T N L
N T I L O R I R I E O S X M I E H U S A D O S O A
O B C G C S G L M N T C B I I I N E R U T I Y S M
T M A T I W N O I T A N G I S E R S R F B S K M P
O R N D O L W E R I T N N T E E R T S E M A S E S
```

78

The '70s

AFFIRMATIVE
 ACTION
ANNIE HALL
ANTI-WAR
BOB MARLEY
BUSING
CIVIL RIGHTS
CLAES
 OLDENBURG
DAVID BOWIE
DAVID HOCKNEY
DISCO

DISILLUSION-
 MENT
FLOPPY DISC
GERALD FORD
HOT PANTS
JIMMY CARTER
JOHN LENNON
JOHN UPDIKE
LAVA LAMPS
MOOD RINGS
PLATFORM
 SHOES

RESIGNATION
RICHARD NIXON
SESAME STREET
SKYLAB
STAR WARS
STREAKING
THREE-MILE
 ISLAND
TONI MORRISON
WATERGATE
WOMEN'S
 MOVEMENT

```
E R Y I A O K O Y I E Y L E E R O R R A S E R T U O
O I A H S G D A F N H T L T B O R N I A S A D A H
A W D L C E A R S E B O U R B O N S T R E E T S V
C W S S R F L O A T S A L A E G O P A E M T A R T Y
Y R E C D E S O R C U Q K I N G C A K E U E E E N
C A N Q N R R I U N U Y R Q D E T R D N T K Y H Y
E Q D E A E N W P C I L O H T A C A T S S R E S M
E V E S N K C Y U J I O L U U W Y D Y L O R A A W
E R W P E S O N R K A E R A E D O E E K C E S L E
G L H T W U A D P H F I R L T N E L S E G Q E F Y
G E S O O P T D L N S V N T S H C S L I U R F E C
E G A U R L C T E C I N E V U U A E B E L R N F E
H G D R L N E O A B B R K W N B B N R O Y T V E U
E U E I E O M D L F E A T H E R S A A T T I R F F
E E N S A V F E E O T C R A A R D N N N E L D U L
E T R T N N E S Y O R U D T I E K F O I I C P O A
H L C S S R O L R E E S I J E C L A E O L E G A N
E R S L A V I N R A C O E E I S R T E P L A R N A
A E Y S L Y A R G Y N R F I N S N R R I F B H N W
B R I O D E J A N E I R O E E R R R R R T H R U C Y
E S N Q T O E S A H E A E T L C T R S S O T H D A
U R E W F R E N C H Q U A R T E R E A Y B N S S E
A D R V U L A L R A N U L C W R K G U T B O R U P
O E O S Q I T U U R S E U N D R N A O N O O N O V
E I K W L S N E E L B A R D C E U N O S A S R T S
```

79

Mardi Gras

ASH
WEDNESDAY
BEADS
BIG EASY
BOURBON
STREET
CARNIVAL
CATHOLIC
CELEBRATION
COLORS
COSTUMES
DUBLOONS
FAT TUESDAY

FEATHERS
FLASHERS
FLOATS
FRENCH
QUARTER
GREEN
HOLIDAY
KING CAKE
KREWE
LENT
MASQUERADE
NEW ORLEANS
PARADE

PURPLE
REVELRY
RIO DE JANEIRO
TOURISTS
TRINKETS
VENICE
YELLOW

```
O E N E E G D U R G P A P P P U L N L E P C A E U
G C E B I P N T L A R O L F I O S R I N Y P E T P
O O F M E P P K T N O Z A R G C A G E C D E E S H
N O O S H L E R B E R L S E T A B R C R E T E I L
E C M E E E H S T M E A T S O N D G E F H Y C L I
O L A O R B D R S D E L I H U N H C C N L T U Y E
N E T I L N E E D P L O C C E E U E I K I R R R S
H A A H S B U C P Z L E B I L D L C E O I E E E C
R N S A A H E S E L S I A F I G F E D U E C O C O
Z I P C E S C C T P C L G S R O W C E O E F E O N
I N U F O S S T F G P N S E O O E R P I S T B R V
M G F P P H E T O O E E A D C D E K P S E F A G E
N S S E O I C S O A C A S S C S O T T U E R K K N
M U G N P M R C D H O P E E A A R N R P B O E K I
N P R I O R F S P S E C E L Z D H P C E R Z R P E
E P O L O P R R G R A T A S D A C T E R P E Y C N
T L C T K I U I A A O D M E G A O S R M L N U E C
S I E U K E L O U C B D S C S D N F E A P F O S E
R E R O P H A Y C A E R U A G R E I L R R O D P I
Y S Y K E C I C R S Y H E C G R F G A K I O O E T
R U C C E E A O E P N E T P E M L C L E K D G A E
R D A E R B N C E S K I R D A I I A E T N S S E M
N C R H I N I K E V E A S R A P P L A S R S S S S
H V T C S P E M E L P P U K C O T S K H R N P U C
P L T O S N E E P I I O A T H E L P O U T A E F F
```

80

Grocery Shopping

AISLES
BAKERY
BREAD
CANNED GOODS
CHECKOUT LINE
CLEANING
    SUPPLIES
CONVENIENCE
    ITEMS
COUPONS
DELI
EGGS
ETHNIC FOODS

FLORAL
FRESH
FROZEN FOODS
GROCERY CART
GROCERY LIST
HELP OUT
LOAD THE CAR
MEATS
MILK
PAPER BAGS
PET FOOD
PLASTIC BAGS
PRODUCE

RECEIPT
SALAD BAR
SPICES
STOCK UP
SUPERMARKET
WEEKLY

```
I M C N A D S E C C E E D U E N I G L V T R T S N
R H N L H O A A C C I E N D C L A D D R S T E I I
L L I M S A A E T P O R H O A V S L O M R F C M E
N I T U B R W N E G N H T N I A U T A R F R P S H
A S O I O Y H Y O O B T E S S S H T R A S L H D N
H P I R S S E R U H O A I G G S S H R O S N N S E
E R Y H A A T I T N N T T R Q S B W I L D L I F E C
E I G U T L L E C L O A A S T I G H M S D L R H L
V U I Q L E R A E T L T P N Z E B R A D H E E E R
E L F A R D N P T H O A E G I R I R E T A E V R U
I O T H L D T I E O I M S T N E V E N P T L E G S
S Y S I Y E V U D E N D C O L I D E U A T L L M H
L U H P S K P R I O R A A A A H K V H S X I F I S
C C O P H I O I R L S C H M I T A L S I T U L E L
S S P O H M A I N Y R A U T C N A S A D E E O E I
P S D P O T V I I A E C N E I C S M I W R L P E S
N E N O K N A O A L G I D Q O I E X H I B I T O F
E U H T E A I S R P I R A L E M S S A S T A B A O
P G I A A H P H T S T A H A B I T A T S A A A A I
I S W M C P R H A I E F T E E D U C A T I O N A L
S C S U I E R S I D T A R O G N A I N P C Y E I S
E O C S E L A A A T I S O W T I A A T S Y N N E Y
G D O T N E C S T S H O W S T M S I O I L T E B D
B O A D M L E S B I W E D L O O M N S E R R H B O
R I S I N T P T P T I A N H I T B H R T A R A F F
```

81 ❧

At the Zoo

ADMISSION
AQUARIUM
BIRDS
CHEETAH
CHILDREN
COTTON CANDY
DISPLAY
EDUCATIONAL
ELEPHANT
ENVIRONMENT
EVENTS
EXHIBIT
GIFT SHOP

GIRAFFES
GORILLA
HABITATS
HIPPOPOTAMUS
MEMBERSHIP
REPTILES
SAFARI
SANCTUARY
SCIENCE
SHOWS
STROLLERS
TRAIN RIDE
VISIT

WALKING PATH
WHITE TIGERS
WILDLIFE
ZEBRA

```
E I T E O O L N R A R Y L M I A S G N N G A A J U
E N E L R S E L A A H N E L L Y G E I G G A M O R
U Y L R A T R E N E E Z E L L W E G E R E W N A G
A A Y I U T T I O C H A R L I Z E T H E R O N P E
O N N M D A O R S J E N N I F E R G A R N E R L T
R N E L R W M F S U O N O D N A R A S N A S U S I
A E R L E I E Y N W O R T L A P H T E N Y W G N R
G A T S Y M R W A I D T I L D A S W I N T O N J H
S L O E T O G A H D R E W B A R R Y M O R E N N O
O P I F A A R E O A A L E N A H C S E D Y E O O Z
L H Z V U N E R J N R M S E M L O H E I T A K I S
H O A E T N A A T I O A S R N K N N C Y N N E E N
O E I Z O Y I R T C E S R A C H E L M C A D A M S
T E D H U M L L E O O L B E M I A A N W R T E P Y
A Y N A I J A E L L N A A W T C D L S I S L E U N
E N O T S I N A R E F I N N E J L Y T A R D I A E
L E R K G M O E A K E N C I Y R R E B E L L A H H
R J E E A M A D C I E R N O R A O O R A N Y C B E
I E M T L M B I S D M W J U L I A R O B E R T S N
A N A M R U H T A M U N N I S L A F I S H E R T N
N N C C A T E B L A N C H E T T E A T T A G O I T
R O R A Z O Y A M N B C L P E E R T S L Y R E M A
A N O O P S R E H T I W E S E E R S T O O L L R B
C S D D S N A W L R E I L O J A N I L E G N A N E
G W R I E I I M L R R C H R I S T I N A R I C C I
```

82

Actresses

AMY ADAMS

ANGELINA JOLIE

AUDREY TAUTOU

CAMERON DIAZ

CATE BLANCHETT

CHARLIZE
   THERON

CHRISTINA RICCI

DREW
   BARRYMORE

GWYNETH
   PALTROW

HALLE BERRY

HILARY SWANK

ISLA FISHER

JENNIFER
   ANISTON

JENNIFER
   GARNER

JULIA ROBERTS

KATIE HOLMES

LIV TYLER

MAGGIE
   GYLLENHAAL

MERYL STREEP

NAOMI WATTS

NICOLE KIDMAN

RACHEL
   MCADAMS

REESE
   WITHERSPOON

RENEE
   ZELLWEGER

SCARLETT
   JOHANSSON

SUSAN
   SARANDON

TILDA SWINTON

TONI COLLETTE

UMA THURMAN

ZOOEY
   DESCHANEL

```
A P R P S T R H A I P M T C S S O S L G I W I T H
H M D C I G U U R I U T K A D A A C P R A D Z L I
E S L I G S O A O F T G L S A N B S A U S S H Y H
L S N S T E A E U C U S L G D U W T W N B U L Y N
G B S U M A G A Z I N E A E L I I D U N N L D F A
M E L M N N O A L C G P B C M U V N W Y O R I L W
D F U P U P D G B S A I Y L S E A E A D A N V C E
U I L O O O O C S T J R E G D D E P T T N N I E L
N O L P L O L E D H T S N E N S H E E E L S N U U
P S H A L L O W F N S I I S U M M E R J O B G Y O
O T S D O G P Y U O H D O N L M G D S E L B B S S
H L R U S A O O N T N I T E S A L N L R D M O D P
E U A S G M C S A S T A A N T I S O I T R L A E U
A S L S B E R B W A N W A E H U G I D H M S R M I
M S S U M S A I D L L S R C S E D C E M S I D S P
M U U N T C M L O T U T O L T L B N E M L A N R D
L M N S K I M T T C E A V I E T M A T M S M L U I
U M H Y A G I I Y C M E M B E R S H I P G V Y P I
L E A A A O S D E E B C N N L H O O E O H T R S S
P R T C N M H M E E D I D A S I N E N E E U C N F
D A D D A A U U M A G L I G G I I R O F N S I T T
E S R S E A H O A O L T L I F E G U A R D F A H A
S W O E L U M B R E L L A H B H R S D I L O H A N
M S E O L H A A A C E S S L O S E S S A L G N U S
I O O F L O U P C Y S I O S L C G H M F E I E O M
```

83

At the Pool

BACKYARD
BATHING SUIT
CHILDREN
COUNTRY CLUB
DEEP END
DIVE
DIVING BOARD
FLOAT
HYDRATE
LIFEGUARD
LOUNGE
MAGAZINE
MARCO POLO

MEMBERSHIP
POOL GAMES
POP MUSIC
PUBLIC
SAFETY
SHALLOW
SPLASHING
SUMMER
SUMMER JOB
SUNGLASSES
SUNHAT
SUNTAN LOTION
SWIM

SWIM LESSONS
TEENAGERS
UMBRELLA
WATER SLIDE

O M I O N E K R A L C D N A S I W E L S N O E T O
N W R M Y R P O E T V O W W I L C O L U M B U S I O
O V X S M N N O R T A O L X B R I G S N W C L E E
A S C E S I I E E T E T A D N O V R N O A C R A E N
N S W I F A G T I I B H L I W N I I O I O A S S T
R M E N S D S R S R I O S S O A L C N T T I O A I
N L S O E E T T A E P D S S M S R O B A A S S C R
O O T L O M W S A T D O D T B N I N S R R R H F Y
T U W O N O I T U T I T S N O C G T V O Y L E L I
R I A C T C N N O L E O S I T N H I U L T T D O R
V S R N I R T E R N E H N E T N T N T P S N E L S
T I D E I A O M O A I L O O F O S E N X P S S U Z
I A E E O C W D B T S S I O I I E N A E F C E U E
E N X T S Y E N R I S U T S D T N T S P E E R D G
O A P R N A R E A V V P N I I A U A R T A C T M N
C P A I R A S M H E S E E H I Z E L M S W R S N H
O U N H C R M A L A L R V H I I N C O R P I T O U
E R S T O E I W R M N P N U S N O O T V C T O Y N
T C I I O G S C A E B O I A Z O O N S S E R R O P
O H O R T A T W E R N W S X N L U G O I O R M S S
P A N S I R I V P I O E D S O O I R A W L I V I C
I S I R E F O N A C R R O I V C C E D N O L U Y N
A E O T E F G R E A T D E P R E S S I O N V T V T
N O I T C U R T S N O C E R Y A E S R Y T N R P C
E T I A C S L R N S S I S T H G I R F O L L I B T

84

American History

AMENDMENTS
BILL OF RIGHTS
BOSTON TEA
    PARTY
CIVIL RIGHTS
CIVIL WAR
COLD WAR
COLONIZATION
COLUMBUS
CONSTITUTION
CONTINENTAL
    CONGRESS
DEMOCRACY
DESERT STORM

EXPLORATION
GREAT
    DEPRESSION
IMMIGRATION
INVENTIONS
LEWIS AND
    CLARK
LOUISIANA
    PURCHASE
MANIFEST
    DESTINY
NATIVE
    AMERICANS
PEARL HARBOR

RECON-
    STRUCTION
REVOLUTION
STATEHOOD
SUFFRAGE
SUPERPOWER
THIRTEEN
    COLONIES
TWIN TOWERS
VIETNAM WAR
WESTWARD
    EXPANSION

```
E I T R I L G E N L E C C O L M I F E O A A N E C
O C N V W O C I I S G R C R P T T E A M G A M M S
M R S O M O S O V U I N O L K N G R A A R V E R I
T P U L A K L L N R C N S P R O P E R T I E S O
N I L C I T E F M T K R T I I F O R M A T I O N S
S U A A E S A R A S I O I S F O S E T I C T N I T
M V L N T N S R W V M N N U U T N E R A L N L A R
N P H O A E E O N H A I E I T R W C L B P A N R A
M C W I T T T N F O T L N N I V C G A S T A S R T
E C R T A I A E S N O R T I T R N U R O E D E E A
C S I D R N H I C H P O A C N S G E E L I I D T D
R U G N O P S R K T D M L E M G V C N U N G I R T
L S E K E H N N I I O A D E S I A N I T R T M L E
H A O T Y Y I S I T E N R L R T E E M E R O E T N
R N C I V S A T C S E D I M E N T I S D R R N N C
O C S T R I T M T E O E F C I A D C R A U A T E D
C E N C N C N S N G A S T L S S I S S T F A A A S
T O N R L A U O W U G I T E N I I N C I M R R F V
V V I S R L O U A T C L T S R E S U C N I I Y A I
L T C E E M M O A I U T T N N B R I S G I G R R E
A M N S N A M S A A E R M I I T E E C E S R O C I
S I L F D I I I F H A S O C S S T N A F P N C U A
N A L T M R E R E L A T I V E D A T I N G T K C S
I I S A C M I T N A E H N D A F W N N H S T S I R
L T A R O S N R S A I A E R E C C C M T S C S C Y
```

85

Geology

ABSOLUTE
    DATING
CONTINENTAL
    DRIFT
CONTINENTS
CRUST
EARTH
EROSION
FAULT LINE
FORMATIONS
FOSSILS
GLACIERS
LAVA FLOW

MAGMA
MINERAL
MINING
MOUNTAINS
PHYSICAL
PLATE
    TECTONICS
PROPERTIES
RELATIVE
    DATING
RIVERS
ROCKS
SCIENCE

SEDIMENT
SEDIMENTARY
    ROCK
SINKHOLE
STRATA
STRUCTURE
TERRAIN
VOLCANO
WATER

```
G F L O W L E L B M E L L C S U N R A A U A A A S
P S I N S L A N G U A G E A R T S T A L I U H K E
M R W H L A R E E H I F E S P E L L I N G B E E R
D U A T S A T T D M A T H E M A T I C S O E C E G
F S L S U O H R C E R U I A D N L A P I C N I R P
D I K N N M S A R A T D T I T A F U E S M L I I M
S O I R D U C G O M C G E O A E O O S A R M U S I
G F N S S S I R S E L U P R T E B A H P L A E A S
G O A K S I E E S H A C R E A I A I I I R S N S E D
I R L R E C N D I A S L R S R E H C A E T O T R I
E A I U I C C N N N S I S E I D U T S L A I C O S
C U N N T L E I G T A B L R A V M A S C O T I C R
L D E C R A S K G H P R C O B T E O R A I A R G E
I M H E A S R O U T F A R L O I D I A S B C T H A
N U N A P S C L A E U R R U L H R A E C O U S F A
E I O A Y U G A R L N Y I E B G C K S N A D I D S
D R O D A D R C D R D D E L U U O S D A S E D T A
I O S N D I C N T S D S T S I O S I E B L L E T U
E T P E H T A O S L R S U B B C U S I D R S O A C
M I I C T N C E N U I E S R S A C I T C A T E E Y
Y D O O R E I B N C V C A M I R E R E O L R D R G
A U C N I M U T O C E E N L S A I E O I P G G E D
R A A P B T M U S E Y R D O K P A C S A A G I B A
F Y I R E R T S S G S Y T N I T I I I D P A S R A S
S N E I G H B O R H O O D S C A T S H E A H E U D
```

86

Elementary School

ALPHABET

ART CLASS

AUDITORIUM

BIRTHDAY
    PARTIES

BUS STOP

CAFETERIA

CONCERTS

CROSSING
    GUARD

CURSIVE

DISTRICT

EARTH SCIENCE

EDUCATION

FIELD TRIP

FUND DRIVE

GRADE SCHOOL

KINDERGARTEN

LANGUAGE ARTS

LIBRARY

MASCOT

MATHEMATICS

MUSIC CLASS

NEIGHBORHOOD

NURSE

PRINCIPAL

RECESS

SOCIAL STUDIES

SPELLING BEE

TEACHERS

WALK IN A LINE

YEARBOOK

```
R R E R R H D N T L I N S T A R W A R S O S B E A
E M P E I U S R C I I A N E L T U R S A R E E T O
J T R M E R R I A N O C I E I I E O O S E N O L O
S L S E N E C S T H G I F N P R B C P T E E M S O
G L S D O D T I I C E E D E R R E S E T A N A S N
N E B T N A E O O S X I P C A T M S R A J D T O C
E G E R P L G I A P A L D V N S P E E D M O E L M
G S L A R B I L L N R N E A T E R M I N A T O R T
B P O A P S G O A A E H A B A H N S H O R K D L P
S E A U D F S J A N E O P A O O H B A P T U N L A
C C E A C I O N E A A M L T S I S J E T I Y O I R
A I N I O N A O R R I S L M A E P M I E A A B B R
A A B N E R W T S H E O B A O S I B A L L D S L S
K L S S I A R D O R R O T N A R P I K A A E E L T
R E A F S U M M E R B L O C K B U S T E R C M I A
H F O N I S T A S S R E T R O P S N A R T N A K I
E F E R E G N T R B S M S N A A A S O R S E J E T
A E C P R P O R L E T H A L W E A P O N O D E R C
A C A J T L I I A S U E E S H A L I E N S N T A O
D T N A M D E X I H O S R E N O S D D N P E E L J
S S T S A Y T A I R T S R A I F D E C A I P C C E
I S I S N U B N A L O P O C O B O R A I T E W T F
B S O N U T R A M B O E J O C R Y M I S R D C N L
E D Y T I A E D B T H B H N P B T A S O M N N O E
T L O U D N O I S E S O I L I R O N M A N I R D R
```

87

Movies: Action

ALIENS

BATMAN

BLADE

BOURNE SERIES

BRAVEHEART

CON AIR

DIE HARD

EXPLOSIONS

FIGHT SCENES

GLADIATOR

INDEPENDENCE
  DAY

INDIANA JONES

IRON MAN

JAMES BOND

KILL BILL

LETHAL
  WEAPON

LOUD NOISES

MARTIAL ARTS

MATRIX

PREDATOR

RAMBO

ROBOCOP

SHOOTOUTS

SPECIAL EFFECTS

SPEED

SPIDER-MAN

STAR WARS

SUMMER
  BLOCKBUSTER

TERMINATOR

TRANSPORTER

```
E T E T W E R S S I K N E E G A E A U T W G S M T
R R L B N E W K S E L E D N E E M E M A B X N W M
N S N D E N X C A G L A B O L G O U C R U R A M I
I F G C T E X E O G U N T S O T U S L W E F L K N I
I L I N N N D W N A S D A Q N I K K E I L A N M N
T T U A R I N F S E N O J W O D S E I S P O E S D
A R V N A A I R V S U R E N N B S S T D O E G E G
N K R O Y W E N G T S T S A S R R R E P A I N R S
U C A C S N I S A U N M N G I E E O D B D F A V M
B B A N T N A D C I A A E S C E U U E G G D H A A
U V W C O M M O D I T I E S T N K S E P U B C L K
T E E N S E R P S A L D U I N E E N U A N E X E C
D E T P S T E E Y V S B T M E S R C L K A M E T E
A D O T H A R T E D E E U R M D D I A M O G K I V
M R N D K U M A L E I V I P E S D C V N E S C T N
D U B S R T B V T S E A R T R N S T E A C E O N Y
P N B M N C T I B E C N A N I F D Y T R D T T E S
N W M I G U T R S T G A V S T R M S I T N Y S M M
E N E S T L L P T N T Y S S E A U M N E T E N E X
U P N L V F S E V I T A V I R E D C O I D O T G O
R D A D E I K I A N D N M K E O L A E R G E C A V
N M C T R A T O P L T N E R A E T B L S E R E N E
E O E M D N U F L A U T U M M T X C E E I T A A I
M U T R K T V N G N I D A R T C N R E U O W M M S
M O S E N K S E S A A L U R W A E A O S E E L T A
```

88

Stock Market

BONDS
COMMODITIES
DERIVATIVES
DOW JONES
DROPS
FINANCE
FLUCTUATE
GLOBAL
GRADUAL
INDEX
INVEST
MANAGEMENT

MARGINS
MONEY MARKET
MUTUAL FUND
NASDAQ
NEW YORK
NEWS
NIKKEI
PEAKS
PRIVATE
PUBLIC
RETIREMENT
SECTORS

SECURITIES
STOCK
 EXCHANGE
STRATEGY
TRADING
TRENDS
VALUE
WALL STREET

```
I S N O E E D D K O E D S A H I P E V A E G D G J
G I T A U C K H B T D S G G G I R K I C L S O S I T
T O E L S P U Z Z L E S O A G T A C I P L H L R T
T N S L E G E A E B C O L O R I N G B O O K C A I
D L C O H B A P A R O U P E D O D C N D B R A C O
Y C O Z T O C E R U T A I N I M C R Y G A S S D L
O K O O O A S U P R O C R T D G L A P Y T T O E O
D R T E L R N T S R S D A D N E L I O S T E P L A
E U E I C D S O F A L N H M G P A N E G E C O L L
O S R A P B A L I B I E U T A A S C I T R R N O A
O E O T U O T T A G N C H G D E M J L N I E C R L
B N I A S O I L A I K S I B R P O E C D E Y T T Y
F K I E S K A M S G Y P P U L E G O S O S P T N S
S I L S E S I I N U L P G A L E T S A T O O S O A
A O B U R G R E O S Z I Y T N O L A S O O L Z C T
I M R T D O L E S Y F A D N E I C U W E F G S E A
I H C H I L D R E N U E O O P S O L E E O E I T S
N S U O M N F E O D T E L T E P N A S R Y R R O F
Y D R P R L T I K N Y T L C O N U E E U I Y L M A
I E O D B O T E B E A O S F Y S S T H D T D T E N
H C M R S C D F A T O A T R U C K S K C O L B R L
T P E D A N Y L R E M A G O E D I V R S T L N G I
D C D I C I C S B R R M B S L L A B F S L I O U N
M U S S E L L G I P B C I E U I O E O E E E K M S
I E K S T U F F E D A N I M A L S T C O I L A A L
```

89

Toys

ACTION FIGURES
BALLS
BARBIE
BATTERIES
BICYCLE
BLOCKS
BOARD BOOKS
BOARD GAMES
CHILDREN
COLORING BOOK
CRAYONS
DOLLS

DRESS UP
    CLOTHES
G.I. JOE
IMAGINATION
KITCHEN SET
LEGOS
LINCOLN LOGS
MINIATURE
PETS
PLAY
PLAY-DOH
PRETEND

PUZZLES
REMOTE-
    CONTROLLED
    CARS
SCOOTER
SLINKY
STUFFED
    ANIMALS
TRUCKS
VIDEO GAME
WATER GUN

```
I C L S G N I K R O W D O O W S M R N O R I C N E
I S O D C O L L E C T I N G F R E G S W L B O R I
N I A E S I N G O S S Y Y E D W N S S K G W O N R
W T I R B T J I M A E R C E E I R R S G E R K R G
L N G O L A E E N R M L S S C R A P B O O K I N G
L I T N G E C N N I A E S O O A D O Y E N G N E N
D I I H I R E G T S G W I L U G S P G O E T G T I
S I A S M C C L S R T E G G P C G N I T L I U Q N
C C W K G E C E A M A J N H A G N B M C E O K P N
T E L O C R S N R J S I O M G R I O N I C I C E U
N K R N N E C N C N W T N N E R D B N K T T Y R R
G T A P T G E S O E O E I S D E A T R O R L C F O
P R I T R R S N S G E T G W L I E P N Y O N L O U
R W O K G L T E R D T W A S B R R I R G N Q I R D
N O G O U N S A L I N T D O E E A C C N I I N M S
Y K E O I H P E N I C I O S D E M U S I C C G I O
G R A N C H W K L H B N T C T T S L S N S T N N K
A E N A Y O C R I C E O I R N D O P W E A S I G N
G Y A N R G U N A W Y I M O T P T S W D R G H A I
E D P K A C G U S O C C R O C H E T G R H I S R I
O Y D O I R G A L A S O R P T M S O D A P G I T T
A I N D N I S R O O D T U O I U I G N G S I F S A
M E T Y G T H F N N F E C R T B A S G E R I D I O
T I S A S G P C B I S E L D L O C O I E M C E K D
O D N R G E E G I Y N R M I A Y M I C E R S O P I
```

90

Hobbies

AUTOMOBILES
BIRD-WATCHING
CLASSES
COLLECTING
COOKING
CROCHET
CYCLING
DECOUPAGE
ELECTRONICS
FISHING
GAMES
GARDENING
INTEREST

JEWELRY
KNITTING
MODELS
MOTORCYCLES
MUSIC
NEEDLEWORK
OUTDOORS
PERFORMING
   ARTS
PHOTOGRAPHY
QUILTING
READING
RECREATION

RUNNING
SCRAPBOOKING
SEWING
TRAINS
WOODWORKING

```
C O B G M G E L E E T S E L L E I N A D G L S A G
S A N C Y N D I L A U P E R D W Y J E C V M R S S
I D B E N I R V E W N E P I F N R M T T I I I N E
S S I H I N D E S E E O N J S E N N L O N A N A S
R A N R E O B A S M H E P A U D D A O N O A N O N
A L N E A O O I I P U D C G O S R C H M I A O D I
D I R R V K V D I V O R C E R A T E G S T A S E S
S D N F N E O H E B T E F R G P O S N N A T K A N
B R E A K D A N C I N G M S B N R P A P R A C E H
O O R I N M A D O N N A A A D I C E L Y E N A O O
S N I M B E T T P V R L O C E H O U P S N M J F J
A A M C N L G P M R I O H A A S V U A C E O L E R
R L M D E L B K D N M I A L W N D J T I G J E F E
E D I O I I Y R A J B O L O C E W D C B E N A W P
I R A N O W A B A N N E D B O O K S E O M O H B S
L E I A A N E K K E N S N L M L H L H R N I C D A
R A D L H U M A N G E N O M E P R O J E C T I O J
A G E D V O I I E B E R L I N W A L L A A A M I S
I A A S I S R R N A M F L A S H D A N C E L S S R
N N G I L C N A B I L L I O N A I R E S N F M E A
L E K R N E F N N R V S B R E L H R E B E N A N I
F N O L I N I E O B R A N D N A M E S N A I J T A
O G N I K N E H P E T S N I N T E N D O B B K A I
E S D I K H C T A P E G A B B A C A C A A A I S E
M M E A M A K P N I N R R I N D R G A C J A S J E
```

91 🌿

The '80s

AEROBICS

AIDS

BANNED BOOKS

BERLIN WALL

BILLIONAIRES

BRAND NAMES

BREAK DANCING

CABBAGE PATCH
    KIDS

CHALLENGER

CYNDI LAUPER

DANIELLE
    STEELE

DIVORCE RATE

FLASHDANCE

HIP HOP

HUMAN GENOME
    PROJECT

INFLATION

JASPER JOHNS

JUST SAY NO

LIVE AID

MADONNA

MCDONALD'S

ME GENERATION

MICHAEL
    JACKSON

MINIVAN

NERDS

NINTENDO

RONALD
    REAGAN

SMURFS

STEPHEN KING

WILLEM DE
    KOONING

```
S T R H T C B D T S I R H O E E S E T H R O G E N
U E T N A L I G I V R N N R E O I E R R N R O L M
A E R O O A Y A S O Z M W H T R N E R I C F R E C
W O N E C B T R E A B A S E R B T E M L T E L R E
F E H E H R I O I A O A R I I H E L I I C N M N R
N A K A C C T D R K I E A T G I A S K O I B E K E
L R E U N P N E E M A R T I A L A R T S I I L C H
R R R L E O E F S Y T C F C L J A Y C H O U T I S
E O O D R M D E L D N E R T W E G R O E G R T K I
E V A E T A I A I A M B T S D S N C T R O U A E L
L M M S I R T G N I T S S T E N R O H D H E A D B
E A G L S G E I R L H C N F I L M R R I C F F I U
C S H E P O R C E Y G E A I M A L O G E I F R S P
U K A O L R C E A S A N G I C E S R A R C U A N R
R R A Y O P E A S E R O O S V E A H K T R A N K E
B I E B R O S E C N P G R I T A T I W T U H S A P
I P C O S I A H R T C K H R S E N F L I C C T E A
E E N L I D C C R I E A T E O I D W N R S N R I P
R I A O T A K O E N G U E T A S V O I B C T I G S
R A H I O R E H R E P U S C A S O E E L F I K A W
L T T A F I O S O L M A I A R Y I T L E L I E O E
N D N E D S E T N T P A G R I A M M B E R I R H N
R A R F D I L R W G R B L A C K B E A U T Y A T P
E E W E O V K I E T H T H H I D H R I A O U A M C
O E T H S K O O B C I M O C S K O R D D O M S B S
```

92

Green Hornet

BLACK BEAUTY

BRITT REID

BRUCE LEE

CAMERON DIAZ

CHARACTER

CHAUFFEUR

COMIC BOOKS

CRIME-FIGHTER

DAILY SENTINEL

FEDORA

FILM

FRAN STRIKER

GEORGE W. TRENDLE

HORNET'S STING

JAY CHOU

KATO

LENORE CASE

MARTIAL ARTS

MASK

NEWSPAPER PUBLISHER

RADIO PROGRAM

SECRET IDENTITY

SERIES

SETH ROGEN

SIDEKICK

SUPERHERO

TELEVISION

TRENCH COAT

VAN WILLIAMS

VIGILANTE

```
D P C R D L I A L I U U E P R E I S L U A I R O U
P I T I S C A L E I T M I L K Y W A Y E P E E S O
L E U I S A T U R N E E A B I E E A I A P A E L L
A S D I U E A S A T I B R O S N E L A R T U O E P
N E D C N L B E R E I I J R N N S L S I M T S T C
E U K A A R T E I O T A S T E R O I D B E L T T S
T R L P R S E T I L L E T A S S A M E R T I D C X
A R S J U L S O R G B O N U J T T S B P E E I E N
R A U D U G A L E A M O N D S O A R R O O A E L F
Y L S S N A E M T E I C I T T U R S I T R P E E A
R R I U T S G O C T P O R I E N O E S A S C I S A
I E L T E G G S V O I O R X N S I A T T L A S T S
N A Y N T I L T E B R E P M A A S A E I S E E I L
G G R R S A A G N S U L B I L S T N P A P D T A U
S R A M L N C U U A O T J P P N A T J S A U B L L
R A T E L T I L S R E L M A T L I E R R T B J O P
R V S N N S T P A S E E S D P C S I O T C L B B V
I I H U I M P T C E A R U F P L Y V A L O A L J R
S T E T S N I E U E I Y R L T R S R A A R A S E S
U Y T P R O L E A S I A A E E R R N U S E U O C O
T A T E N A L L H T W N T S P N E E O C R I N T A
M F O N B N E R P D E R F E V O E L T O R A T S D
N T A R A I S M I C L I G C C A I S C O M E T S T
L E V E R T E U E D E B E S P D A S P V X I M S E
E W S L I S C O G A R S A R I I S R D V T N S S U
```

93

Solar System

ASTEROID BELT
CELESTIAL
    OBJECTS
COMETS
DEBRIS
DUST
DWARF PLANETS
EARTH
ECLIPTIC PLANE
ELLIPTICAL
EXPLORATION
GAS GIANTS
GRAVITY

JUPITER
MARS
MASS
MERCURY
METEORS
MILKY WAY
MOONS
NEPTUNE
ORBIT
PLANETARY
    RINGS
PLANETS
SATELLITES

SATURN
STARS
SUN
TERRESTRIAL
URANUS
VENUS

```
P R P H U B M A E L J B C B D R S H F F U G I E F
S L O C U C U M B E R S A N D W I C H C O N N S R
S T S R M E E U A K S B R L R A G U S C T A O M E
F E R Q M D C T N I S R T E A S M E T A E F A S O
E R N A O O L R O L C N H D R B H L E E R T E E D
R U R N W E A E Y I A P M T M C R Y A C A E R Y K
S H E I C B K N H E N O K L I M F E S E B R N B A
I C O U I C E L A M R O F W R O S S H N Y N N S G
S B I M R G N R O U T G D K C O L C O R U O F K H
A E C A N U E S R F A N L E I E S O P B T O I K E
R U N A O T R U Y Y A A N R C A P N R I D N C P A
S K T L H O E S L S J C Y T A B L E C L O T H E I
E E U K W S E I R T S A P T N E A S T E T E A H J
U A H O F D Q R F C N O M E L K N M E T H A M T A
H T R S P I N F U S I O N S F S I C O E E S O O L
S R E L I O C U S O F E B A H T T A S F H E M P R
L A U S L D B E E U F T S T I O T F N N R T I Y T
U S H Y C O A O E T L T Y B G N O E H C N U L T A
K E E R A T E N T M M E I N H C P C R U M P E T S
G C I A O R B B I S C U I T T N A W A C A D D L N
O N I C T S A H I H O Q F I E U E M N A F H B J H
K N R A N S I T E C C I N H A P T T O E E F T C R
S T M R T P T T E H N T B S E L E E E T U T S E C
C M C R P S F S A R O E Y D I J L C T A R I O E D
S B R E A D A N D B U T T E R B N C H F Y R O A E
```

94

Tea Time

AFTERNOON

BISCUIT

BREAD AND
   BUTTER

BREAKFAST

CAFE

CEYLON

CHAMOMILE

CHINA DISHES

CRUMPETS

CUCUMBER
   SANDWICH

EARL GREY

ETIQUETTE

FORMAL

FOUR O'CLOCK

HERBAL

HIGH TEA

INFUSION

LEMON

LUNCHEON

MILK

PASTRIES

PETIT FOUR

SANDWICHES

SCONES

STRAWBERRY
   JAM

SUGAR

TABLECLOTH

TEA SET

TEA SHOP

TEAPOT

```
S N N Y A H H S A I T L N E F B H T F A P O H U A
E A N T D D N L T R M D W S M O T T O B E H T S C
G M A E A L G E P C O T O E E T S O K M R A S U C
N R B E M S H L O S N E R G L N W S I L R R U P O
S S E P D J A M E S S N B I E E I I N T Y D R E D
O I F F A A C E I U Q E R I R E N E S R M Y T R E
S R E I L R A A O S E E E M O U U L E T A B S N N
C I L V G O A L R P O R H N A Q E V Y I S O E A N
T E R L L R W L R E M I T G E Y I O M N O Y N T I
N R T U I T E O O N D H A B T R E E I R N S E U S
Y E S C E H E P R S M T F E C E D E L O M Y P R L
A U R O S L R B D E H E R I E L T D L O B A L A E
E G E N H R P A J A N I T D U L R O H W A R A L H
C O Y G R G E R C S D S E I E E U O O E C G U C A
S I I N S O R H A Y Y C H T R N M L N R R A C S N
O E I O O M R E S M I H I Y M C A B E D H I U E E
D V N C R I I T E S S O E I N S N D E Y L L I R M
E I C E S N R A A M A S T S N E C L M C S E I R I
E T E T I L A G T A N Y I O B U A O E N H D V H R
M C I R C O M H L E C R I M E R P C Y A E R S S C
O E L R M M I C H A R T H U R C O N A N D O Y L E
L T O R I O P E L U C R E H R M T I I C U C R T U
N E R I L E T S H I N E M U R D E R N E G C R I R
L D C O W E L S F N C D T H P E E L S G I B E H T
I O R N E R N S E M L O H K C O L R E H S I M O H
```

Mystery Books

ADAM DALGLIESH

AGATHA CHRISTIE

ARTHUR CONAN DOYLE

CORDELIA GRAY

CRIME

DENNIS LEHANE

DETECTIVE

ELLERY QUEEN

FATHER BROWN

FICTION

GENRE

HARDY BOYS

HERCULE POIROT

IN COLD BLOOD

KINSEY MILLHONE

MISS MARPLE

MURDER

MYSTIC RIVER

NANCY DREW

NERO WOLFE

P.D. JAMES

PERRY MASON

SHERLOCK HOLMES

SUPERNATURAL

SUSPENSE

THE BIG SLEEP

THE BOTTOMS

TRUE CRIME

TRUMAN CAPOTE

TWISTS

A O I N S M E P C R L T M O A G O T P K E W S W S
N T L I E I M A C H I N E G U N S L T E V N O L T
T R T E P B E E E H K N P B A T T L E S H I P S S
A R K B T I S I T O C N V S N C S O R N S A A S C
C T A S A P E T A U E A O E I O R N S P E W I T M
I O I P T L L H O H S E I L L N R U S S I A N S O
R A S S N A T M A R B A F N I L N A E F T T A S S
O I E A O N T E E N T N O R U M O T T I A S T L O
R A R N L E A G U E O F N A T I O N S O E A I A A
U U W E S I B W E C N A I L L A E L P I R T S C E
N A I U V N L C E N T R A L P O W E R S T N U T F
N U L T B P A A L A E S C K L S R B L U N O L I R
I S H S R O V T D L K U T L M G E R M A N S A P A
I T E O L I A A K N H I R E T L E I A T O L O N N
O R L E A S N T A T G I H O E A S S L G I I I E Z
L O M E E O T T O M A N E M P I R E A L T W M A F
O H I U T N S G H I O P L S D E C A I N A W G C E
E U I A T G O G R E A T W A R S A O L F N O N C R
S N L G L A L N P A A I A W L Z M W R L I R I P D
E G N E P S T E I U H T E N O B P A T T S D E E I
A A S E L L I A S R E V R I E A A L S A S O T Z N
D R W C B A R I E T S T I E C A I T C O A O O N A
M I C P N F M L U A I O N A S O G W A C S W P U N
R A W E S T E R N F R O N T R E N C H E S S H S D
I N A N L R T R Y R O T C I V I S G S R A R B O O

96

World War I

ALLIES
ASSASSINATION
AUSTRO-
    HUNGARIAN
BATTLESHIPS
BIPLANE
CAMPAIGNS
CENTRAL
    POWERS
CONFLICT
EUROPE
FRANZ
    FERDINAND

GERMANS
GREAT WAR
KAISER WILHELM
LEAGUE OF
    NATIONS
LUSITANIA
MACHINE GUN
NAVAL BATTLES
OTTOMAN
    EMPIRE
POISON GAS
RUSSIANS
TANKS

THEATRES
TREATIES
TRENCHES
TRIPLE
    ALLIANCE
U-BOAT
VERSAILLES
VICTORY
WESTERN
    FRONT
WOODROW
    WILSON

```
N O G E A A E E T C E C A P E L I M A R A L N C I
P U S O W N S A O T T I D O C T A O U G Y T N A C
H S A S C B F W E A R A N I N R S A E C C S A E E
A E R R G T G H A L F M A R A T H O N A L H R U E
T O O O H Y D R A T E R E J T R A I L H R A E E T
S H T H N E D R R B E R C M S A O N A U H A R A D
R S I O T E S O E R A R R I I T G S J P O W R R G
R G N I G G O J S A O L B B D E N E R P I D N L M
L N O O T O U E O S E S P O R T S B R A U N S Y O
C I M T N O A P S R L R E O T H R S I M E R R M S
C N E M T R A C K R O G A A R T G D T R E R L O E
N N T N R N O H T A R A M A E E L E R R M E K R L
O U A O L U C R T E G C D T E M A E T E I N S N I
T R R I N O S H O I I C H R I P T P P R A D F I M
Y I T T I L S R E B U E E A A O A S T O O U E N N
L T R R T G T O O F E R A B L C P N O I T R T G U
T Y A A O N R R T O E S B T E L E O B I R A U F B
R S E I I A E U N A I N D C H O E E F D S N O R U
A W H R R A T X C E F E A E T O T N E E A C R L D
S J P E S C C L E T R F E E T C A C G M R E L C E
A S E Y A O H N R R R R F M A S N T N E R C L A O
H D O C R E K P E U C E P A H R M E A H E M I R M
T U R R A L A H S I N I F R R N L C L A O E H U N
O U R A E R C I Y S O M S L R B T R H I L C H R O
A R T R T E O L N S T C F E O R A G L N L R Y H E
```

97

Running

AEROBIC

BAREFOOT

CHALLENGE

CROSS COUNTRY

DISTANCE

EARLY MORNING

ENDURANCE

EXERCISE

FINISH

HALF-
   MARATHON

HEART RATE
   MONITOR

HILL ROUTE

HYDRATE

JOGGING

MARATHON

MILE PACE

MILES

ROAD RACE

RUNNING SHOES

SPEED

SPORTS BRA

SPRINT

STRETCH

STRIDE

SURFACE

SWEAT

TEMPO

TRACK

TRAIL

WATER BOTTLE

```
B L O D O C E C E H S G B N T T C N B G I B N L C
G N D N I H E B T F E L D L I H C O N E N A I E O
O N N A I X S M B I L L G A T E S W E Y H T I O B
J B I L S H E N O H P L L E C K A N T T F E X E W
S B H T S G L E O T N L M A H S I R G N H O J M O
I E L E O N L H M T N K O O E S F O L C N L P A K
M N I I A O I I I T N I L R Y T R A W F L U G R L
P A N B S L H C N E N I F A T U H L G S K E C G A
S R S N A N T S G T C E L T A N F R I E N D S Y H
O J T T N B A H E E R S L C I P O N N L E C E K O
N Y A E E C E R C N B A A M L H M C Y H O C R S M
G D E E G K N I O A I B W R D L E F N I E S O N A
M E L O H E R T N E R B N E N I I R B U Y T T I C
I N Y I T H S A O A L E M A T U E B O E G L S W I
I N T N Y L O L M O E A R U T S O N I S A C X E T
I E S O T S A I Y K N B N E L R A M I J E N O L Y
O K P B I I G N C I C E N A F O C H E E R S B A B
I F O O S C G B S H E O O I C O C A T A R R G C O
N N H G E C N E A R C S T N I A R G I R W G I I M
K H P B B A B R R E I N R S G O M M E H A E B N B
C O I N O A T A U W E R B N H O D A L I A M U O I
E J H K E L E C T R O N I C A G E G N U R G N M N
G R A O R S O U L C I O N A U H I K O A B G T N G
T B W T H H N R A O S S D N G E A H C H P N N A E
I A E U C S T N A R U A T S E R E M E H T T O R E
```

98

The '90s

BEANIE BABIES
BIG-BOX STORES
BILL CLINTON
BILL GATES
BOOMING
   ECONOMY
CASINOS
CELL PHONE
COLUMBINE
   SHOOTING
ELECTRONIC AGE
FRIENDS
GRUNGE
GULF WAR
GUN CONTROL

HEALTH CARE
   REFORM
HIGH STOCK
   MARKET
HIP HOP STYLE
INTERNET
JOHN F.
   KENNEDY JR.
JOHN GRISHAM
MARTHA
   STEWART
MONICA
   LEWINSKY
O.J. SIMPSON
OBESITY

OKLAHOMA CITY
   BOMBING
PANAMA CANAL
RITALIN
SEINFELD
THEME
   RESTAURANTS
TIGER WOODS

```
T F B N S F B C E N C E C R R I S S I R H T R R O
Y R O R L J L E F E E D N U N O P O I U S U A J S
P R E I R E G N I L E G N H T F E P C O T O A S T
T I I W I R C S N D R A A R A E R P N E L T D D H
G R O T O I D P A V S O E R B U L I A C G H S N N
R A I E I H M T A R N T V C G G S R E D G G T R R
D L M G A S S N L B R T V S N B E L I N I I N Y E
H L O E I D G L P R E A P T I U I G T D D N E S G
D P B S S I Y R A I N L M I D L T E R A E S M L P
E S A G E N B E R D N N P B N C L L I O T L T J G
T N P M A E O E E E I L A R O E E Y L R A R A I T
A H O R P A V I U S D R R I B C V A F S P I E I I
D T E S L E T E T M O G B D T N O N V U L G R I B
A E E T I O R R N A N D A E S A N E M I N D T B N
K R I L L O I T B I R M R T R D G E H I L E A O N
D H D R E S S U P D N O N O L A G L D C A H P D S
D T T R R E I P R S A G C B S G U D C E T L S E E
E C T R S S O S U E A E N E N O E A A M S E P E S
A R R Y S H I N E S H F D L D W T V H E T A T A A
S E N D R E E G A B A C H E L O R P A R T Y N C
I R R A S A E W H D R G I R S R E R R I I C G A N
E B B I C O C K T A I L P A R T Y A E O P Y O A B
I E C E M B A R R A S S E K O J I O M D P C E A H
S E T N T N G C E P A B E I Y T R A P N E H E D M
E E E I S E K S I S C A E S S E P S U P R R A I I
```

99

Bachelorette Party

BACHELOR PARTY
BAR HOPPING
BONDING
BRIDAL SHOWER
BRIDE-TO-BE
BRIDESMAIDS
COCKTAIL PARTY
DANCE CLUB
DECORATIONS
DINNER
DRESS UP
EMBARRASS

EVENING
FLIRT
FRIENDS
GAMES
GIRLS NIGHT OUT
HEN PARTY
JOKES
LAS VEGAS
LINGERIE
NOVELTIES
PAMPER
PRE-WEDDING

SILLY FUN
SPA TREATMENTS
STRIPPER
TIARA
TOAST
VEIL

```
N T I R I L S R E I L S R N A O E T G S U B A T I
T T D C K N I M D J R F O M T E E N F D E U E N E
R A R E F T T I R E I D N I I M N R C P R R C N T
S I F Y S N A H T T U S P I M Y A B O E S E T M T
U T O V T T E N I L R I A N E I A A R R T L T Y O
I D O E R E I S T A M P S Y D S A U I N S Y Y T C
E E N Y I R R N I G P R S H I M E I N T U S O I U
T N J S C R E D A R F S P O F G D T O E L T A L Y
N D S O V T O I I T N K O N F A I I I P T F M A S
S M B F I A N F S G I O R E E A E N T O L T U T N
I I A S O S A F I S O O T Y R Y I I A S I T S I R
T D S O L U Y E N N O B N M E S I F E N T A E P O
N E S N T S R R D E F E I O N S A Y R I H S M S R
F S R S T O O E U O I D L O C A L S C A E N E O N
E T O O F E T N S I E I T N E D I S E R N O N H B
R T S R T U S T T C R U I S E D A I R T C L T I C
T N L S I B I C R B Y G Y N E S S R V T R R O D R
V H V V I M H O Y M O Y E P S R I S R R C I U U N
I I A T L P E U S S E N A T I O V L E I S U R E G
C Y C G N I R N N I A R L V F M C I R N V T S I T
E I A V I T I T S R T D I A E E O Y C N I A T R U
I E T S S A G R T U N S I S I F D C E E A S L O I
B I I A O R V Y R O I N S A E C I T I E S S U V O
T R O S N A E E R T E R R C D V F E I I F M A B E
L Y N B N S D F T E I T A R N T I T S R T N I T T
```

100

International Travel

AIRLINE
AMUSEMENT
ARRIVAL
BUSINESS
CITIES
CRUISE
DEPARTURE
DESTINATION
DIFFERENT
  COUNTRY
FOREIGN
GUIDEBOOKS
HISTORY

HONEYMOON
HOSPITALITY
INDUSTRY
JET LAG
LEISURE
LOCALS
NONRESIDENT
PASSPORT
RECREATION
SERVICES
STAMP
TIME DIFFERENCE
TOURISM

TOURS
TRAINS
VACATION
VISA
VISIT

A R L C T A E R R A I A O S G R I O H Z V E R N N
E E A R E T D S L D A E E P P C T G G U J E S R G
N W M D V R O R M M R E A J T A T R H N W N L H L
E M R E A G O D E I R I A R P G M A E U P U I A B
D L A E O E R R L E T G S G A U G G L R N R U I O
P O D L E R C E H F U E N R S O G O A G M C O O A
L W A E P D P E O A R N E S O G P O L A R B E A R T
T S S A E L N E R P O D O O A M T L N E N Z O E M
S U E P E G P I H T L P O R I R I O H K G D S M A
N I N T K U U R E A O T A B M O W T L A D O O E D
L E D P A I A E E R M N D I G R N A M N O I R I I
A E O O E E K A C A K S P O D A N I E G H H N Z L
D Z E B R A O U N R A R T N P N S G N A C P L G L
I N N N I E P T A W E A S E L G E O U R N D A U O
P A T D E I O V T D C C U R R U M U D O R E A G F
S P A A N R D M K A L L I G A T O R E O R G I N C
R M L E R R I U Q S O R E G D A B L N R N G R E H
R I P A A E I H N G C D L M P N E E A O I L T L I
L H P A E S O A A T A E S R D M L O N F E P T R N
O C D A L I K A E A R Z C L A T E P V C F W O R C
A F R O C T E Z Z U R N E H I C P L L N R U C D H
B P H E N C C A O O O O C L I M H H D D O E B Z I
T U D U T K D A O R N N E R L I A R T L K U A A L
K C O Y O T E E R E W N D R E E N A A U H R N Y L
I N E U M H O Y H L U C E E E H T E O P Q O I V A

101

Animals

AARDVARK	HAMSTER	SQUIRREL
ALLIGATOR	JAGUAR	WEASEL
ARMADILLO	KANGAROO	WOMBAT
BADGER	MONGOOSE	ZEBRA
BUFFALO	OPOSSUM	
CHAMELEON	ORANGUTAN	
CHIMPANZEE	OTTER	
CHINCHILLA	PANTHER	
COYOTE	PARROT	
DINGO	POLAR BEAR	
DONKEY	PORCUPINE	
ELEPHANT	PRAIRIE DOG	
GAZELLE	REINDEER	

```
S D O H N O H P F I N R B N F F S O T T I E E P A
M E O C A G U R M A R K E T I N G A T R M R O Y P
P I A U T H O R T O U R M N O O E A T B A A A S E L
N T W I L I G H T S E R I E S T I N S L R W E C T
T Y Y B R I N L O N L B O T I G O S U F T O M N H
O S E Y O P R I N T R U N O N I M P I S U R I A R
T C M N E L M T W A A E K O T A O L S U N D T V E
H I N N R G I E N H M N I C R P M I E C S O K D E
E M H I N A E A R E T T I K M R U N E H R F R A C
W O O K W B T F N T O F E T I Y G B D N E M O N U
I N E S R O O O O M N T R G T T E I L M E O Y E P
L O B M Y S T S O L M N H S O S E O A I T U W L S
D K B F H A R R Y P O T T E R S E R I E S T E O O
S A S I R U P U E L S M M I R A L C U E R H N E F
T E S F D N E H B K R E O N B E N Y O N F E E T T
D R W M B T V S A U E M H O Y M O L N L N O C R E
N F O H E N O I E S E I S A H M N R E T R E P M A
I T A D L S L M B M O D N Y C I F S E R H S R H F
D Y I L N D Y W E I C D T T I L I P A M R T S P C
E Y E T M Y A R L M M N N T P N C R T A K I I A T
T N H T S N R M U E P O H F O Y T I C A D U A R R
L S N E T R P L D P P G G N I T I D E R I I E Y U
E N O S E I T L A Y O R H I E D O I I S E U E E T
R E Y F E O A U R E C H K Y F E N R N H M I D R E
T O A O T H E R B O L E Y N G I R L N T Y E G F A
```

102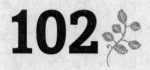

Best-Selling Books

ADVANCE

ATONEMENT

AUDACITY OF
   HOPE

AUTHOR TOUR

EAT, PRAY, LOVE

EDITING

FICTION

FILM RIGHTS

FREAKONOMICS

HARRY POTTER
   SERIES

INTO THE WILD

KITE RUNNER

LOST SYMBOL

MARKETING

MARLEY AND ME

MASS MARKET

MEMOIRS

NEW YORK
   TIMES

NONFICTION

OTHER BOLEYN
   GIRL

POPULAR

PRINT RUN

PROMOTION

PUBLISHER

ROYALTIES

SELF-HELP

SKINNY BITCH

THREE CUPS
   OF TEA

TWILIGHT
   SERIES

WORD OF
   MOUTH

```
I N L E P Y F E L N F O K Y R L I O T G A D B S E
B T E A I T U O T O O H S R R P A I A N I U G H S L
L P S O N M H P S E R L P O L N G N M N N G X I I
F P D C U O N C C P D R A U G N I H S D O O P L E U
U E S A I M I I T S C C N O T O L E E A E F Y O H
A O Y U E P K S A S G E A I G I A S L T S L O D C Y
Y R I G M A C N S T N R A L Y T L P P S S E T F E
D E R Y P L I L F E P O E S P I O L C P O E N E N
E E L I E A K L I A F A H R G S O C C E R B A L L
C O I E E N Y A P M S O C A T O S P I N N E M N E
B E S G L O T B I S R P R S E P C E O T A C R D E
B U R R G I L T L P R O O P E C L I O G B P L U E
R G E O T T A O I O L P R L W T L N M I S S R L S
S A D R P A N O K R O U G O A L K E E P E R E A I
K E L R U N E F E T G L I O N S M A K E Y V E I O
L L E Y C R P F E S O A M S L I D G E G E O F F S
I R I M D E F E N D E R S S T C L E N N F L F K T
Y E F E L T R N G B P E T A O U D I P A S S I N G
R I D S R N C S R E F E R E E X L L A S I L D W N
E M I I O I A E T S E T I F M B A R I D E R L I I
F E M S W R S O B N X D K I B Y O R E S P K O M R
N R A S O U I C N E L L E I E E H E A E L O A E O
L P T L O P O Y F P R E R R L H T L E O R R I W C
D E Y E L L O W C A R D S E S P X P L X D O D L S
D O R Y O B L L E O X N S E R O K E A E I R E R A
```

103 🌿

Soccer

BUNDESLIGA

CAPTAIN

DEFENDERS

DRIBBLING

ELEVEN
    PLAYERS

EXTRA TIME

FOOTBALL

GOALKEEPER

GOALPOSTS

INTERNATIONAL

LA LIGA

MIDFIELDERS

OFFENSE

OFFSIDE

OLYMPICS

PASSING

PENALTY KICK

POPULAR

POSITION

PREMIER
    LEAGUE

PROFESSIONAL

REFEREE

SCORING

SHIN GUARD

SHOOTOUT

SOCCER BALL

STRIKERS

TEAM SPORT

WORLD CUP

YELLOW CARD

```
O T S T G N E T I R E V A M E N I C K A O M E E A
N U I T E N I C A C A N L I I T K R F I D C R V O
E T S G W I F S M S O W A A E S I P O R O N N I H
J I W L N A U T D V H Y F O P I N I O N W L E T A
A R I L M O N I D N B O T O F C N A S I N H G A P
A G I L S E D N S N I O R I G K E T V V G N O R O
G M R I C G W I N V T M N T L O N I M C E N I R L
T W R U S N E K R G L I D E S A F R M L K S O A I
T I Z N O I S I V E L E T N N E E A E N H E U N T
L H A N O N L S F U C S N I A I F R C N O T O R I
F D C I I N C W S D N T G A R S U B J E C T O D C
E D L N G I F U W A N C I C M T T C E A O E E T A
R W E T E W H I S T O R Y O A Y S R F K G G T N L
S S L N Z D A W C I S S W E N M L E A N E A T L A
F N C T D R A M A T I C F L E H O Z C E C S O R W
E E E W A A S V N N I I G D A R O U Z A H S W M A
O E H B O W L I N G F O R C O L U M B I N E N E A
E C C L W A E S E N A N N I I T E L E M R M H N G
G O A S G C E W A A U R M N R N T I S E U G N N L
W F M O I I R N L C R U C N E O E F I D I T T R E
R T M F I N S T R U C T I O N A L M P I Y R W R E
S R S R R S W W L C W E U G O L E V A R T I K G G
C N E L B L E R W R I G K F I F V S N T E L C R M
F E I E M T N N K S K E O N N R R Y A O I S G I E
I A S L S G N I K E R E W E W N E H W R E C D N I
```

104

Documentaries

AWARD-WINNING
BOWLING FOR COLUMBINE
CINEMA VERITE
CINEMATIC
DRAMATIC
FACTUAL
FEATURE-LENGTH
FILM
FOG OF WAR
GENRE
GRIZZLY MAN
HEARTS AND MINDS
HISTORY
INSTRUCTIONAL
MESSAGE
NARRATIVE
NEWS
NEWSREELS
NO DIRECTION HOME
NONFICTION
OPINION
POLITICAL
REALITY
SCIENCE
SHORTS
SICKO
SUBJECT
TELEVISION
TRAVELOGUE
WHEN WE WERE KINGS

```
L I H O B E I B L P L B C B S D Y S M I M O I C B
E S T L I E C A S Y E A R O S R L E R I N E R B D
N E E C E E K E O R R E A S P K G A W K U R R T L
T L T A K T I K L C R E L E O O A S B S D S A C P
T T L S O T Y N O F C E M X R U Y I C A E N E C S
S T G N R T A G L R T E O I D I R G O L J C K E D
D I M A C R D M L A K L N W M B S S A R I T A T I
D K M E M C Y E I B D G D T U C M R I R E K T A K
O S I B B R A N P R P R J E G T I B O R R O S L H
S T J Y G Y P T O O E B O S E U N C T E O Y H O C
S I U L T I T O P K O E Y A C S I I R T H Y C C T
T S N L S R I S H S T W I Z Z L E R S E Z E N O A
Y Z I E R E E S E S P I E C E S C I U L E C U H P
S L O J T K K B R H E S N I C K E R S E T S R C R
U H R I H A S U L A K L H P S R O T W P U B C K U
W T M I O E B T S R H D W S O S E D C B L I E R O
U U I O J R W T S D U D K L I M R E P A C X L A S
O R N C A B Z E N C A T L P N F E O Y S I E T D D
L Y T T T W B R O A X N E L A E H P L O L R S R F
C B S T U A I F P N D T B O A D U S S S N G E D U
T A T C S J C I A D T D I I E R N R I C S C N O L
R B I T O H O N E Y I B S H P S N O T D R E E B E
R I N I X I R G I R T T I Z L R T I R T E I P B A
D R S G G R E E Y I E R T S H O R K C R I W W S N
S Z R H L R N R N O T B E S I A N T I T M L S S R
```

105

Candy

ALMOND JOY
BABY RUTH
BIT-O-HONEY
BUTTERFINGER
DARK
  CHOCOLATE
GUMDROPS
HARD CANDY
JAWBREAKER
JELLY BEANS
JUNIOR MINTS
KIT KAT

LICORICE
LOLLIPOP
MENTOS
MILK DUDS
NECCO
NESTLE CRUNCH
PAYDAY
REESE'S PIECES
RING POPS
SKITTLES
SKOR BAR
SMARTIES

SNICKERS
SOUR PATCH
  KIDS
STARBURST
SWEDISH FISH
TOOTSIE ROLL
TWIX
TWIZZLERS

```
H L S A I O E C Y A S E A H S R A N O L C S S Y I
K A U H H E E L E T S L H B J O C O N E I I A S R
E O O T I O B T P S D M A R H R O O O O A D D T O
I T I L A E L O S R S I N L S R A A I O T C S E S
S B G E I O L I I U A P P O H T I J T L Y U I H R
C M I G P V P L D E L Y I L E L L S A L P S F A E
H C L S F D E C N A V R E S B O L T C S L T O I O
A E E C E R C O A L Y M I R A C L E I S N I D E H
I A R N A E M L I N D L B L S A E L D A O E S L O
G A E I E I G U R L D O F L L N I M E A F A E A S
S T S K T D E F G S R L T L E E M N D T T V R M O
E Y S O R E M Y T F S M E L A S U R E J E C E L P
S T H G I L F O L A V I T S E F S J R A J S E H I
O R E D R N O J U A S V M A I R L I G M E S U N S
P E A I N A I M C I R T Y E E A E I N R W E A E A
T S L D U M L A T R L D T A H W J R J G I M S A M
W N I C T N L C O N I R D L L E R A I R S A S A N
R L G A E C A C S O N U J S T H G I N T H G I E Y
D L R H B U M A S I A C M P C A P R L A A R E R N
R A V A E T P B D T M E T O H A R O N E M D O C G
I A A A C U U E A I A U H T T E M P L E A T T D N
I A E A E L I E W D C S T E O U S A A C S G V U A
S L T T N H I S L A U T I R S I S E E I H N T H M
N C I F N S M A H R B O N I K U N A H A N N A H U
S R E A S E I I M T N M C A S I P L S A L T A R E
```

Hannukah

ALTAR	JERUSALEM	RITUALS
BLESSINGS	JEWISH	SHAMASH
CANDLES	JOYFUL	TALMUD
DREIDEL	MACCABEES	TEMPLE
EIGHT NIGHTS	MENORAH	TRADITION
FESTIVAL OF LIGHTS	MIRACLE	
GAMES	MUSIC	
GELT	OBSERVANCE	
HANNAH	OIL LAMP	
HANUKIN	OLIVE OIL	
HISTORY	PRAYERS	
HOLIDAY	REDEDICATION	
	RELIGIOUS	

```
C A R C E H S T L O Y I M C O S A O P N V A R O Y
I A P E E N R O A C G M M I L I T A R Y M A O T C
S T U P E A T S I S L R R A A L T E R N A T I V E
C N A T L R I V C H A R T E R P R A S C U S T O E
I E E U C I T A R N Y H Z C C E T L L C R E O E P
T T C C O I C S M L L I N U E N I U L E U C L N R
R E U T C C R A A E S O L A E P T E V P R O R O E
S T R A T E O T T S N I E M H O R I T U I N U N S
O D L C S S M I S I L Z E A S G N N E P O D N R C
Z A C U I E C A T H O L I C Y U A Y C I R A T L H
A R D M N S L H S L E N E C L E P C T C N R A C O
C P E O A C G I N M U L A P R I M A R Y R Y I M O
T I U I L R E O S N O G P A T S C I R T B A T L L
O A G L G N A C A D E M I C S U C N M O E N Y H A
S Y A I N A C A R L L N L N D A I E R G C E S N B
S M E C C M A C O M A C D E E E E T A Y C H O A S
S A L N A G E O E O I C L O S T H E I E R T I N R
I S Y R N V H H G N H I R U W C N C N O G A I A S
T N V H G C R C T N A T L N P M R A I S N I G R L
E E I A S T L M U N I F O R M P E W I R E Z A L A
E N P P I M L H T R S D A I A L H N E E N L H D N
H R E L I G I O U S H I R R I Y O N T I O E T D O
E R P I T E P C E H R I I A I N D E P E N D E N T
P A P I O I T Y L I N N Y H O E E Y M R C D N C S
S C A E S L R A H I A M I T A B R D C T A T S E C
```

107

Private School

ACADEMICS
ALTERNATIVE
ALUMNI
APPLICATION
ATHLETICS
BOARDING
CATHOLIC
CHARTER
CLERGY
EDUCATION
ELEMENTARY
ENDOWMENT

ENRICHED
INDEPENDENT
IVY LEAGUE
LEGACY
MILITARY
NUNS
PAROCHIAL
PREP SCHOOL
PRESCHOOL
PRIMARY
RELIGIOUS
SECONDARY

SECULAR
SMALL CLASS
 SIZE
STRICT
TUITION
UNIFORM
UNIVERSITY

```
G E A N S O C F Z S H Y V R N T S O H P I L A Z E
T O E M U I M S R Y M I R T U E A E O C A I C E I
E A E R R O M S C O O P N D L E V A N Y Z Z U F I
M A A I S M N W C O A R O L E W H Y E P A M N I A
C R E L A D N Y D O H M B E R T E M C U H K E R M
V O D O A A S M P C P M N O T E T G G N C S K T G
E D V A M A R E T T O S O U R C V I S E P K L G A
C E E P C O S M O P O L I T A N R I M I I O E J R
R O P E D I L S D U M C D C B R S R R H O T M M N
S A O L H M O J I T O R K F C I B I I D Y E O N I
C Y I S L E C R R D E A E H A O T W H S W L N U S
I G P B H A P P Y H O U R M A S Z N Y H A E D T H
L R S A P L C H S R I M M T M D H H M I R R R W D
O A A I A H U R R I C A N E Z A K I M A K A O C R
H S I V H Y I M O H R C N S L I H R O E I M P L S
O S N T O D E P E G U M A N H A T T A N Y T E E H
C H L R T D I S A P I E O H A A E R E L E D A C C
L O F V O O I R S R I N V E M M K R L V B D O I I
A P P L E T I N I C E C U B E S I E T I L L D R T
N P M R E T M S O A I L E A U I P M R L L E W S Z
O E R T A O O L O E S R I R A A E S O E C R V L H
N R N U P H R O T Z Z N O Y A O S P O S E K I S H
T V A M H R H R P A E N H I L R I Y A I A R H I T
D S L H N S R T P E M I P T N I A N T Y A S A S A
N C A R C S G M R R R R R N A I S S U R E T I H W
```

108

Cocktails

AMARETTO
  SOUR
APPLETINI
CALL
COSMOPOLITAN
FUZZY NAVEL
GARNISH
GRASSHOPPER
HAPPY HOUR
HOT TODDY
HURRICANE
ICE CUBES
KAMIKAZE

LEMON DROP
MAI TAI
MANHATTAN
MARGARITA
MIMOSA
MOJITO
MUDSLIDE
NON-ALCOHOLIC
OLD-FASHIONED
RECIPE
ROB ROY
SCREWDRIVER
SHAKER

SPIRITS
STRAINER
VELVET
  HAMMER
WELL
WHITE RUSSIAN

```
T I R L I R R N C A B O O I O I K R L E P T U I E
Y S Y R C T A S R K N D R O S T P I O N C O K O A
L I N L E A E R K E Y S L A N O I T A N R E T N I
N R S A E R B S E N C O R S C H A M P A G N E E S
W R E P T T A D A P G U D I E D E N E Y A Y M N A
G U N B R S V U H R U O C D O L E U N E R S C N G
I A S H M R L R Q E U N O M S A I O M P O G E E L
G K K U N E T E Y S P F L R S T N W O D T N U O C
C R O S L W C R I N S A T C T E I U H Y Y A R E A
O A E S L M A E P Y A E R G A N E H W R E L A S O
N R H S A T A N D O D W M T H I T V D M A D D R S
P H N O I T U L O S E R T I Y G T I E R D L N R D
D R R O C N P C G R K O G A T H E R I N G U E A K
A M P A O T I N E A I N N A R T O S F H I A L R A
R R S N S G A E E L E R U O A S R T O R E K A I P
L A I N R N K M S W E T N H P I D O N R I L C A P
E S I L A N O N C R Y B R H E L B T H L C E E O G
S K R O W E R I F O P E R K I S S O D K K R N I R
M M I D N I G H T O K D A A E A P N C K R N D D N
O Y T E N L H O L I D A Y R T R W I I E N A R S
K Y O A A N N O O E D O V R A I D I T A J I G Q E
A A U E D E L I S Y B A L L D R O P I W W C E E B
R O N M E T E K L T N O R E L J A N U A R Y D A K
K O O H S D C L C C R T Y T O A O D I M N I I D M
L R G E N O I S E M A K E R S E K N T H K A V N A
```

109

New Year's Eve

AULD LANG
   SYNE
BALL DROP
CALENDAR
CELEBRATION
CHAMPAGNE
COUNTDOWN
DECEMBER
DICK CLARK
END
FIREWORKS
FRIENDS

GATHERING
HOLIDAY
INTERNATIONAL
JANUARY
KISS
LATE-NIGHT
MIDNIGHT
NEW YEAR
NOISEMAKERS
OBSERVANCE
PARTY
PARTY HATS

RESOLUTION
ROCKIN' EVE
SOCIAL
TIMES SQUARE
TRADITIONS

```
M S E N S R H M Y A S T G E A V E S P E A B T T C
E S O P G N A C C E P T A N C E S P E E C H V C A
T O R E C O R D I N G S Y P S I U T S N T E G R T
T O T E R T E U P O P L A N O I T I D A R T E D C A
A D G F L I F E T I M E A C H I E V E M E N T T N
M C G O S R G S P L N T C L A S S I C A L N L G L
R A A R C B G Y E L G A T E N P R R T T T M N O R
I M E M E S R D H U T H E F A O G A S Y L U S I T
E S A A S G O S P E L N E E N P E R E I B S W I W
A D R N E I C N G S I B N A A U S A I F E I O N O
S V D C T U Y O P M O S E A S L N E T O G C N M G
O I R E C O R D O F T H E Y E A R C L U S I C L P
S B N S U I R N G E R C N P A R Y C N E U N C H S
E A E T E O E O P R T O R L O O O N C B T D U H T
E T T S D G E E D S A T L D B S R M O E H U E R T
P E O I T E I R M E A M E T P N T U I M E S R E E
N U V T C N E T A E U E O U N A G B C R E T P N O
A E I R R R E N S G M E C P T E E L O L R R A F Y
E C E A E S N W O E N S P N H A P A B K A Y E R R
Y S A P C U A E A A R O C K S O T T O C E E T C T
R S B D A S E D H R T P S P A M N S D G I N R N R
N T E L E V I S E D T A S T I T O E M S U I R C O
I I S C R M C T T H L I P L S D R B C O T L O E E
S B H N T E Y E O M E T S N L E E O C E E R R W I
I O O T M P T E N T D T P T E E B M L R N A I T R
```

110

Grammy Awards

ACADEMY
ACCEPTANCE
  SPEECH
ANNUAL
ARTISTS
BEST ALBUM
BEST NEW
  ARTIST
BEST SONG
BLUES
CATEGORIES
CEREMONY
CLASSICAL

COUNTRY
GOSPEL
GRAMOPHONE
LIFETIME
  ACHIEVEMENT
MUSIC INDUSTRY
NOMINEE
PERFORMANCES
POPULAR
PRESTIGE
RECORD OF THE
  YEAR
RECORDING

RED CARPET
REGGAE
ROCK
STATUETTE
TELEVISED
TRADITIONAL
  POP
VOTE
WINNERS

```
R I Y E O D S S I T R N E S V L T O D C T F R V R
A R L E V S E A O L H A S T A Y I T P H N P M L C
I S N M U Z E S C L R S P N U C N I I Q K S N O P
E S L V Z S N T L O P O F V W A L L T S F S P H A
L K J I W P A A E N P F T P I V Z E N N S O O F G
T O U T K V S E J F Z P R O F I L E P I C T U R E
A Q R D T E K O P R T O W I S R R L Q T O E N F S
J S P I R O I U C E F T S S E P N O N G E R D S I
L O E A O N M O F I C C F F E N C E R K E G O E S
T H H E H N E I L F A R H T I E D A S T A T U S F
D S O U E O C E T O I L O E S O P R T M D Z M O Z
R U O L M I I S W E C O N T O H T N E W S F E E D
A P O E A T C E N N O C R E S N S S A Q I C R I I
N H O U E A S D C L S U F A T E P D C U U O E T I
T M R O T T S E G F L T Z F F W U L A P N E S K I
I L A O V I A H S N C S K N I L O V T G P F S N R
P O R N O V E I P G D I O P G T R R I U E E O T E
E A T E O N L R K E T E S K E S G V K L V T E N E
I A E I D I N V I T E E N S H E S E O I E S D E J
S F R N P S A T T A S O D S C A O N N S N O I M N
N O V A E O O G A D E R T S N Z P T S T T G V M T
W R S A R R I T A P O F R I S V N D T S S S G S O U
P C C E R P H P Q U P E L T E N O N C A T E E C E
S Z E E A T O I T S P I S T E H E T N E S O F C K
L O R T C T N R O A O T E W S W H S R T O M I L D
```

111

Facebook

COMMENT
CONNECT
EVENTS
FRIEND
   REQUEST
FRIENDS
GAMES
GIFTS
GROUPS
IGNORE
INVITATION
INVITE
JOIN

LIKE
LINKS
LISTS
NEWS FEED
NOTES
PAGES
PHOTOGRAPHS
POKE
PRIVACY
PROFILE
PROFILE
   PICTURE
QUIZZES

SHARE
SOCIAL
   NETWORKING
STATUS
UPDATE
VIDEOS
WALL

```
I A A N O U O I B L S Y C I O T D M E B D M R O D
E I F I P P T E N P I O M P E M N L R I A R N I I
E P P M O G O A Y U U P N F S N S A Y N R A E T C
O I B O T F O B A W L K S G I L B H S O E N L I O
R S G T P E P P E R I S A P C N P R S E C R S W N
N L U A O N Y L W O N R O E A A F E N S O O V O D
A M P I M E R N M A E O N K R A T L A A B O O I K
L U P B O R S N H L T A O G N B D A U A T M T N Y
O B S C T N O I D U V N O M N A E I L E J U L E A
R L Y A O G P O X I A C K L O R E O E O N L N P N
I A C R L V E R L T S S O R O A V N H L G T U H I
N E H I A T R L E I I S Y C I E Y N E T R I I S R
G T E E B T U I D P E E K L M B L U S A R P T A W
O I D U T S O V N R B A S E O E R U C P T L R A L
S H E A D T F E B B N U D P N M I C R G P A I E B
T W L E L A B R A D T O P N N A M R E O G T E R I
A S I D S O A P R A A E O A U L T S A D B I I U N
R N C G O L F O C L R N P O U M R P M O T N L T P
R O I Y E L L O W S U B M A R I N E I A R U L L N
L P A G A L I L U I O N P K I T U N N A P M L U U
T E A I M A O I N N O V A T I V E Y G M O A E C G
L C L B T T N L O I O U E I E A S A F O E T I P D
Y I O O B O N I N E Y G E O R G E H A R R I S O N
A L I O O B E A T L E M A N I A E Y N S I O E P E
V S P M S R T O P N O I S A V N I H S I T I R B F
```

112 🌿

The Beatles

ABBEY ROAD

BEATLEMANIA

BREAKUP

BRITISH
   INVASION

DISCOGRAPHY

ED SULLIVAN

FAB FOUR

GEORGE
   HARRISON

INFLUENTIAL

INNOVATIVE

JOHN LENNON

LEGACY

LIVERPOOL

LOVE ME DO

MOPTOP

MULTIPLATINUM

PAUL
   MCCARTNEY

POP CULTURE

PSYCHEDELIC

RINGO STARR

ROCK AND ROLL

SCREAMING
   FANS

SGT. PEPPER

SIXTIES

SONG CATALOG

STUDIO

TEENYBOPPERS

WHITE ALBUM

YELLOW
   SUBMARINE

YOKO ONO

```
A N S D E L C Y S Y I O B C O E E O O M Y O N E O
E M C O V A L E N T B O N D N Y E L N S R P I N L
A N D A E H E M N I R B N P E E E A E L P N E M N
T P E N N T U N L R L D N E L A N I S M R T L O L
A P E S R T T I A A A I O M L G L T O N E N B T C
L H P R O L Q O T L T L C E N B I N S U D N A I T
O Y L O I U I G R O E O L O C E U M R T P A T L O
O S S O I O R T D M M S M E T A L T T O C T C M N
L I M D E O D O R P N R I S C S V M A E N M I O D
E C T A U A O S O A O T Y I M I A I A M A S F Y N
T A R P O M Y U S M N I M O R T A C D P N S I E M
A L S E R M N U A E C S U M T R T O N E O E T T N
O E N E B D A S E S S O I E N B I R U C T S N A Q
S T L O S M E P R O P E R T I E S T V R T I E H M
S L L I I S U D L S T I O B I T R U R A I S I E A
M E L M R T E N S I S E M A O O A O R E D B C E A
G O R O L C C C C R E R U N N R N A R Y R O S C T
S T A L T I T A O I G Y O S N A E M E E T M T N O
T L I E N N P L E R M O R L N O B L E G A S P E N
P B M C N A Y I A R P O P P U L T E G T T G T I I
I E G U L G A O T E R B T O A I N O R G A N I C O
R I S L R R O R A E O T C A S E A E R O I L T S U
V N E E I O E L E C T R O N O C N M N P T S S O M
T E N S E N C M O A L O U R M E S A N B E E E B R
E E T N A T S N O C S O R D A G O V A T M G E S I
```

113

Chemistry

ATOMIC NUMBER
ATOMS
AVOGADRO'S
   CONSTANT
COMPOUND
COVALENT
   BOND
ELECTRON
ELEMENT
ENERGY
GROUPS
INORGANIC
LIQUID

MATTER
METAL
MOLARITY
MOLECULES
NEUTRON
NOBLE GAS
NONMETAL
ORGANIC
PERIODS
PHYSICAL
PROCESSES
PROPERTIES
PROTON

REACTION
SCIENCE
SCIENTIFIC
   TABLE
SOLID
SYMBOL
TRANSITION
   METALS

```
L R R W I V S S R D T E E T R I N T E A I E I B L
A T E K G N L W T D V E N S H T G O T R E K D A A
D V O E O N E E O F I J K A C E R L M T N T I N D
E E S A A R R S G E R R G U O E B A S N I S S S N
M E A E R A S T T C A C E T D N E I A R A A T N E
D F A I R O C E R M T C F C T E T I G I M S I E H
L I N R O I G R D E S V I C T O H O N T R S N P L
O L A N R W E N E S C E L O O O T T E O R T C O G
G N H S O T A S T I A C M H I K R A N O C A T P U
L A R M E L T T U R R B S I R W O D I A N G I U M
A H P I O C G H U L O E T U I O T V L S E E V L T
N T T E E T S O C S H S A M A S R B U A H C E A R
O R A A E T R A B T A T R R M B G I C N R O V R C
I E I R C O N S E R V A T I V E R C S A V A O C E
S G E E W H E W T O I C N D I R A T A G A C I O A
S R E H C R A E S E H T H R R E I A M E O H C O Y
E A K I E O W M N T N O H E O O C C E R L G E T N
R L N E H T I R G E U R T C O A O E R I E W R U O
G A S W R C R E O T N E E U C W J O I E I E A L S
N I E O O A M W R R N G T D B A T E C P N S O L L
O D O E N D U R I N G I C O N E S O A I R R S A F
C S N N S R C N N C S Y Y R S M U E N D M I C E C
C M O V I E W A R H E R O P T E O W R E C N A C S
R C E T E C E M A R I O N M O R R I S O N E R H S
A N S E U T A T S A N D S O F I W O J I M A I E E
```

John Wayne

ACTOR

AMERICAN

BEST ACTOR

CANCER

CONGRESSIONAL
   GOLD MEDAL

CONSERVATIVE

COWBOY

DIRECTOR

DISTINCTIVE
   VOICE

ENDURING ICON

FILM STAR

HAIRPIECE

IOWA

LANDMARKS

LARGER THAN
   LIFE

MARION
      MORRISON

MASCULINE

MOVIE WAR
   HERO

OSCAR

POPULAR

PRODUCER

SANDS OF IWO
   JIMA

STAGECOACH

STATUES

THE BIG TRAIL

THE DUKE

THE SEARCHERS

THE SHOOTIST

TRUE GRIT

WESTERNS

```
S A Y A O E K A A A E R E R V O I T O L I H E L M
H R S N L T C E E U S E D Y N O I T C I D D A O N
B N E S U O E R E R I F F O G N I R L T A I G A A
T O R E S U N R E C O R D S A O U I D M T R S S A
I N Y K S L R N R T I T L P U O C O U N T R Y B E
N R U N P K O U H O I I O B L K T P E L R T E E O
D F U N A S S L T A S R A W Y T S U T T E R R D I
R E E E I M I E E Y A E W J M O L O S A E S F A R
L R A R C R E R E S P S N G R F C E A V O O C U M
R R P F K O P D S Y A R K A N S A S O P E L I O H
R E N D I G R R S K G S I I E O K S R A T I U G I
I D A E E S R N E U D O J O C A S N E E E T N D E
I A R R N O D A N G E R S O I O O N O N L A G N O
H R O A R W K O N O N I E C R A F G B A E R E A I
S P E E W O L G E D N I N C S T N E W R N Y R L S
I S N A N A S L T M O D S R N S U I L W N M C S I
S T O L M L Y S Y O J L S L B I M C G R A A E G N
U N H N S J O M F G D U E S J A C K S O N N A N A
N L N D O E A L M L A E N O G Y S L L C S O N I N
E N I L E H T K L A W A A E P U B S I K A P B K P
G S U B I E A O T E R U N N O R N F V W G L E Y E
Y E S R N E L E S S R G B N R E Y A S O Y F O L K
S G G N G T M T W O E W E L K C A L B N I N A M N
A O Y S C S T A A E Y L I M A F R E T R A C A P F
R Y E Y O R Y F O L S O M P R I S O N B L U E S F
```

115

Johnny Cash

ADDICTION

ARKANSAS

BASS VOICE

BOY NAMED SUE

CARTER FAMILY

COUNTRY

CROSSOVER

DUETS

FOLK

FOLSOM PRISON
   BLUES

GOSPEL

GRAMMY AWARD

GRAND OLE
   OPRY

GUITAR

INFLUENTIAL

JACKSON

JUNE

KINGSLAND

MAN IN BLACK

OUTLAW IMAGE

PRISONERS

RING OF FIRE

ROCK

SINGER

SOLITARY MAN

SONGWRITER

SUN RECORDS

TENNESSEE
   THREE

WALK THE LINE

```
R T S A S I D E E S W A N A R U B U R A B E T R U
C P N I S A I O A A R D P O W D E R E D S U G A R
F H C I T O E A S R R A B T B U E U U H S U G E H
E A B U T S R A E R T E E A A M C O U T S R R S E
I S T S D A E R B C O E S R A U K L S E T T V I I
R Y A C O O K I E S O T E R C F S F A M P R A S E
F F I W C T F S P K O T A D K F C P N P R E N T E
G E T A L O C O H C G D S A G I O D C E T I I E U
E N O H S P M M P R E H E A T N T H S R E S L F A
R E N N C R I B P I N S K C E P I I E A H W L E C
U I N M R M W L I P T I A G O K I S D T G P A E B
E S D N A G T G M N C S C E F R T T I U E R A G D
T O B E O R E H G I E W A K M E A S U R E C E I C
U I H G S A A R N O O P S E L B A T K E E I C F O
L G B A D O S G N I K A B N Y K L S E I R T S A P
R N V U I R P P O M S O E P I E C R U S T S I E O
A V O A P S O N A S N E S E K A C P U C E R F K D
G A E S E S O G R A G U S N W O R B K O U E T T E
T E E O T E N E M R E R E E N A C G P S S I N F I
E S P I O S R E A U F S A R N S B O P G A A S A M
R E E S I O G M S E S R U N S G D I V G R E I E I
F R R O A O A A T T X C C N S G N A C E E V E O S
N G P E S S L L R S C E G N E H S P X M N D A I D
E R I G S C A G U E O E C S N A C I T H P E N K R
E S R O W I E G R O C C C R F G M A A S A B W W N
```

Baking

BAKING SODA

BREADS

BROWN SUGAR

CAKES

CHOCOLATE

COMBINE

COOKIES

CUPCAKES

DECORATE

EGGS

FLOUR

GRAINS

ICING

MEASURE

MIXER

MUFFIN

OVEN

PASTRIES

PIE CRUST

PIES

POWDERED
SUGAR

PREHEAT

RISING

SIFT

TABLESPOON

TEASPOON

TEMPERATURE

VANILLA

WEIGH

YEAST

```
N M Y T H B U S T E R S S I R N C D H O N D A N I
B I E E N N B R D I R T Y J O B S L T L V O E O S
C T I D D D T I R R O T C A F R A E F E O D C T H
A E T T D A R N G V I S I H Y C C C Y A Y O F E R
R O O A P Y O E A G A H M R E P N T A A E R R N T
T L A C M T C R O P E N E T A A F L W A U G X E R
B W A P M E C S T V I S C A Y S T Y N I R A I T E
T M M P T E C C E V V C T A T L O E U N I D O T D
J I P E A G N B E I E F I L L A E R R U S D R T L
P R A W A U L S A Y O R T T O N R O T S T L T G I
R R E M I M P B A C H E L O R S E C C A I R R S W
N C E D E O L A E D O N R O L A E D E N C O A G S
R U N S C R I P T E D P T E O U P R J R U W D M V
N A A M E R I C A S N E X T T O P M O D E L I M N
A R E E M A R C C U L S U R V I V O R T R A N N A
E I W D I H E B A S O W C E H R T D P I S E G C M
I P A O D A N C I N G W I T H T H E S T A R S F A
P R A W S E S E I G I E Y F B A I E A C D V P P R
L J G F E H C P O T B D N M E A R S S T N T A E R
E L I M I N A T I O N R O T E S O P E S S M C C G
N I E R B T E P E F W E O L P D W T A O I G E E P
E E C A R G N I Z A M A R T C T C A R A L W S C C
E P E R A I S S N T R E E P H G B S P Y X B I E S
W C A M E R I C A N C H O P P E R R S H J M N E P
R O T N E V N I N A C I R E M A R E I N W S C T E
```

117

Reality TV

AMAZING RACE

AMERICAN CHOPPER

AMERICAN IDOL

AMERICAN INVENTOR

AMERICA'S NEXT TOP MODEL

APPRENTICE

BACHELOR

BIG BROTHER

BIGGEST LOSER

CHEATERS

COPS

DANCING WITH THE STARS

DEAL OR NO DEAL

DIRTY JOBS

ELIMINATION

FEAR FACTOR

GAME

MAN VS. WILD

MTV REAL WORLD

MYTHBUSTERS

PARTICIPANT

PIMP MY RIDE

PROJECT RUNWAY

SURREAL LIFE

SURVIVOR

TOP CHEF

TRADING SPACES

UNSCRIPTED

VOYEURISTIC

WIFE SWAP

```
T N E A A E H E L G R X E I Y K E E S G I E E O R
L I S E S S L A I N V O A F B A G C K E P R I R E
C N C G N H S T H S T E O P L I N E A A A E R D E A
G D S K N O C M D E A T D O O I E E S I G E S G R
D U C I E W A N G C F I N N C S C G T E T T N V S
T S I D A T E A T N E E G S K P T K A R I T M N P
C T R E V I E W S S R O M N B C T E R I H L A L E
A R T P R M M P M E N N E T U D A L R G E A P S C
D Y T F R E G A A L G E I R S G E M I S E C N N I
T S W E N N L G E E S G I T T E S N N A P C I L A
E N C S D S O H C A N Y I T E E G P G N E M C E L
D L I M N H I V E I R D H R R N N I C D G T S P E N
N K E G L T N L Y E E N E L I I I B I C L M E T N
T Y C A E L E A I R N A N N N O N T C S R A P A G
F D E S I R L I C C C C E A A E I A T M G S F O A
S R I N W P E E O P S P V C G E L E E V V R E M G
O O X E W I M E O R O R G O S S C A E O I E O S E
C P N O S L E T R N H N A S G N E E C D G R I O M
P P N R T T L I O I H D T N M R R A A H E P R E E
R O T C E R I D C N A E A A N I R Y H S O I V P N
W P T O A S A C L G I S T R T T N R B N R O R I T
I C L E N R O I L G O I E R X I Y T C C I N E M A
M O V I E R E E L D N C N A G I T H I L E L N V E
T R D A Y R E T A E H T M H E A A N C Y O M S N N
F N I E I C E L E B R I T I E S I C I E T E T C R
```

118

Going to the Movies

ALONE
BLOCKBUSTER
CANDY
CELEBRITIES
CINEMA
CREDITS
DATE
DIRECTOR
FLICK
FRIDAY NIGHT
FRIENDS
IMAX

INDUSTRY
MATINEE
MOVIE REEL
NACHOS
NEW RELEASE
NOW PLAYING
OPENING NIGHT
POPCORN
POSTERS
RECLINING SEAT
REVIEWS
SHOWTIME

SODA
SPECIAL
   ENGAGEMENT
STARRING
THEATER
TICKET
TRAILER

```
H I A A U O V O L L I I B P O I I R O O U I G G I
S T D A M N X E A D H E I S M U N O B S A O L S R
I L L A O L W O B G N I X I M W G V A B O I L I R
W P C S R T A E I M O O X A N L R M B C M T O E E
U I E E I E H T P A V R G N E S E A S O N A O O L
T A K E B A L A I W X L H H C P D P D S U E G A E
R V A M R X E I F L A V O R T T I H M T S H M L E
E O B G R I H P R E O A R O T C E C A R A E N R I
L E E G N E K O H E L E M E E E N F E A R R A G S
H N L G G O P P B I T H A S O E T R R R E P S E O
W H C I R S I V V V S O L I U M S E T R E T O B R
E U A R I A Y E S R E M U C P E E L E R R P H I O
N E O P L C L O C N B L T I R R R T P I U U N O R
L E C T L K P I O O T R A N O I T R H O P E O N G
C B E P S P N A M O O O P A P I A T C O M B I N E
A R E I O U A P G C I K S G H I Y M H S D B T I R
E R H E P S W N T L H T B R U H P E U I U F I O P
N W E E R L R R C A I L G O T M A A L R I S R R C
N P S P T O H L B N P H S L O T K S I P A A T R E
O E G T I E E U G E B L A L T K P U G E E K U K A
C N T E T I W P P S N E L G R A E R A B U O N T S
U H S G C I A E P W H I S O L I V E O I L I E P E
T E O N O N L E I P A E B E O H A N R X V A U P E
P N P P M E A R H O R R E F U S A U T E K I B I O
O R G E A C L L I I I E P D O O F H S E R F C N I
```

119

Cooking

BAKE
BOIL
CHOP
COMBINE
COOKBOOK
FLAVOR
FRESH FOOD
GRILL
HEALTHY
HEAT
INGREDIENTS
KNIVES
MEASURE

METHOD
MIX
MIXING BOWL
NUTRITION
OLIVE OIL
ORGANIC
PEELER
PREHEAT
PREPARE
PUREE
RECIPE
ROASTING PAN
SAUTÉ

SEASON
SPATULA
SPICES
WHISK

```
E W A R T E A E A T S N E A D O M E U E R T S A B
I K N I W E A O A I N C H M O N T A N A K S A L A
B A H M E U X H M A R A N K S A S L D P T E H I T
I S L S A N A A I T A N I I S V H I L N A E N N S
E M P W D E R A S M A L B D O A R V H A K I E G L
P A I N A V L Y S N N E P S A O E K E L G G R B O
N I N S C T A G I H T E S B L H E O M R L O S N U
D N E I R R P A S D A O B F D N O F I A M K U I I
I E W I R U S K S W N K W R A A M V A W A O L L S
I A H I O N I K I T E H A O A H T E L M N O N R I
T V A N A N Y M P R M N S W N S M Z P W O N I T A
N L M R R I I N P L C I H T E O K A G A R M Y A N
D B P A K O S C I O T G I W N I G A G A T A K V A
N E S C A A E A L T E N N E S S E E I A H I C T G
C N H O I C N O A D S I G T G L O I R S C E U E I
A G I K L D R S O M P M T S S R A E S O A I T E H
L A R A L A F N A E I O O L G W N S S U R Y N A C
R C E A D T R O G S C Y N I A R E I O T O S E P I
H I T O E O A I R S S W A H S O V R S H L A K N M
N A A T F L L N Z A A T E R A W A L E D I I N H O
O U H H N I N N P O O O S S A D N E A N M M I D
C N E T S N E A E T N T N O N O A P K K A F T A L
A N A A R R R C N H A A N P R O S H Y O R N H H S
H A M I A L A B A M A S S A C H U S E T T S O I P
K E E A S E H S A S E T N A A L E I O A D A L O N
```

120

States

ALABAMA

ALASKA

ARIZONA

ARKANSAS

COLORADO

DELAWARE

FLORIDA

GEORGIA

HAWAII

IDAHO

KENTUCKY

LOUISIANA

MAINE

MASSACHUSETTS

MICHIGAN

MISSISSIPPI

MONTANA

NEBRASKA

NEVADA

NEW HAMPSHIRE

NORTH
CAROLINA

OREGON

PENNSYLVANIA

SOUTH DAKOTA

TENNESSEE

TEXAS

VERMONT

WASHINGTON

WEST VIRGINIA

WYOMING

```
A P A S O R S M O E F C T C Y A E T A F C C E N D
N N L F P G Y G N I T R O P P U S O G T U N E I U
E R A T A E L S T V I S U A L E F F E C T S D C T
T P R O D U C E R U T C I P T S E B E T L T S D A
A E S T N E T T E U T A T S T Y P R T E O D R O A
I E E F S S E S M F P R Y C A U O F O T A K A T U
A A I I L T U E G N I D A E L E U S S C O R E T T
U S A L V A E I N E D T L R M P F G C I P G P C S
T O E M S G T N L E Y H P A R G O T A M E N I C R
S S M A K E U P O A I M N C E M R C R N R O Y E N
E R D W A C G N I T I D E T A S E E E R F S O L R
N S R A I E G O N O T Y E O R D I E R K O C L S B
M P O R T A S R T A E S R R T I G E A L R R O U S
T L F D E M T R E R I C C E M R N T Y U M P D R D
T P I S R N P E E T A S S C O E L R N R A M E P R
U T E I G Y G E O D N N N A R C A O O T N P C A A
U L P T S S M I A I C E E S U T N H M O C S E S A
I D G Y Y I S P S R O A S E N O G S E T E S O D P
E T O R A F T E T E R E R E C R U G R T P A T E A
N C R M C A E N R C D R M P R A A T E R N S E A E
C O P R T T I E A T I U A A E P G O C L W A M P C
E U G I T R N S E I C T E S C T E I I E O O P I R
E S O A T I S E N O E A C D P L T I P C U G F N E
N N M H D B T R D N M E O D A N I M A T E D E I R
A S N M Y G O M P R I F S N R T T O I R A D G R B
```

121

Academy Awards

ACTOR
ACTRESS
ADAPTATION
ANIMATED
ART DIRECTION
BEST PICTURE
CEREMONY
CINEMA-
   TOGRAPHY
COSTUME
DESIGN
DIRECTOR
DOCUMENTARY

EDITING
FEATURE
FILM AWARDS
FOREIGN
   LANGUAGE
LEADING
MAKEUP
OSCAR
PERFORMANCE
PRESENTER
PRODUCER
RED CARPET
SCORE

SCREENPLAY
SHORT
SONG
STATUETTE
SUPPORTING
VISUAL EFFECTS

```
A G G E V A G Y A N T S L G S A I A T D G R R S D
H I T U T P N O E O I L D M C T E E P A C T G E Y
E E R K O K O S T G O L D O O H N T M G T I H I D
N O I W T U N T C T E S U O D L N E C U I A A E R
O P E N D L O T I I Y N D W R E S T L I N G M Q S
S E N R S E N V F T T E O R L T I S M E G L T T I
N N N I E L S D U R K S K L O I N L I T Y I N I I
L I M K I E N I I Y L F A C A C N M O L E E A G I
T N S K C A N E V N O B C N O H E E R T V R K O B
V G O E K O S D W E T O A M M H T R E E E E S H L
H C E C E S N E L E L S P Q O Y C A E K T E R N I
O E A P U Y A C K C W E I T U S G G I T T E A R N
E R R E T S V S S A T E T I U A U I O R M E O E S
T E N E C R A C T I B K I S L L T A S M T W E L E
N M R K S B E L T S O R T G A V A I U O E A I G E
G O U A E R K I I N H R T T H E S S C L Q L T I E
N N Y N G O O S K C R S Q S N T L N M S U T F C K
C Y E V I N T E R N A T I O N A L E K G E C E U K
E T L R A A I O I T L T A A D E N I N N S U A N S
N U I I R S T L C O A T E E N Z I L F I T R I R U
N R L R E L T A C H I E M L K N S T U T R E L W N
E N T B O N S A E Y R R E G G O E D G A I T O S S
I I I H K E R P T D C S O G E R A L E K A N O E T
O T C L H E I E T M N R Q M N B I I C S N I G T I
F E T E N P O K U M Y H Q H W A N R H G C W R G R
```

122 🌿

Olympics

AQUATICS	INTERNATIONAL	TRACK AND
ATHLETIC	LUGE	FIELD
BASKETBALL	MEDALS	TRIATHALON
BRONZE	OPENING	WEIGHTLIFTING
COMPETITION	CEREMONY	WINTER
COUNTRIES	RECORDS	WRESTLING
CYCLING	SILVER	
EQUESTRIAN	SKATING	
EVENTS	SKIING	
GAMES	SUMMER	
GOLD	TELEVISED	
GYMNASTICS	TENNIS	
HOCKEY	TORCH	

```
E R D N L M L A P N M T R L I E O M A A D T N O E
H F A E A D R N L A E M B L O T M V O T M L S E O
C F W S R E H T O R B O I R A M R E P U S G I L T
T I O I E B A O E T T R T T X O B X E A E T T R I
I T R I O I E A N R L N A A E N E N T M V N L C T
R I L L M I R E T A E R N M E O D N E T N I N E L
I L D E N C O E A G I L N D O N I B O Y V L I A G
O C O N T R O L L E R E D S T O O E L O S N O C W
I T F I N A L F A N T A S Y R Y F F O L T O E E Y
A W W L Y I C I I O M H N X E Y A N T I R E V T T
M E A T M F E A N O T U A T F E H T D N A R G E U
T B R R A C D R A E A N F N E A E M O W C D T F D
P E C R E D L E H D N A H L E O L L O O O R T T F
X L R O M B L X E T T U O D M V E D U S I E D H O
B E A Y M A D E O E G R O I O A I A O S R I D F L
G T F Y F P T N Z B I L W I A A L T O O A H H B L
O O T T S B U R D F E D O E R E B U C E M A G P A
R A O O I T N T C N O I T A M I N A I A I A T T C
E H R I L F A R E S I D E N T E V I L R R C A T H
N I N C E L E T E R T O N U N G O L D E N E Y E F
Y E E H A L O G I C E C N E L O I V L S A A T L I
M I M N O D R E P O T T Z N G D C E M E D R T N A
T P O L O R E N O E N U W N L E F R I S R O S T I
W L D T N E M N I A T R E T N E L B L X D T O E O
T N D Y R N U R R O A V A I E B D R C V C T O N M
```

123

Video Games

ANIMATION
ARCADE
ATARI
CALL OF DUTY
COMPUTER
CONSOLE
CONTROLLER
DOOM
ENTERTAINMENT
FINAL FANTASY
GAME BOY
GAMECUBE
GOLDENEYE

GRAND THEFT
    AUTO
HALO
HANDHELD
INTERACTIVE
LEGEND OF
    ZELDA
MADDEN
MARIO CART
NINTENDO
ONLINE
PLAYSTATION
RESIDENT EVIL

SUPER MARIO
    BROTHERS
TETRIS
VIOLENCE
WII
WORLD OF
    WARCRAFT
XBOX

A N S K A H L J G C O I G A E Y E S E M Y M A M E
E F L L S A F F R O N D A I P D P D L A P L E A E
N G D R A L D O R D S O M T N E O T E E H N N D A
R A C S T E E I U E G E M E A O T O P S S N T Y D
P N P R E N L D G R M N L A G I P A M E D A A E R
A A M A R N R S Y Y L E M O N G R A S S M E E A Y
E M Y F E E T U H M I I P R N N V G A S R S T E B
N M N A D F G T R P D R E D N A I R O C D S Y N O
W R N L T S T N I M R E P P E P T C I R A E Y S I
O E E P E L C H I L I P O W D E R M A I P N L S O
R A I R I I S A E G B A S I L G O T L C D I O N S
A N O G A R R A T P R P O P P Y S E E D C M R E S
A R E T E E R Y G G I R N L S U E S R G E G E N E
M N S M N T U R M E R I C O M A M R O A R A T I L
I M L E M D M S T M O K M H E R A E E O R R M P N
D S D S P E D A E T L A P R A P R F R D I L L A O
N A A E R C R H M U A O A G I N Y O R P U I O S T
R G R E S A Y S L N N G Y Y M A L L S P I C E G Y
O R C Y R R U C D A I R A B R Y M E L T B S V C I
G I N S D D U C G O S A T A P R R O G A E A O L M
A O S E S A M E S E E D I Y R M D S E E D L L E N
A C Y R N M R D T B N A Y L E I E S N R I T C E T
I P M A R O J R A M R A L E E M Y P E F O N M U P
S E U F I M E T Y E L S R A P I S U G G L G N I I
E E N C M L C P A L G C I F L T A I R P U O U D M

124

Herbs & Spices

ALLSPICE

ANISE

BASIL

BAY LEAF

CARDAMOM

CHILI POWDER

CINNAMON

CLOVE

CORIANDER

CURRY

DILL

FENNEL

GARLIC SALT

GINGER

LEMONGRASS

MARJORAM

MUSTARD SEED

NUTMEG

OREGANO

PAPRIKA

PARSLEY

PEPPERMINT

POPPY SEED

ROSEMARY

SAFFRON

SAGE

SESAME SEED

TARRAGON

THYME

TURMERIC

```
C E D E U W N A E L P A Y I I A L I E I T A E M S
E R E R R Y E T I L E N L F W O Y R O D A C T E O
N P S N E N O T N E M E V O R P M I A M I P L A O
E E I F F S M F L P R W E E O D L O A T E M S A T
U E G L K R A P T E A W O T E U A N A P W E R A P
O A N O I T A L U S N I A O L I N L A T S E Y W B
I B E O T N M E E R D N N F D W A L L P A P E R A
A T R R C T S O C L O D H T R F T E D N N O E C C
O R U I H O Y R O I D O R N T T L T I T E F C L M
M R S N E A L P T R O W F R E A B O O U I E A L F
P N I G N S O I Y E H S T S P R H O O N F O E P A
O L W T R I D W B M O T O L T M R L I R E N R O M
I T N O F D A L C O T E A C A I O S P M S E U R L
N L S N A L E A E D L N I B L E H E L M E U U O O
L R T T L I R S E E S C E L E C T R I C A L T T O
O I E S E C N A I L P P A M T N E I A A G S B C E
R I E I B R P E I A L L O T E O E M I O O N E A S
I R H T R C L G N I B M U L P S T A O L A E D R N
T O R D A C W I E R N T H L R L A R U T C U R T S
A N I A O S O L L O N N A R A F R B E E N S O N D
I R R H O I A L G L T A K T C N O T U E O D O O S
E I R E R B E P L A N L L R T E C Y I C N P M C O
O R I E N O R O E E L L E O P P E E E T R W P N O
G C B T O N E N R R E D L E T A D P U S S A A H E
S M A N S N Y P K R D W A C O T R D N R R L D T I
```

125

Home Renovations

ADDITION
APPLIANCES
BASEMENT
BATHROOM
BEDROOM
CARPET
CONTRACTOR
COST
DECORATE
DESIGNER
DRYWALL
ELECTRICAL
FLOORING

IMPROVEMENT
INSULATION
KITCHEN
NEW WINDOWS
PAINT
PLANS
PLUMBING
REFINISH
REMODEL
RESALE
ROOF
STRUCTURAL
TILE

TOOLS
UPDATE
WALLPAPER
WOOD FLOORS

```
N E A D E I I O N S D A S O A N D S E O T I T V I
I N S R R M T S E R O F D E I F I R T E P S E T U N
E N A I X C F F E C N E U L F N I H S I N A P S U
O I A O A L O S C A L Y S N T G S N E I O B T X O
E A H C N I L L A L N N V C C S N E B S N N W M M
R T E U I T L V O Y E S P R A D N P R E I E E I E
A N S A C R C R T R V C S E O O N I Y V O N T N S
R U A B F E E O T S A D C K V I N A C N K T O O A
E O W N H S I M I N D D D I I N N M E S X X A C V
E M I A O E G C A A A X O N Y O N O C V P T I N E
M G I R C D E S C E C R A I D T Y H A T N Y E F R
S E R P N I O V L O V O T S A N I A N D W S A A D
V H N A U R H C O U R I A H I A I L Y Z T T N X E
A S N S N A C E A O N A T B H N N K O V N F N A N
L A U U U D O I N C H N N A V A J O N A T I O N A
S U O D I N C A N I T N T R N S E A S S U I N N T
T O O L E A C A I A I U E U O O Y N N U S T R I I
B R L S A S I E N I P N S I O K A T E X A S N N O
T N N F N O A C T Y H S F N O O P R O O Y E O A N
O R T O U M X N N E O T I S N E T V I O Y O S U A
N L N N N E N D S E N S H A A P A B E N N E T L
C A A E S A M O A A N O Z I R A N W O R N F S S P
R L E K A H X E O K I T C A R S O N H O U S E A A
V K E H N N E W M E X I C O N C R T A W I Y E S R
N H H O U S T O N I I D I U A D O C N H K A O A K
```

The Southwest

ARID

ARIZONA

BRYCE CANYON

CACTUS

COLORADO

COWBOYS

DESERT

GRAND CANYON

HISPANIC

HOUSTON

KINISHBA RUINS

KIT CARSON
  HOUSE

MESA VERDE
  NATIONAL
  PARK

MOUNTAINS

NATIVE
  AMERICAN

NAVAJO NATION

NEVADA

NEW MEXICO

OKLAHOMA

PETRIFIED
  FOREST

PHOENIX

SAN ANTONIO

SANTA FE

SOCAL

SPANISH
  INFLUENCE

SUNNY

TAOS

TEX-MEX

TEXAS

UTAH

```
S C T S N E E S T G B T R P H N R M T C B C P O S
O C M A T E R I A L S E H C R U H C I B T T G I L
I R H T P U B L I C S P A C E A I B I S R N R T O
S E H T B S U T A I R S B U T N S U T O Y N T C T
M I U T B U S N D N A Q T R T U C T S E S S H O U
L C V A N A I E L T E C S A U Y L I L I E R E T N
S T L E O S N L A C I S S A L C N L A I I U S N G
S N E H S T E N D O N P P T S C M I N N O R S L I
P I I N I O S R I I G N P A H I G T C M I N I C U
C R S A A X S E L S N D C H C R B Y I C S R S U R
E P L R L N G D A E I G U R I E S D H N E N E I E
S E G M E O S O N E N I S S S B S E T R O Y E Y T
R U N S Y I G M S I N R E D O M T S O P D E T L E
D L Y E S T T U Y G A E R A I Y P I G L G I S I L
B B H S A C L I S L L A E T R T O G C R L C I S A
S A O B R U E A H I P S H A H O S N S I N A E E C
C S D I T R R I B G T L R I E E L T B C L B M S I
N I U I C T X B U H T O C S U T B A R D A B U X S
E A E A D S C A E T P O A I A Y N O S U A C L A S
R L D E A N N T E M E H R D D I P A Y R C S O S A
P T C E C O I X E N O C E L A I L S O T I T V A L
O O T T L C T T C S N S D T V U G Q A G S U U S C
S A T A O U N S E C L T S L S C U A A N L M D R O
C C R T R O T O S C O U S Y R E N A I S S A N C E
T I N E C L C C S S S S E T O O S A I R N T H U N
```

127

Architecture

AESTHETIC
ART DECO
BAROQUE
BEAUTY
BLUEPRINT
BUILDINGS
BUSINESS
CHURCHES
CLASSICAL
CONSTRUCTION
CONTEMPORARY
COST
DESIGN

GOTHIC
LIGHT
MATERIALS
MODERN
NEOCLASSICAL
PLANNING
POSTMODERNISM
PUBLIC SPACE
RENAISSANCE
RESIDENTIAL
SCHOOLS
SPACES
STRUCTURE

SUSTAINABILITY
TEXTURE
UTILITY
VOLUME

```
S O T K A T H D F N L A E E N D T E E A L T T N F
E N T S O C U C N R E O R H S P C H D N E L W E I
P L E R R H E O I A T D E E E M I R H L M C E R I
M A O R H I H R K L I F S R S N T P N V O G D A S
R R D E E L O N T C A A I S T O E K F R C E L H C
S G A S R D C L A L E O R C L N U A I N N S I P S
L E C E E R U I R L D H A O T F E R E C D A L D E
U P A R V E E B E I I A C S D I N M C E E T U E E
E R R V R N A R C H I V E S O C O O H E C E C M C
E I D E D S W A N O D A I E A T R N A A D I N I I
R N C E C E L R S E L S H R R I C S O A M S N N R
R T A T N S G Y E P C E N G I O E H T S T N S E S
M E T U R S R C H T N R I N E N S E E N I L R N P
D U A I D E D A I M U M T O E S A L E O K R O E L
L I L D T I B R E E S P C C O D E V E I L I L S V
P G O C I E O D O U E A M F W C E E U T T A S N A
E E G P T N I B K C M P S O E E T S R C T L A L Y
Y A L I I A G V O M E B T Y C A D M E E T I N G S
I Y C N S O E S O O O R I R C C L S F L F S E E C
O A N C E R L E O E K O L A Y A I E C L E L E H I
L E K S I Y H C S G C S E R C D E D A O D C H E L
W E R F C C A E A N I T E B S E N R O C E B N M B
U F K D N R R C I D B E U I B M P R D A I A A O U
E C N E W R R E I O G T I L A I T N E D I S E R P
C O R M L M E T S Y S L A M I C E D Y E W E D I V
```

128

The Library

ACADEMIC
ALPHABETICAL
ARCHIVES
AUDIO BOOKS
CARD CATALOG
CHECK OUT
CHILDREN'S
COLLECTION
COMPUTER
DEWEY DECIMAL
  SYSTEM
DUE DATE
EVENTS

FICTION
LARGE PRINT
LATE FEE
LIBRARY CARD
LIBRARY OF
  CONGRESS
MEDIA
MEETINGS
NEW RELEASES
NONFICTION
PERIODICALS
PRESIDENTIAL
PUBLIC

READINGS
RECORDS
RESERVE
RESOURCE
SECTIONS
SHELVES

```
B E E O R M M E O P W S A O D A T T F Y R E E R M
H H G N U U Y T Y N L O R R N F A O G N Y C A I F
H E M B A G P E E O P M T E O R T F E F L A O A R
L F H N L T T H E L K F I T F Y R T L U O P M E E
E R H E A S U Y O O T A S T N E I E Y A T I E P S
T F O F E G D R H C E S A T E D D U G S L I M E H
E R E E E O Y U A A O Y N R U A A R R Y N H O M E
D U M N L H O R E L B E A P N M R O T U N T A A L
E I B A R E F O N E T N L O O E H N H S A I M A L
M T S O E R S F S I G T M P O M U E T M V P U E T
R S E L B A T E G E V E C M C O C V O N E Y G A E
A S C A W D T F M F L R A O B H T T I H H Y U S N
E H E R I S A E R R L T S P M P C K S M O R F G A
S S I T L T A E N O B A I L F M V R L E L S E L D
S N S E Q T S E M E M I V W A R U H N O I D O O A
S R T P R H R E T A T N R O W S E N I G N O I T A
R B I S B G S A P E E M M R R O G U I K S D A U I
H O R A E Y R P N A A E R C U F M P O T R E D O H
A E K E E V L O Y K F N R E F E U O T H Y O O S E
P E P O H E R E C L R T H A O A Y L K E E W S E O
D R U U S G A A O E C U D O R P E Y O E Y A C A Y
R C E R A O I W H Y R I A D A H S D H Y O Y A Y E
P A B N U D E D E G N I P P O H S S S O E W E E E R
E R I A Q R S N Y A A S E O T A T O P K S P U W Y
F C R S S P I O E D E M G S A V A D S R L L T A O
```

129

Farmers' Market

APPLES
ARTISANAL
BOUNTY
COMMUNITY
DAIRY
ENTERTAINMENT
FAMILY
FLAVORFUL
FLOWERS
FREE-RANGE
  MEAT
FRESH
FRESH-BAKED

FRUITS
GROCERIES
HARVEST
HERBS
HOMEMADE
LEMONADE
LOCAL
NATURAL
ORGANIC
POTATOES
POULTRY
PRODUCE
SHOPPING

SQUASH
TOMATOES
VEGETABLES
WEEKLY

```
H I A T T I T P S E A C O P E H C R V R R S S S P
C I H S P D C N S R H W C A W I R S D N O C N E N
W I N A S N D O L P H I N E I P S E R S E S S S R
I W A N L W T I D O T H P I C U P R P M I R H S A
I N N S A A R T K E A K R F A E E E I L S T A D I
A D S H P P R A B N E E E E S I S T S N I N N O A
E L I A S L N G S S S F H S I F R A T S D L I T C
E N I N I I N I E R C S I N C S S W A D O I C F H
O G E N M L F V P U R D L L T I N T O N S R A D S
N L E A E G I A R Q A L O S E A F L O O R E D N T
T T L Y U P Y N R I N S S U F N L A O D E L N O O
N S A C R H B H G O W T E P S A I S R W E O U I I
T L C N I A E D L A R E I O R P A R V C T Q L A N
O C U R R E N T S M R F E T O V M S A K T I A R A
P I H S I V F D F T A L R C E A U S N M T I D L L
N C D W E E D C E S D P W O N O N A N U G I C E T
D L O E G L E I E E R E D N U W L A O R U G R L D
L E K D S G A L R C W T E N T P T H I Q A S I A S
C P N C I T N A L T A A I P U V R N S W I R D H N
R S D C I F I C A P A T E V S R E T S B O L N W H
A S A I I A N C R D N T E S R E T A W F O Y D O B
I O L I N H C S O O A A Q G S E A L E V E L O A R
T C U N I T E I C A S I R H A L O O F A R A G M U
E C S A I C F O H L S O S W F S E E A W T P W N D
H A E R A I F D W A C E D I T H G I H F E G T D O
```

130

The Ocean

ANIMALS

ARCTIC

ATLANTIC

BODY OF WATER

CONTINUOUS

CORAL REEFS

CURRENTS

DEEP SEA

DOLPHIN

FISH

HIGH TIDE

INDIAN

LARGE

LOBSTER

LOW TIDE

MARINE LIFE

NAVIGATION

OCTOPUS

PACIFIC

PLANKTON

SAILING

SALTWATER

SAND DOLLAR

SEA FLOOR

SEA LEVEL

SEAWEED

SHRIMP

SQUID

STARFISH

WHALE

```
K H H L D R L T C R U N L N L C A S L D U H A G R
R P N I R H L F R O I G C N H H R T D V E A L E C
D E A T H E A T E R S Q U I D D I T C H B N W G T
T E Y D R H T H L E V T R I R W H F V S R D C D S E
R O P T U S S H F S T R A K R A D O L R S F D O E
I S R N F C T G N B D H N E R L N L O F A R S O S
H H I N F Y L N E D L N O C U H I D S F H D W G E
A H S D L E I O E N D O H G E G N E I R C R H W R
P E O S E O G D R R O C O T W I N M R T N O H A O
E R N N P A H N N D T T T D F A D O E R R N H L D
T M E L U F T A I I E L S F P D R R T C C W E H E
H I R T F W N H W L R R Y S L R O T R L F E D E L
H O O R F D I E L G W R O E R T I U S A E A N E B
H N F R F T N Z K Y G O S F N E X N U T E S T A M
M E A E E R G O A A H K R E T D H N C O R L R O U
A G Z E E O B R W R C A M K A H O P O E I E H A D
E R K D O N O A E A D E L W J I E E O D F Y S E P
C A A U L N L L L D D R T L T A G P A S F A D J O
F N B S A C T B G Z T U Y F O R T D H C O C T N P
P G A R N P S R G N T D L D T W R H L O T L U F E
R E N E D U C E U Y R R H N D A S C Z A E F I T U
E R V A I V A R M W O N D R L E L L A E L N O H M
H A G R I D R S X K C L L H F I E E J A B N I M P
R I I O S T E R C E S F O R E B M A H C O A L X B
W S M S H G H D Q S E S C T Y I A D H T G M B O R
```

131 ✿

Harry Potter

CHAMBER OF SECRETS

DARK ARTS

DEATH EATERS

DEATHLY HALLOWS

DEMENTOR

DUMBLEDORE

GOBLET OF FIRE

GRYFFINDOR

HAGRID

HALF-BLOOD PRINCE

HERMIONE GRANGER

HOGWARTS

HORCRUX

HUFFLEPUFF

J.K. ROWLING

LIGHTNING-BOLT SCAR

MUGGLE

ORDER OF THE PHOENIX

PARSELTONGUE

PHILOSOPHER'S STONE

PRISONER OF AZKABAN

QUIDDITCH

RAVENCLAW

RON WEASLEY

SIRIUS BLACK

SLYTHERIN

VOLDEMORT

WAND

WITCHCRAFT

WIZARDRY

```
T O R E D D A U A W E S L H C N D T H S K T M T N
N H A S R D I A I L S E O I D N T L E R A I E G E R
R M J I N G L E B E L L S T I A S A A A S U S I E
N T E F I S R U Y S I T M S D P S T M A P C T T K
R L R E F R O S T Y T H E S N O W M A N H S N C A B
B D R A S G M N T F R I S E N O B B I R C E D W R
C C S R N O E I O O K O E U A R R P I R H W N R S
S A N C T S P D D O C E S I A T A S T N C H S A O
M E S S E S R N O N D K R Y Y L T D L P E E L P G
N C U R I I R C R R I A I O A M C R C L R O S P E U
U C P T C E D H N C N G A N A E O A P E Y S G I L
W R W R D N S E A I T P H S G T T C T S S E N N D
E P R N A T T T M H L R T T I P G S I N E T I G L
S O O K R H I U E I O R N N M F C A O E A T P P E
D U L T N I L E N M E L O A U A M M R M I S P A I
N I O I S R A H T E S A I R I M S T S N R R O P S
M N T I E E T T S B F R E D C I M S O W M R H E O
E E O Y G C A I B S S B I T A L J I U L E A S R I
S R E T N I W C I M M R R A Y Y T R S U U T I G M
R C E I W S L N C E G S T H G I L H R T Y R T G T
E A T V R R L E C R C S M M D O A C O N L S E E T
R R E I N D E E R M N E T A R O C E D R E E K D N
N O G T D R D A O E T A R B E L E C C L H G T T H
T L U A L A O B T E T T W N R E J T E G I P T O E
R S R N C B S D I H R A S B T O E D E A S O I I E
```

132

Christmas

CAROLS
CELEBRATE
CHRISTMAS
   CARDS
CHRISTMAS TREE
CUSTOMS
DECEMBER
DECORATE
FAMILY
FROSTY THE
   SNOWMAN
HOLIDAY
JINGLE BELLS

LIGHTS
LUMINARIA
MIDNIGHT MASS
MILK AND
   COOKIES
MISTLETOE
NATIVITY
ORNAMENTS
PRESENTS
REINDEER
RELIGIOUS
RIBBON
SANTA CLAUS

SEASON
SHOPPING
STOCKING
TRADITION
WINTER
WRAPPING
   PAPER
WREATH

O A A I C T I T O T T L D N S U S P F E Z C Z K H
R S B N L N G A I E F E I L T U E N N D C F M Y N
S S B E K N N R C L E E C C S N N T R N J O M C S
F E L C N N A A K C N M E K K R F G I G K F A I I
R L N E A R K P W A S M D L E S R O V A L F E O D
R K N G H S C A L D I O E A A A T P O O C S R T N
E N A D O O U A A X S E C P N N R P A T N E C G A
A I T U E C N N I B L N R K N N U T S B A D N S I
A R I F I C A N D Y T O P P I N G S T A C L S A N
O P L D S T S H E A E E H Y B S O L H N E K E O S
L S O N O N T D A T E N H A L A Y S N A P W I G L
O V P O P N I H N L A I A L L I N A V N R P K O I
G N A M O E T B M E N L H A G V E C U A E A O M R
C R E L C M E T B Y A A O E O P Z C U S T E O P N
S O N A S I T O R O A R I C A T O K I P T C C O S
S C P A R L C T B G R P O S O B R F S L U K O O L
A K E H R K U S E I O N L L E H F A L I B C B C C
M Y U C I S N N P P C A I C O O C L E T I E T S A
A R D O L H D L C T S C L K E A C N N T L R I E A
T O L M T A E R T O Z E U O S T C C O N E M R L N
N A C M Z K Y A Y F E P S N O A U R R K A B G B A
F D A S C E N O C E L F F A W C B S A A E I R U P
F V F O I C A B E N A N D J E R R Y B L A U H O R
A U N O A P R P I H C E T A L O C O H C R P O D S
A T T T A S T R A W B E R R Y O E K R L S G E U I

133

Ice Cream

BANANA SPLIT
BASKIN-ROBBINS
BEN AND JERRY
BUTTER PECAN
CANDY
TOPPINGS
CHOCOLATE
CHOCOLATE
CHIP
CONE
COOKIES 'N'
CREAM
CUP

DOUBLE SCOOP
FLAVORS
FLOAT
FROZEN YOGURT
GELATO
HÄAGEN-DAZS
MILKSHAKE
MIX-INS
MOCHA ALMOND
FUDGE
NEAPOLITAN
PECAN PRALINE
ROCKY ROAD

SCOOP
SORBET
SPRINKLES
STRAWBERRY
SUNDAE
TREAT
VANILLA
WAFFLE CONE

```
M L D I R L S A C R O L E W T E B L N M R N C R S
N A R W D U T R K L T K B I L L I A R D S E E L R
T K L I M P R O S R S T S R I G A T H E R I N G S
M N L S D K O T A T W R E U R O L O L G E C A W R
A N I A A A R E Z I T E P P A S E N I S K E I D K
K L R F N A E M S R B N S G O S H A W N R E S S I
C N G R D N S O C N E N L E U I R T K L O A E S N
N O D D I N T J D E A I A I R P D R J R W L T N D
I T N S W W A I O C U D I F D V D T R C O N U T I
W T A A W O U T K R O R C R C C U U A E C O N R S
I O R I N T R O P H R L E I R O F E N K S T R S I
O D A R U N A U O N C A P L K N C W O E I N A I N
I S B K E W N R I R N A S E T R E K A D S S A P A
E C I M E O T N O S I A L T N A O C T N S I L L W
A R S K E D S U F R A M E N U X P W I A S R V I H
B D O E A P T E S S A N R I O P W A R R I L O D E
R D T D I I A U O I T R O K C Z I P A E P L D H U
R T D R H T N T F R I E N D S N N G G E T F S O U
N D G W L L W A R C B U P B I I E E R W L F L A R
M R U N P B C E E O F K W T D S S G A N M I A A R
G I B I I T N A S K N I R D D E X I M L I P I D H
W N R D I T E D S I E A N R A E A I A G P A S K T
D K T O I E S E R D M B A R O E F U R R G W I S E
T S I P S U B L O H O C L A N B D O D P X R N G G
R I O N I R A L T H T Y H N R I C R A S U A I N E
```

134 ❧

Happy Hour

AFTER WORK
ALCOHOL
APPETIZER
BAR AND GRILL
BEER
BILLIARDS
COCKTAILS
CO-WORKERS
DARTS
DINNER
DISCOUNT
DOWNTOWN
DRINKS

EARLY
FRIENDS
GATHERING
GOSSIP
HALF PRICE
HORS
    D'OEUVRES
MARGARITA
MARTINI
MENU
MIXED DRINKS
MOJITO
PATRON

PUB CRAWL
RESTAURANT
SNACK
SPECIALS
WINE

```
I S O U R D E A C S A Y O P R A L S N T E N D O D
T V O R E V L I S N S S K C O L C N S E D D P V T
D A E T E R I C E K O C S T R A D I T I O N A L A N
N Z U N O A A C C D U I N O P T A A F M V S P O O
C D L O G C S V R T F E S S T S N E N I L N E E M
C A B O I D E A K D S L T A C Y I A S A I O R S C
O K E M T E D E R E L D O A C R H I T N V A N N V
E B E Y N S B L R E B I R C R C C C O D B R O E E
L O A E Y K L P C L V A E A Y B O D R L W R P W B
T W W N A S D O W A T M U I C N E E O O W W A S L
W A L O B E U I E Z N O R B H Y E L R E M C P E T
O E N H N T A L U M I N U M R O H L E Y T R A P O
E N L D S S G V E M O D E R N L M E R C N T E L U
V S N N I O W Y A U O U T V C H E K A C H R N P E
S N L O O K A T P I C T U R E S E Y W E I O S P E
S L I C V D S O C C N E A A I E S R R S Z N N K C
L E L E V A M T E E O R L N O P L E E E O O N C C
V S R S N H U Y F T B E E A E O Y N V P T T I L A
A A C R C A D S T I N E V N M M O S L O P T S E E
N D S E I I N O R C R A O R E S C N I D B O O A S
Y T C W E N A V O H T Y P L E W E E S T O C C P E
L T A O M W N R A C K E R E C S V D W N R L K I O
O A T L E R T A A M R R I Y A T B O N N R R I H V
E D W F O L A T L O B T R R E C N O W Y Z S C S E
K S A R R A E S G B O A T E S E E W Z S B R O O D
```

135

Wedding Anniversary

ALUMINUM
BRONZE
CAKE
CARDS
CELEBRATE
CHINA
CLOCKS
COPPER
COTTON
CRYSTAL
DESK SETS
DIAMOND
FLOWERS

GOLD
LEATHER
LINENS
LOOK AT
   PICTURES
MODERN
OBSERVE
OCCASION
PAPER
PARTY
POTTERY
PRESENT
RENEW VOWS

SECOND
   HONEYMOON
SILVER
SILVERWARE
TRADITIONAL
WOOD

```
U E K D E C K C I F T I G I H H F A O E A P H H N
S R S B U R R I T O I O M N C A C C I I B E I C N
T M C S O R E H A I G I A L D N S E R I O B B R A
S A A E D O R A O A C C S H A E O O R I Z E B O O
E O B T M L I C S D T S S D R I E U E S I I E N S
H N H A A E H O O U R V A F A L L S F C R I A E H
O O S E O R G A O L O L O R A E E P R L O O A K H
I C O N I D A R A R I S E D O H O A I N H M C C L
O A R O O O D E O H E S I T O C R A E U C N O I C
A A E R I L O S C U S U S A R I H L D E L A M H O
N E H C A L S N Q H N S U M F V L H B O N S B C A
C O C R R A E A E F S D H A M E N A E H I L I D H
S Z N S L G A C A P E V B L R C D G A A D A N E M
E S A A R E E H T R A C E E N S C N N Q F S A D U
I T R O O D T O R T I L L A E C E A S U S D T D N
J B S C A O A S I L O I A O E F A H S E J N I E S
B L O C F C H I M M H H T J T N U C F S E A O R I
L L V D I I A I A C M A S A H A R I N A C S N H S
F A E N N P S C L E M B J S H O E M H D J P U S C
H H U O E D A H I O T A R T A E E I I I S I D O O
A H H N U U T S T R C N H N H A T H N L O H T C O
D H O S G N U F R A H E C I R U G C O L R C H A S
S D S E D I E C H A C R B A C D G C S A I A R T S
H E F R E P L A R K R O P D E D D E R H S O H L T
A A E D C P I O N T E T S A L S A U T H E N T I C
```

136

Mexican Food

AUTHENTIC

BURRITO

CEVICHE

CHILE RELLENO

CHIMICHANGA

CHIPS AND
SALSA

CHORIZO

COMBINATION

ENCHILADA

FAJITAS

FISH TACOS

GROUND BEEF

GUACAMOLE

HABAÑERO

HUEVOS
RANCHEROS

JALAPEÑO

MASA HARINA

NACHOS

PICO DE GALLO

QUESADILLA

QUESO FRESCO

REFRIED BEANS

RICE

SALSA

SHREDDED
CHICKEN

SHREDDED
PORK

TACOS

TAMALE

TOMATOES

TORTILLA

```
U A T R N U R O D W N C L C E S L U E K L O N D P
N T P T E T N R A D I O C I T Y M U S I C H A L L
O O N I M R C R M E G U R F D N I H S R A T N M R
R A Y C M I N S T S R T N I E T S R D O O J D R E
A N C C C S O Y L R E R O C S L A N I G I R O E S
S H M D A Y I A O O O P N A T C H T U E Y D E P E
P T O A P H T T S M L A E P C S I D I T R I A A T
O A C N N P C S C F M I T H E A T E R S O R S E A
N D E O O A U A I R R D H T L D S F D L O E R I S
E A C E M R D M O L T T O U I T T D F A I C E R D
O S I E C G O F I S T R C O E S T O C C M T C S W
S I E O M O R L B L O O I S R T G T C I E I U A O
O Y A R O E P Y E E I O C U F E N C E S A O D D T
N T A A P R D J U D G E D N H H R R T U L N O R O
D U A N O O O A M E R R E R N C N M I M L O R S S
N O N T L H R R L I E C A T E G O R I E S O P A E
O J O N E C O E O L G I S Y T I C K R O Y W E N E
N N I A C T R E S S I C R S C I C G I T S O H S U
I A T O M I A O R N O O E O R E M U R W D D T T S
H Y A L P T S E B S N F N U E D N M P E C S R I V
R R N F C E T Q T E A S G Y A W D A O R B R A M C
E A I R D O H U S V L C I A O H P I S C I S T O D
O A M C V S M U O D T S S D D O T Y E N E E W S N
O L O E S E S S A D F R E V I V A L E R N A A E Y
A D N O S E O N Y L L O D O L L E H Y G L Y A D I
```

137

Tony Awards

ACTOR
ACTRESS
BEST PLAY
BROADWAY
CATEGORIES
CHOREOGRAPHY
COMMITTEE
COSTUMES
DESIGNERS
DIRECTION
EQUUS
FENCES
HELLO DOLLY

HONOR
JUDGE
MEDALLION
MUSICALS
NEW YORK CITY
NOMINATION
ORIGINAL SCORE
PERFORMANCE
PRODUCTION
RADIO CITY
   MUSIC HALL
REGIONAL
REVIVAL

SOUTH PACIFIC
SWEENEY TODD
THE PRODUCERS
THEATER
VOTERS

```
X R E T S C V T E K H U L E E I A L V E O N D I K
M B C O D A O R L I A R D N U O R G R E D N U T E
F A I L R M I C H A E L J A C K S O N L C H E E M
M R R S T T H S A D M O C I V I L R I G H T S T A
R A A T H I A S R E D I R M O D E E R F K K H S N
A C Z R I D P A R C R I G R A O O G E A H U G H C
M K Z L C N O L I I G A R L E D R N L T R N M O I
L O E V M S L G E D O R K L A A A O O G T H S P P
D B E R R I L U T M A L C O M X P T O S T N H R A
I A L K Z O O O T T L O O D F H N O S X O S A A T
E M O I A T T D U H N P J U Y I D A S I R K R H I
D A D N L T H K B O E M T L C M A C T R M R L W O
E Y N D E O E C M P R R L F A A A N C I H A E I N
N A O C D C A I A E O I K R A O E G N S S P M N P
N A C O N S T R N A S O S I K V A N E A P N R F R
N N S L A D E E O W A H P D N T T O P I N O E R O
D G S I M E R D H S A C D I A G G A W O P D N E C
R E E N N R R E I L A P N R H R J E E O T R A Y L
A L T P O D A R L A N P E R S S L R O S L O I L A
L O A O S T L F N O I T A G E R G E S A R G S O M
H U H W L L C I V I L W A R N A L R E K T L S R A
I A H E E D I C I I N Z D E K V F A H T R S A R T
H M Y L N R E E H I A R I E C S O U R H P D N C I
U M N L A U L I E G I A P L E H C T A S S C C C O
D O T F L F E B R U A R Y O A R A S N N P M E O N
```

138

Black History

AMISTAD

APOLLO
  THEATER

BARACK OBAMA

CIVIL RIGHTS

CIVIL WAR

COLIN POWELL

CONDOLEEZZA
  RICE

DRED SCOTT

EMANCIPATION
  PROCLA-
  MATION

FEBRUARY

FREDERICK
  DOUGLASS

FREEDOM
  RIDERS

GORDON PARKS

HARLEM
  RENAISSANCE

HARRIET
  TUBMAN

INVENTIONS

KOFI ANNAN

MALCOM X

MARTIN LUTHER
  KING, JR.

MAYA ANGELOU

MICHAEL
  JACKSON

NAACP

NELSON
  MANDELA

OPRAH
  WINFREY

PHYLLIS
  WHEATLEY

ROSA PARKS

SATCHEL PAIGE

SEGREGATION

THURGOOD
  MARSHALL

UNDERGROUND
  RAILROAD

```
A U C S U I H A U S T R I A U O I I M G G N I C C
R R D A E U I U E A W T N Y R N I O R N N L E I I
O D L A D W A O M T A I N A M O R P A L A U R T N
E A N R O I O D E A N S T S G N G O T E B L C I L
A H T P O A A N D Y M N N Z R P B N A A N N C L C
U U O P N L A G I L P A L E E O A R E C E E R G I
E C A U V A E B T A E R U C G R Y C S P L S S N L
E M E L S L I M E S A T N B E T L S N A C A E Y B
H E L P U L O O R R N C L B E U A A N O R W A Y U
E T L P W N R D R A T I I D S G P D N A L E R I P
N A A E P L U G A Y A L W R T A A U E D E A S I E
C I N L M N E N N S E B R W O L T D L I G N N T R
L S U L M A Y I E D E U G R Y D N A L N I F C T H
D E A U C S U K A N N P N N M I I D U B Y N T V C
O C N L P L W D N A D O A R A F Y H X R D E U A E
O A Y A D I H E D L F M C P K N T C E A I I I E Z
E C B E B C N T D R R C S R E P I E M A A G P R C
U N A L R O U I A E E U A E T A C O B M A R L L L
N A H G R Z R N G H N M D Z U E N M O G R P N I R
A A A D R D C U S T N R U S S I A D U E R A E E N
I L N E D E L N E E G G M O N A C O R I U I A Y O
R H D T G N C A D N A L O P U D I A G U G A U A D
L A C U N S N N G R I I L I D E T L L O A L E A R
G U D E S E A L N O N O I N U N A E P O R U E I T
A M B E S L B U P E A I U N E A V N M E C I N B N
```

139

Europe

ALPS
AUSTRIA
BELGIUM
CZECH REPUBLIC
DENMARK
DENSE
EURO
EUROPEAN
   UNION
FINLAND
FRANCE
GERMANY
GREECE

HUNGARY
ICELAND
IRELAND
LUXEMBOURG
MEDITERRANEAN
MONACO
NETHERLANDS
NORWAY
POLAND
PORTUGAL
PUBLIC TRANSIT
ROMANIA
RUSSIA

SPAIN
SWEDEN
SWITZERLAND
UNITED
   KINGDOM
VATICAN CITY

```
W N V I S R E F B N E T S D L W O L E D A T L L R
O O Z A R K M O U N T A I N S E L S L H A S E I E
S O U T H D A K O T A S A O I O I M F E R M B O E
N T I O E R N W N E T N V A S E T A T S G N I W S
I R U O S S I M O S W S N A E T E E I W C I A E E
A C A T H O L I C I S M I C H I G A N E I M U U L
L R S I G R N S U I S E O R T U R D V W R L E S I
P I O U Z O F O D R A Z I W E H T I D S A S V V F
T O R I N M N N P E R D N T N Z T S A V T B V T K
A W E M I N N E S O T A A N I A A C L R I E Z S W
E A T A S C N S K E T A C O V C B A B S P I C U R
R E N I A E R U T L U C I R G A R S B R L E I I I
G K E F C L I O B N E L E T I O E E M O H R S O H
L I C E S K G A K A L S L H M E A O V Z U I A U D
E D C T S A L A R I N E A D S T D D D I S H I S A
U D I N T W O T N O B L K A R R B A N D R L F R M
C O H R C R E O C E L A S K E T A N A L M N M A L
I V P S F N I S L H L M A O W E S R L D I I I I E
S D A K C S R B S R O I R T O T K O T N N S V I I
C N R N T T I I N A O I B A L I E T R S D N K O Z
I W G G E B Z R T K P M E I F A T A A V S O I H O
T V O E T N U T E T A I N A N D N S E T V C I I R
L L E K N O M D M G C B H L U R N W H K S S S A G
S S G G R E A T L A K E S R S A S I A N A I D N I
O S T P T E L A U R R T G O K O W L W R A W G L C
```

140

The Midwest

AGRICULTURE
BIBLE BELT
BREADBASKET
CATHOLICISM
CONSERVATIVE
GEOGRAPHIC
   CENTER
GREAT LAKES
GREAT PLAINS
HEARTLAND
ILLINOIS
INDIANA
IOWA

KANSAS
MICHIGAN
MINNESOTA
MISSOURI
MORAL VALUES
NEBRASKA
NORTH DAKOTA
OHIO
OZARK
   MOUNTAINS
PRAIRIE
RIVER CITIES
SOUTH DAKOTA

SUNFLOWERS
SWING STATES
THE WIZARD
   OF OZ
TORNADOES
WIND FARM
WISCONSIN

```
B R A L W I N N W R N E S O L P M H N N I D A R D
Y R A A D T K D N R U B P E H Y E R D U A A A U N
A F Y S Y N A F F I T T A T S A F K A E R B A M T
R S C U A I B A R A F O E C N E R W A L B A Y R S
N N A S M A L T E S E F A L C O N A H Y O F R T U
A M F R M A N C H U R I A N C A N D I D A T E I N
W E C W T E V G O N E W I T H T H E W I N D C R S
A S I N G I N I N T H E R A I N B D R A A L Y N E
U E H M H N Z R R E D I R Y S A E L N T E I W N T
N N T H T R F N U R U A N W I Z A R D O F O Z I B
O B O Y I H T N E T O T I O C D A E H T I F A A O
U L R I L W T R T T N I U I Y U P Y N R L R A G U
O A W D L T A U I E V E T U O B A L L A L A F R L
G F H N L M O A H P I I R L U A I N C G U N Y A E
E R I R L D G R W V Z I B R H A N N A O F K A P V
T I W E A T A M D E S R A A O C A I T B R C D E A
Z C I A C L P C N N H A N S E L I O E Y E A I S R
U A U R A I T K A A O A D O B C P D G E D P L O D
E N R W B E A A K H T E T A O H S U M R N R O F O
R Q C I N N A Z C S F F S A A N M I L H O A H W E
T U R N E R T Y A M A A R T S M H A F P W N N R Y
C E C D R N S S L A C N S G H D E G F M A Q A A I
G E C O U P C B B A F R L N A A A A I U S M M T R
A N C W A E A F T N O R F R E T A W E H T N O H T
B I L S L T E N O A S Y L A U R L A E R I L R C S
```

141 🌿

Classic Movies

AFRICAN QUEEN

ALL ABOUT EVE

AUDREY
    HEPBURN

BLACK AND
    WHITE

BREAKFAST AT
    TIFFANY'S

CASABLANCA

CITIZEN KANE

EASY RIDER

FRANK CAPRA

GONE WITH THE
    WIND

GRAPES OF
    WRATH

HIGH NOON

HUMPHREY
    BOGART

IT'S A WONDERFUL
    LIFE

LAUREN BACALL

LAWRENCE OF
    ARABIA

MALTESE
    FALCON

MANCHURIAN
    CANDIDATE

MGM LION

MY FAIR LADY

ON THE
    WATERFRONT

PSYCHO

REAR WINDOW

ROMAN HOLIDAY

SHANE

SINGIN' IN THE
    RAIN

SUNSET
    BOULEVARD

TOP HAT

TURNER

WIZARD OF OZ

```
N A E A O T A I R P R A O D T O H A A Q T L A N O
A P B G R Q T Q M Y R T E M O N O G I R T O Y C L
U M N T L E I A E D A B O Q E D O E I E N A T B E
R U H T R N I F N I U P N T M M I G T A T W Y T U
N R I B E N O E R C I A C Q T C S R A S N N N I A
E A R I A U Y N E E E I N T N L D O T O C I S T A
U O X Y P D I O A O A O D P A L A D B N A O I N A
G N O I T A C I L P I T L U M O C A O I L U P T O
E R R B O M Y R B T E R Q T G A N S A N S Y O I R
P A O A A M O I C A N E N M A T I E T G R O R M T
A D E I L P P A O M S C U T E I N E H T I I P I S
A U F M N A R I T H M E T I C N F R E S D U A G S
N N P Y A T N I R N B U B P X N O M O H E I O T F
G O T S B E R M E L B O R P D R O W R P M R U D O
N X T U H D S S Y E R N F E G E R T Y A A I F P G
I I S M A F R T O Y I R N B G C P M R R T O U T U
A V B U N U I U R G T I N I O E I A B G O S O I O
L N I A O N G L R A R I M L I C T E T H T N P B E
U M E N I C Y C E D N A T R E A G N E T E Y O D R
L G R F T T G A R D G S N N N L O R I G E A T H E
E R N O A I U N O I G A N A A C A I S C T R N O A
M I S Y U O S L N T S R E B M U N L G L T S N I E
R D P S Q N R A T I D N P N E L Q N E E L E T S N
O U T H E O R E M O A A B A C U S H M O H E F A O
P S E R T Y A R N N T D I V I S I O N A N O E S I
```

142

Mathematics

ABACUS	GRAPHS	THEOREM
ADDITION	GRID	THEORY
ALGEBRA	IMAGINARY	TRIGONOMETRY
APPLIED	INFINITY	WORD PROBLEM
ARITHMETIC	INTEGER	
AXIOM	MULTIPLICATION	
CALCULUS	NUMBERS	
CUBED	PATTERNS	
DIVISION	PROOF	
EQUALS	QUANTITY	
EQUATION	REAL	
FUNCTION	REASONING	
GEOMETRY	SUBTRACTION	

```
N Q O E E C O Q A E E N C O R I S K B C P E H K T
D D E H B A L C B K H E T H H I V D B U A E A B D
A U O B T L U T Y E L A T T A N I E M O S C R A C
E G C E D E A I G A M L L E L L I M A H K R A M
T E C A N E M M O T N A H P D S E G I I D C I N E
I R K T A R H N L R M D L K O O Y O N C E A S I T
M A R M N E T M I N O I L L E B E R U P L B O B A R
R T E O O U R R C G M H A N S O L O R H S N O O
C S K M D D A R T H V A D E R O S A A T T E F N R
I H L A I C D R T H R E A N A N A K I N L K O E E
A T A L L I E S E E A M E S O N I S R E S I R K T
T A W A I L A T K H E D E I T D E E P I T R D N U
M E Y C E B I E H E D A I T E H L I M C F T E A R
L D K S E U I N A E E P L E T L S S I P G S Y W N
L P S R U P K A F O D N E F M O S F Y L E E E I O
C U E A A E T B I I L E O E D F E A D C O R Y B F
E B K W A R R O Y E O E O E I C C A C Y R I O O T
A R U E C B A O T M G U S R N C N A M R G P D R H
I E L N C R T C L N M Q T E C A I D B E E M A O E
P E S O A R B F E O E E I A F T R E R N L E E A J
E A B L B T O V S R H C L E I D P K K B U N R O E
J H F C W S E F Q W S K O E O G A G R T C A I M D
S C A E E R E S E N O L C E H T F O K C A T T A I
I N O R H E T E O H N A C D P E E W A S S O O T T
C R T I C B N R A Y T D R E H S I F E I R R A C R
```

143

Star Wars

ANAKIN

ATTACK OF THE
    CLONES

CARRIE FISHER

CHEWBACCA

CLONE WARS

DARTH MAUL

DARTH VADER

DEATH STAR

EMPEROR

EMPIRE STRIKES
    BACK

EPISODES

GEORGE LUCAS

HAN SOLO

HARRISON FORD

LIGHT SABER

LUKE
    SKYWALKER

MARK HAMILL

NABOO

OBI-WAN
    KENOBI

PHANTOM
    MENACE

PRINCESS LEIA

QUEEN PADME
    AMIDALA

REBELLION

REPUBLIC

RETURN OF
    THE JEDI

REVENGE OF
    THE SITH

SCIENCE
    FICTION

THE FORCE

TRILOGY

YODA

```
B G F P R R S A C H H E R N A D R M A E D L M N R
E E L W O A O M I S S S A I G O N M P H A O M A G
E M S R O R R O H F O P O H S E L T T I L A E Y Y
A H O K M O T S E I H S S H A I Y E O R T T S Y A
H E A O F O T Y A F N S A G A I M A M M A M A L U
T O E A Y R N L N Y F B I T N I R A I I I E H Y N
I L A R R G K B S G H A I R A I D S M R T V O L A
M S W E E N E Y T O D D A L B H K A P O L I O H M
D P M P B H L C S C A R A N L G E N A R H T D R O
A R R O L S O C R A L I A L U Y H L O F A A T S P
E S L E O R P O S T C K W W C P E D L I Y Y L H L
W S N H A E S A A S H O W B O A T L A O L W T K N
M E E T M Y F A I R L A D Y C K W A L N D E N O O
I L E F L R O I R O S R A H A E F O H I R O H N H
L B A O S A I T T G A O O A S O T A R A O O L T K
O A L M R K E O E B E R H T O D D F B C T T R L E
B R O O E I L R C B U E S I G R E A S E A M O N Y
E E M T N A I M N S O I E U E L C K W P L R L A N
O S I N M D S L L O D D N A S Y U G C D W N I S C
T I A A A I A I A E N E M S O E I H D I O T T S T
R M P H A T N E S L O G A C I H C T T C W M T Y R
Y S H P R E P T E L I L C B R M A E E S F N N I A
S E D D N O O L W R E N T R T M W F P E B I B L M
A L F E P R T S L F O O R E H T N O R E L D D I F
I L T I Y B H S K C I T S A T N A F E H T S S M I
```

144

Musicals

A CHORUS LINE
AIDA
ANNIE
BILLY ELLIOT
CABARET
CATS
CHICAGO
DREAMGIRLS
EVITA
FIDDLER ON
    THE ROOF
GREASE
GUYS AND
    DOLLS

HAIR
HAIRSPRAY
HELLO, DOLLY
LES MISERABLES
LITTLE SHOP OF
    HORRORS
MAMMA MIA
MISS SAIGON
MY FAIR LADY
OKLAHOMA
PHANTOM OF
    THE OPERA
RENT
SHOW BOAT

SPAMALOT
SWEENEY TODD
THE FANTASTICKS
THE LION KING
WEST SIDE
    STORY
WICKED

```
T R H S H A C C K G E T E T T I V N F R C U E S E
O U D E W E R R R E L U N M S A O O N M E S Y N B
A E A F I I A E N E S S U O E G A R T U O G R S S
E N D T C I R T S I D T N E M R A G G W O D R U A
M I K R Y U O N A O M A T E R I C S N O S A E S K
Y Z O E M M E O Y I N O E U C O L E C H I C B L A
O A C P G A G I N R A P G O N A R A O R T E R S S
R G U Y N Y S D D U R M F A H I T R N I C C U G U
U A A E I E U D P R A P R M N W A O T U T A B R E
R M E S H S P U S C K L E N A H C N E R F G T H Y
E U N W T E I R G I A S S L V O G U E U U P R O C
T E N R O K E L E I N D K S O O Y R R V H W I I C
U R Y S L T A Y S W N A T H C P A K R O O N N A N
A A D Z C M Y M I E O O A A L M R S T A E L Y T S
E D Z U O G T D R G D U E C I E N O M W L I Y I K
F U A U O R D T A S T E W K M Y G L Y E D E C E U
R D R E D C A R P E T E U C R R R O Y E I O E K N
A E U I M T A A C U R K R O A E R N A E P W Y O O
S K R E Y D A O Y K D R O P A K E D A O N M N C L
T N K N O H U G C R R R H A E A N O L O T U R O W
V L R E A T T T E I N Y F S G C G N I A C E R H E
S A E U U I P G R R A A N R L T I H N R T E I M I
Y R S R I Y P E F L I U I N U E S N N R O R E U N
T K E I I G O R E E A G Y T U A E B O Y A A E M S
Y D C I T M P G T U M U T C F E D R R U S U C I M
```

145

Fashion

BEAUTY
BURBERRY
CATWALK
CHANEL
CHIC
CLOTHING
DESIGNER
DONNA KARAN
FASHION WEEK
FRENCH
GARMENT
  DISTRICT
GLAMOUR

GUCCI
HAUTE COUTURE
INDUSTRY
LONDON
MAGAZINE
MILAN
MODELS
NEW YORK
OUTRAGEOUS
PARIS
PHOTOGRAPHY
READY-TO-WEAR
RED CARPET

RETRO
SEASON
STYLE
TRENDS
VOGUE

```
C S A I S G S I F N N E O I P C T A E O R C O O T
V C N O I T E L P M O C S R U H N I P F R K E G G
S S M A E T L A I C E P S F R O I C O F E S E S B
E C W N E L E T O C T R A E A U E E N D L O E E N
D L I C F A S P S O D H G M S L N N I L W T R E W
I N D F T T N U P R O F E S S I O N A L U O I S E
S T E S H N E E T N O R T H N I Z M I O O I A E E
F O R T S E F N T K I D A P T E D K S N H C R S U
F F E S H F E T A C K L E P I I N D G T G A I R A
O I C O E G D D A B F C E C N I E R F K E B C E C
O A E P L S I N P T O C I R Z S E E N F V C A K P
K P I L M E L T I S R E E R L T A V O A O T I C E
E C V A P E F M U E G A N T E I A O R P L W A A K
A M E O A H E A T E U G A E L L A N O I T A N B E
N T R G C N S N L L I N E O F S C R I M M A G E I
F T U D E E I L A R A C U T C A W U S M U A E N I
S E F L N W O D H C U O T I C F C T C B A L I I N
C E I E T C A F A T U G E M T E F P A H F A Y L L
S T R I E G U T M I F T C T P T E U D T B M O E N
E I S F R P E T C M C P E E M Y I C M C N A S E G
B D T E E E Q I T N C I Q U A R T E R B A C K E E
N O D L A E O O E I O E U T F I A I T N L F N O L
S E O F F E N S E E O I R C I Z N M I N G E L E K
N L W F U I P F N D R N A I A R O E E S T K N G I
O A N O I T I T E P M O C O I N A E S T C G I Q E
```

146

Football

AMERICAN LEAGUE
CENTER
COLLEGE
COMPETITION
COMPLETION
DEFENSE
END ZONE
FIELD GOAL
FIRST DOWN
FUMBLE
GOALPOSTS
HALFTIME

INTERCEPTION
LINE OF SCRIMMAGE
LINEBACKERS
NATIONAL LEAGUE
OFFENSE
OFFSIDES
PROFESSIONAL
PUNT
QUARTERBACK
RUNNING BACK
SAFETY

SPECIAL TEAMS
TACKLE
TEAMS
TIGHT END
TOUCHDOWN
TURNOVER
WIDE RECEIVER

```
C N P E A I E T O T S S R E R R E R E N P N E N U
L O E U F I L P N F H T A I E A E P U E A S N O S
I E L N T L O J C P U I S R I S M T M A N B O N B
G Y S T U R A I G R B E E O A R T S I O E C N I U
A E X O R T N U H N B L E B R N I E I P B S R R Y
E S Y A W Y K L I M L C K P Y T D T L O U A A T T
E E O R L L Y N P H E N O M E N A O S L L J G U E
G S T O I A W Y A L U E S E R L I M L I A R N L O
B I C R A C G M E T E O R M L S A L A O M R T E M
R L I Y A C S S O Y N N S E U C T N M G U T M I O
T B E L I T T B V E S P T N H M O P O C I B P N E
S R S O L I J N N T E S U U M P S I I B T L N P Y
V L E T A N B E U G N M B R Y E S N R U T A S E N
P R I L J L O D E O N I T Y P E R O E I R R I O E
N G Y U R T Y D C O G N M E A D V C M E O B A S L
N N E N T B I T A B U S E S L A P L U T O V U I P
L T E A A O M M A B L S S A C E R I A R A N T L R
N L T A R A R N A V O N R E P U S T S E Y E O S M
P A S E O E G P L O E P E D T B I C L E R A D O T
L M T T M R P D R V P L V I C O M I O N S A A T U
P S T M O O N S L Y E A I R N S M N R P I C P T F
A R E T A A C T C O I N N S C I F I T N E I C S A
E R B S U L M A R S E E U T M L B L M I I H A E R
E E A L A S M R E E E T U S T T U A T P A A O S S
E M E I R O M E P T M R R B U U D Y A C A S N L Y
```

Astronomy

ASTEROID

ATMOSPHERE

BIG BANG

CELESTIAL

COMET

CONSTELLATIONS

GALAXY

HUBBLE

JUPITER

MARS

MERCURY

METEOR

MILKY WAY

MOONS

NEBULA

ORBIT

PHENOMENA

PLANET

PLUTO

ROTATION

SATURN

SCIENTIFIC

STAR

STELLAR

STUDY

SUN

SUPERNOVA

TELESCOPE

UNIVERSE

VENUS

```
G P P N A Z M E E D N O R D E I A B I E M N C B P
D D A N E D A U M T T Y M E G S U O I C E R P D D
K M H S A N S T U S M T L P I R I E E I I E I Y V
A C I N R I N G I U I U O L O R I E T A G I A I M
S T T Z M A T N N G B L V Y R A S R E V I N N A O
S R S E D D E I O I D E C R G U U Z A P O T I E D
O R V N I B T L C A R T R E R N A V I G A S O W L
E V E N U A D C R B B R S B X C P U Z G R O S A W
O P U S L I S G I T E N A A L P P N E C K L A C E
F R U P P D C R Z D N A A E N A E D E I D I O S D
U T N G R H T H C O O R B G T N A N U E C T I E D
E I T P I H A S I O S M I N D N R O S O L A N E I
I E S R S A R L B I S H O N G O L M A I A I L A N
I I I T T E O S U N P T L L E N S A A S V R C D G
C Y O E R E A S C S A T U M G C E I P E S E F A B
G N A L T A N M N L O C D M D T H D E O L D U N A
E A A E H N E G I R U B V O E I C T S B E P N E N
A F S C C T A B A F X P E T S V T E M F I I I N D
C F U A C I D U F G E R I H P P A S I E I Y D U C
U I E R R Y O L A D E S I E L E W O D O K I T T S
A T W B L I I I A E E M E R A L D V P E K S R I W
T E T B C N G R S T O R E G A O B B A U E Y N R G
L E C I K N N U N E E N I N F N T A L T F L B N B
A C Y S M I O E C E E P U O T I A B B B A B S E U U
F T S N E I A I E U E O N W R S P U G A O E C A R
```

148

Jewelry

ANNIVERSARY

BIRTH STONE

BRACELET

BROOCH

COSTUME

CUBIC
    ZIRCONIUM

CUFFLINKS

DIAMOND

EARRINGS

EMERALD

ENGAGEMENT

EXPENSIVE

GOLD

NECKLACE

OPAL

PEARLS

PENDANT

PLATINUM

PRECIOUS GEM

RING

RUBY

SAPPHIRE

SILVER

SOLITAIRE

STORE

TIFFANY

TOPAZ

VINTAGE

WATCHES

WEDDING BAND

R S C T N O R O E D E C I D U O U S F O R E S T S
O H C I C A E O O E R U T A R E T I L N P O U M T
W E E P E P Y C O P S S N B U E P I C E N B C I L
D E P W A U E E W I E S E I D U L H C E C P L A R
W M E I K P A A T L A N T I C O C E A N A I S F O
N E W H A M P S H I R E I W P S A U V E P L P L U
E A M C R R P C E P I W R A B P C E E W O A E E E
O I T N A S A T C L R J M T M C E A A E P E A P D
A E P R D G L O B S T E R S L L R R A N U R H S N
E O L A U U A A D S Y R P A M L T P P G A A D P P
I E A O H E C J O E M S R S I N C S L L C O O S O
E M R H M C H Y H I M E N E C T T M I A P I O R A
M E A J E E I T I T B Y S N D H M I W N T L I H U
P G W N L W A R N I S T P A N W O R B D A P F O U
E T T C E T N O L C C O T R H P O O T N Y O I D L
N U M R S K M I E O P I A I S E S H L S L A E E U
M C N W E R O S L U V O M S P T A C C E N N L I R
C I E A E I U O L Y T M U C O E S I S M A H D S L
L T W V N E N A L T I S E N I I S E T I A C H L C
S C Y H P I T E E G N R O A E S H A S A I L O A W
A E O E E E A S R E R G L P P R D C E I T A C N L
C N R S D G I A L S L S W I S U B W A Y S O K D A
L N K E U V N U S T T E S U H C A S S A M Y E A E
C O M E A T S W N S A A M A P L E S Y R U P Y A E
S C T A S L S E E S U I Y D U O O A D G E M U H V

149

The East Coast

ACCENT
APPALACHIAN
    MOUNTAINS
ATLANTIC
    OCEAN
BOSTON
CAPE COD
CITIES
CLAM CHOWDER
CONNECTICUT
DECIDUOUS
    FORESTS

EARLIEST
    COLONIES
FIELD HOCKEY
IMMIGRANTS
IVY LEAGUE
LIBERAL
LITERATURE
LOBSTERS
MAINE
MAPLE SYRUP
MASSACHUSETTS
NEW ENGLAND

NEW
    HAMPSHIRE
NEW JERSEY
NEW YORK
POPULATED
PREP SCHOOL
PREPPIES
RHODE ISLAND
STEWS
SUBWAYS
VERMONT

```
T I A P A Y R I A T U I Y E N G A R R H N O B T A R
R T A E V R O T C U R T S N I O A D S O G L H S C S
S S O S V K S E U T A O E A H L A S T T I L B L L O
O A I P R I O T E T P I A I I B G I X T C R H M B I
I N G R H I T M R S N R A C N S N O O A R E R H E B
B O O O R A N A D E T O O I H A A A B D A T B A A E
I T C Y I A L R S N O I I T A T I N D N H C P W L T
H A A B I T T O E G R T L G H R S I E S R P B O A T
I I H R P S P T I T O A Y S T A I T P E Y M A T N R
C E S E B N N S A H E X A E G R T I A B K S U T H E
V I T A T I D E M H N A M I M N A G A X R L A S O E
T A L T Y T I R D I A L G I E S R B M E A K I A R H
S A V H T U L L I A E E O A B M Y B I S R N H T E O
N O D I I B H I S N P R O R C I U A N P U A I R H C
A I L N E C P P C N C C U I I A L U B H I L L I E S
A C U G E P B B I S B U H R N A S N C R N P S L S R
E C H L T S S C P T N E R E B I H P A U A M G H T U
L P M P P X C N L O T T R A B I N A I M N N G E T T
B H R I T A O D I S A A B T O O H S A X A A A B A I
I A I N R D A H N P P O E S R M R A M I L M G M K T
X A A D I S E R E C O S T O R U N E R E S A A R S D
E R M O N H O K T R P D N R A S N T H M A G A I D I
L I A A Y P E I H L E N A E N I A T N U O M S C I S
F M E P L O A R H L L G I V G C M L A Y H O A I I E
O P N R A N
```

150

Yoga

ASHTANGA
BALANCE
BIKRAM
BREATHING
CHILD'S POSE
COBRA
CORPSE
CRANE
DISCIPLINE
FLEXIBLE
HAPPY BABY
HATHA
HEAD STAND

HEALTH
HERO
INSTRUCTOR
IYENGAR
MEDITATIVE
MOUNTAIN
MUSIC
PLANK
POSES
RELAXATION
RESTORATIVE
STRENGTH
SUN SALUTATION

TREE
TRIANGLE
WARRIOR
YOGA MAT

```
D W O H S E R U T C I P R O R R O H Y K C O R E H
Y E A E C E S O G N I M A L F K N I P D A E H O H
W O W V E E E F I R H I A I O S A B D N P I A A S
T F D A P R V F U A V S R E H T A E H O R E Z T E
S H A R D B O I L E D N Z E E I G A M I T K I W R
R A Z R D R D C L O E E N A A R A A B T E L L F U
S R E U G D R E P D N D O B T T N R L P X R L F T
E O D S O O O S L R E R L V A H C Y H M A Y A O N
I L A H W O H P I F S A F A Y I A P N E S O W Y E
R D N M D O O A Z K D G D C P S Z O L D C R E A V
E A D O S D R C A E Y Y E L A I M N E E H S H D D
S N C R K E C E R E H E I O L S Z D E R A P T S A
N D O E S D R U B K O R K C N S O K W K I X D R G
O M N E S F N E K E Z G S K R P F U A N N Y Y E I
H A F O D N S L N I N R W W G I O K A A S A O L B
T U U S E S D W E I U A O O A N D N E H A O L L S
Y D S R E O E C A I T F B R N A R E R S W N F E E
P E E E R K A D A E E Y E K A L A T G W M L K U E
Y A D I R F B T Z E G F L O R T Z C O A A K N B W
T V S K R E L C R E K M G R A A I O A H S D I S E
N D R A K H R G B I L D I A H P W Z E S S C P I E
O W C A F N F R R W Z F B N W I R S D E A M R R P
M S E S Y R R F A T S T E G R K Y I H N C Z R R S
T C A A A N M O H A R L H E I W L S L A R P S E R
F D S R C E R S M E V S T I A W T Z I W E H T F D
```

151

Cult Movies

A CLOCKWORK ORANGE

BLADE RUNNER

BRAZIL

CLERKS

DAZED AND CONFUSED

EVIL DEAD

FARGO

FERRIS BUELLER'S DAY OFF

FREAKS

FRIDAY

GREY GARDENS

HARD-BOILED

HAROLD AND MAUDE

HEATHERS

MONTY PYTHON SERIES

OFFICE SPACE

PEE-WEE'S BIG ADVENTURE

PINK FLAMINGOS

PINK FLOYD: THE WALL

REPO MAN

ROCKY HORROR PICTURE SHOW

RUSHMORE

SCARFACE

SERENITY

SHAWSHANK REDEMPTION

TEXAS CHAINSAW MASSACRE

THE BIG LEBOWSKI

THE WIZ

THIS IS SPINAL TAP

WIZARD OF OZ

```
A L B R G E U I A O E R S H L U O C R C L A D C E
R R R B R S A S I L W R O R O N U U W B L E O A H
E P R D B O C U C R Y O T M C P N A O A O N C W A
N I I I A C I N E R L B O H R S E F C P I T X P S
T O S U P F P B N C R T U D G I T R T F R E R C E
R R I F H N L A I E N O C E W B E N C I W O S N S
E I S R D S S O B N O A N D B I P O N U O S C O S
I N E F S F S M R B O C M S L C N O B G S P O O I
T S H T L O A U C O T U E R E N N D F A E S C I S
C O F E I H R S C N T E U U O R S E S T L I I O L
C F P R C T B I L P P C P C A F O T T D S C R O M
O R E O U R S C A S T N U M H F R E N C H H O R N
S T C B R E E I S H A R P D U I N E C I B L H N T
Y E A P O Y T A S E C T I O N R C L P E U C C F R
P N N B C I U N I E I T C G O O T G N N H N L L O
V I O L I N L S C H N C S C S L C O E F U U C U T
L R O H E A F S A O N E N R O H H S I L G N E O S
Y A S N P P O L L E C N E N I P R R I E M M P R R
T L S E P M L O V O U C A N O F C A L P P E O O T
A C A S R I Y U T S R I T L I G S H M S P C O I H
O R B C C T C S E B F S Y P P E O A C N H P S T N
T O U E R S S C C O N X L H E R A E U T S E G O C
O E O H N R S T O O E S F W N A C O I T A N Y N C
P B O T F U X C N L S U C I N O M R A H L I H P R
L G E N O C S S A X O P H O N E A N O O E L O R S
```

152

Orchestra

BASSOON	HARP	TUBA
BRASS	MUSICIANS	VIOLIN
CELLO	OBOE	WOODWINDS
CHAMBER	PERCUSSION	XYLOPHONE
CLARINET	PERFORMANCE	
CLASSICAL	PHILHARMONIC	
CONDUCTOR	PICCOLO	
CORNET	SAXOPHONE	
ENGLISH HORN	SECTION	
FIRST CHAIR	STRINGS	
FLUGELHORN	SYMPHONY	
FLUTE	TIMPANI	
FRENCH HORN	TRUMPET	

I A T A I V O M B I R S B T G E I N F E A S E I E
T S R D A C E I L C S O R F P E U E N S N O E P C
T E N S L R A A N S A N D S U M M E R Y S I A O R
A R I E A W C L S T N R I N C O B R O C V I O A S
I R I F W U S W I M S U I T O S R C L A C S I A N
S H O R E L I N E F N H O B T S E S E A L E N T K
P I A U D B G B M S O C R A B M L N U B A D N K I
L T E S S A I A S R W R H A R E L U R G D S N O B
A F N O M A S E E I K I N I R D A S E O E L A R O
S Y S L B F S R R U E S L I T I K N L L I S O D W
H S A G E W B G T S D B F N A T I L A F M D E E O
I R D G K A F L O A T S L L S E A T S L E N G F S
N H T A N T E L T N S C L A O R Y C I N M G S K E
G U T L E E S K R D L N O T S R W T R O P I C S L
J N A R S R A E R V T C R L I A I C P I C N I C R
D S I R L S H T B O A R E B A N C D I T S A I S I
N C C E X K S C C L A O L N L E M B A A E N U A F
L R L U L I R I A L R M I A O A N A E C O E I F F
S A A L K I O J F E E R R T A N N L A A I J A F B
T L A T R N S I U Y B O O O E L A K E V I T R E K
S A J T C G V F N B T W A L S I G O E A C J O P L
B A I B M S E V N A E A N N M R E S N T R E G X T
S H M L A N R A W L L X B E O S C G I D C C S N E
S L L E H S A E S L A L D A A O X A G T O I U I I
C S A N D C A S T L E S C E L A A U T R A E R L N

153

The Beach

BEACH READ
BLANKET
BOATING
CALIFORNIA
CARIBBEAN
COAST
EXOTIC
FIJI
FLOATS
FLORIDA
LAKE
MEDITERRANEAN
OCEAN

PICNIC
SAND
SAND CASTLES
SAND DOLLARS
SAND
   VOLLEYBALL
SEASHELLS
SHORELINE
SPLASHING
SUMMER
SUNSCREEN
SURF
SWIMSUIT

TOWELS
TROPICS
UMBRELLA
VACATION
WATER SKIING

```
O D D H L M G W E O C Y G L I S G S E G O M R T M
Y P H N I E I R A C G E O R G E S S E U R A T S C
M C T D L E O N A R D O D A V I N C I R N S O A A
L N I E E O R R A S S I P E L L I M A C A V S L T
G R T O C G H O I N L N K C L L U P M D I S S V I
L C I D W L E C N A N D Y W A R H O L N T O A A C
E G A T A I A O N Y C Y E E S A E G C E C A C D V
R I N R T C L U R U M R M U E I I E E U R I I O L
I O E E A G I L D G M U G L E R N O L T U G P R O
G I S N I V E H E E I D S E E T E H T K M A O D L
V O L I I R A O T M M A R B V O D H E K L A L A R
T D J D I U O G L V D O O A O I O N C L T U B L M
E E N O L S G E G E A E N K V S J D A S R I A I A
N L N R A E A U V I P G K E E D C H N R E E P P O
A C I E S N K I A N O S K O T E E H N L B C U K L
M N C T H I M A R G M C L N O H F E I L G M M O E
D L O S U H G I H R L A E B N N W E H A S J E E G
R T L U O I O D R I O U R R U Y I L L G A U M R N
A P U G I J Y O F O G H A A G A R N N A A L H T A
U O G U S T A V K L I M T P V L U D G H I E D A L
O L H A K A D I R F A N A L L D E E A C O R A R E
D F U A L O S J A C K S O N P O L L A C K G A S H
E C P A D V O I E O A O E A G V I S N R A L S R C
A U W I N S L O W H O M E R R R L I I A M O A L I
A H T W O R O L E I V O L A G N A S R M K G L L M
```

154

Artists

ANDY WARHOL

AUGUSTE RODIN

CAMILLE
PISSARRO

CARAVAGGIO

CLAUDE MONET

EDOUARD
MANET

EDVARD MUNCH

EL GRECO

FRIDA KAHLO

GEORGES
SEURAT

GEORGIA
O'KEEFE

GOYA

GUSTAV KLIMT

HIERONYMUS
BOSCH

JACKSON
POLLACK

JOAN MIRO

LEONARDO DA
VINCI

M. C. ESCHER

MARC CHAGALL

MICHELANGELO

PABLO PICASSO

PAUL GAUGUIN

PAUL KLEE

RAPHAEL

REMBRANDT

SALVADOR DALI

TITIAN

VINCENT VAN
GOGH

WILLEM DE
KOONING

WINSLOW
HOMER

```
T I D U M Y N L Y L C B G N A O E U U L M A L A W
G W A S C E E H P W A O P A U L R Y N N P I N A C
R B R G O I E A U A A S E T R T R P T T A P K T O
N S E P A R G R A O P C N R R I T I I I L N M A O
A N R S A T N E E H A P N I A U U U R L S B L Y R
Y E P U O L A T N A C E A K L R R P I B B L M K E
B C P L U M R T A A R A U E F F A A V P A B W A Y
E T Y R E P O W O P P R E N E R N E H C N R N E W
I A J R V M R A R C S I O P E A L E R E N U R O F
Y R R E B W A R T S I I A S P T A M I P U S R R O
T I N P W N T R I R S R L U E S F Y P E T A B B L
E N O M E L I R Y S G R P M R P C N A R E O L W F
M E S L D R N G A R C E A A S R F A E P Y E N P E
R E N P Y R P P I R R T L M I B O R A W A L P B O
L E F A E A I W E S A E O A M L T U N H I P E Y T
R H L E N L I Y A L N O H L M M G R S A C P A R E
M E E J O K A V Y T B P R C O A I U A M A A R O I
O O R R H W A E I R E N A L N U Y R C I B E G A N
I E R K V U N L N C R R B I E P N E I R P N A I A
R R P A G P R A O S R E M M N E P U A A I L A A
A E M O E A R A P P Y M B E T E N A S M O P R E P
U U Y A T O B A N A N A L E L P I R P E S O W L S
R N P P R J A O O E E P A E U O G E A F O P R A R
E R C U M Y R R E B P S A R Y L N A A L N L R N O
C P E E K N I M R A E U O J N A B T H A N L A N R
```

155

Fruit

ANJOU
APPLE
APRICOT
BANANA
BLUEBERRY
BOSC PEAR
CANTALOUPE
CHERRY
CRANBERRY
GRAPEFRUIT
GRAPES
GUAVA
HONEYDEW

KIWI
LEMON
LIME
MANGO
NECTARINE
ORANGE
PAPAYA
PASSION FRUIT
PEACH
PERSIMMON
PINEAPPLE
PLUM
RASPBERRY

STARFRUIT
STRAWBERRY
UGLI
WATERMELON

```
O O P A H N T A O R N O T O U C N O R E R M C T T
P N W S T P I O N E E R W O M A N C O O K S D R E
N A A R G T A E R H T O O E P T A N R P E E P W R
R E A R G E A O T T C G O R R K C N H I M P I N I
T E C O N S U M E R I S T R E E H U G G E R O P G
N C A N I A Y E E H A K O W H G I K T H Y H R R S
N F K O T W A O S H T E R C E S T S O P R K S F T
T N L R N W R I T E R E R A T S N G M O V I E S S
L W O I E E N L H P C E L S S E P I S S O G O A A
E I O O R O H R E K W A G R S U E R H S N P K E E
T O R I A N A U S C S N R L C F E O P I N I O N B
S S E R P D R O W W I T I T L K C R O O O H T O Y
T N E C G A L S E R F N R E C I N B T D T A E H L
T E E R I U O N N A I W S A E E G G L O L E G A I
I I R A E M T L C E C A H E L N N W L M I I D I A
E W I F A T O O H E T E T B I I W L Y Z H C A O D
N E A T S N N H A C F E A O F R A H A I Z E G O O
G G K A O D A I I I N H B F H C Z S N G E F N I O
T R S S O N E I L N S F U I I L N E U F R E E O G
R E K T Z M T L R A G H E N P F R C P E E P R Z G
S E R R O R E I M O I O H T I H M I P S P E U E O
E M N O O P I F S S R C T H T R S T O Y A E T I G
H R M P B O L O A N E E E Y T S T O P E P N L R U
I S N H P W S C Y T P H N P O P T I I N L O U C L
T A E E S O C O F A N H O U S E P O L I T I C A L
```

156

Blogs

ARTS
BOINGBOING
CAKE WRECKS
CONSUMERIST
CRAFTASTROPHE
CULTURE
DAILY BEAST
ENGADGET
FANHOUSE
GAWKER
GIZMODO
GOSSIP
HOT AIR

HUFFINGTON
    POST
LIFEHACKER
MASHABLE
MOVIES
NEWS
OPINION
PARENTING
PEREZ HILTON
PIONEER
    WOMAN
    COOKS
POLITICAL

POSTSECRET
SPECIAL
    INTEREST
TECHNICAL
TREEHUGGER
WORDPRESS
WRITER
YARN HARLOT

V K N V E O B D T A O A S A R B C O I I E S R F S
R A O N N S B U T C H E R B L O C K R R W T W F R O
O S L D G L I S S N D S Z D O E I R H P E E N A I
X E R E S S G C N I T R T S R D I S H T O W E L S
I A S S E O V U I S U O R S E I S S T I S N V K A
G U O B M R O P E E L I I T D T A T F G R A O K B
Z N W N A E A B E R R R O R N E I B I Z N O W M O
S P S S N S Y O O R E O S G E O N D D R B N I E A
L W M E C O L A N D E R I E L L I E I K F I N Z I
O A I A T P I R S S O S D G B S O N O D A T S I O
H E H S T S M D I S H W A S H E R O L B G W I L A
D I C O C I A S N I U I S E M E C E C L R D L A E
V R A N R D F A K O R N S I B C I U T E A E V I B
I S E I R E C O R G S R X K B O R T S S N Z E C U
C C S N T G T C U C O I N E P M G E E L I I R O E
A I S G D A H T D T N P I I E G F N M N O N W S I
C S C S N B E P A G L C S I D E K S I I F A A O E
I K P E A R D R B L Y A I E E G A I R K T G R C E
I W E G L A E O S S P I I D S T T L B S O R E E R
E X C E S G W E E A E L D R E W N S Y I A O V I E
K D E A I L C R V T H L L I E F N E A R S I C T R
R G E R S I I N I G W Y S E A D N S A H T G I O D
S C F O P A V O N C M V I I Z R E A O O E N E H M
T E T S I W N R K C O I S S S Z A S R O R O A S S
R A O O K O A S I I P N D W M I C R O W A V E P L

157

In the Kitchen

BLENDER
BUTCHER BLOCK
CANISTERS
COLANDER
COOKBOOK
COOKING
CUPBOARDS
DISH TOWELS
DISHES
DISHWASHER
FAMILY
GARBAGE
   DISPOSER

GROCERIES
ISLAND
KNIVES
MICROWAVE
MIXING BOWLS
ORGANIZED
OVEN
PANTRY
PLATTER
REFRIGERATOR
SEASONINGS
SILVERWARE
SINK

SOCIALIZE
SPICES
TIMER
TOASTER
UTENSILS
WINE COOLER

```
G E E G E R I B K E L F E K E T U L T S B S G N G
T G R E D I P S R I R B A E T F I R E A N T I E R
E G S I L A S E S T Y T T I E D C S U P G I N L T
A Y I E N G E Y T A Y S V E C S E L D S L C D C B
E U A S I U H W B D I E F L L S Y N L L I K S A R
T A E N A B O T I U Q S O M R Y G A L M U I F E E
T W P E C E E D O Y T S Y D S U L S N T C N P I I
W B E O Q N E L L M A T U W B B T F S U E S I K G
O H K E I U L F A H O N E Y B E E D N K G E R F D
I D R T V J T O S I H W D R K B C T S O T C T R P
L R I E T I C I C A D A I C F A O Y L L G T I N I
E E K T U C L B U U L I I I R L E K G A L A F R C
A I F R F K C E R I S R G I R U Y S L T I T R G T
G B F T W R A I F B C T T E N R O H O S G R C D R
T V C O E L T E E B E L R K T S T H E T H T R S E
H T R U S C E N T I P E D E S D I T E L T N E I E
A M E L B K R E E B E D A L O E K B I T N S P L E
I F C W A S P T A L M U I E P A C L D L I W P V H
M E T R L K I E Y E I E I D N K I L W L N S O E H
O F N F H M L S U B L C E E Y E T Y N F G E H R T
E C H I R F L Y P D S S N L G E P G K I B P S F F
L S J E P R A Y I N G M A N T I S M I T U I S I R
E T T G E P R E E P Y E L O F G D T N C G F A S R
T R I P L T R I G N T V E E I E F L R H A M R H T
N Q F E K B C L Y O E L S I E K C I C B U R G T P
```

158

Insects

BEETLE
BUTTERFLY
CATERPILLAR
CENTIPEDE
CICADA
CRICKET
DRAGONFLY
FIRE ANT
FLEA
FRUIT FLY
GRASSHOPPER
GRUB
HONEYBEE

HORNET
JUNEBUG
KATYDID
LADYBUG
LIGHTNING BUG
LOCUST
MOSQUITO
MOTH
PRAYING MANTIS
SILKWORM
SILVERFISH
SPIDER
STICK INSECT

TERMITE
TICK
WASP
WEEVIL

```
L D V Y R I R L G M O H C I S S P A A R U R P T C
E N B P R S E N L R N I R A N U E E D T O T N N E
D E T I G T C A E A O I C D E N S S N A R O O L T
G Y M C R S L C O L N E U R I L N A A N G G O G I
I R N H E E A U R N O D I A E O G I I V A R V S S
L E S R N V Y U O N G D A S S P L C G U N N O E R
W R G G G G R O T P I I E O R L S P C L C N D H T
E O A G G O T G C E L V E S U O H M R A F A N C T
N S C U I C S A A T O A G E T W S R U K N I G C S
Y N D S G U I V R E I T N H E O V A S V W A C G P
S P N A S L S S T H N O I T A G I R R I G C O S S
F O O R C T T E O H A N E I I H G A E R C U M L C
S R R A T I N S A S Y A M D A N L S R S D R B I O
O L H C L V L R V N R B A R N T G A U S G A I I A
O O S R N A I G A W O S V S E A H N Y N E G N E S
L S W E R T N R E O D E O A D E R U I E R N E E E
H I S A D E T A L O S I R H R N G C I D R I H C N
L B V G A R I I G T E I S A A Y A A S I E D S G S
L N N E N T S N E R I E E G G E S N O S A E S E E
U P I G S N E C C G R O C U T R E N P W E E S G I
E I A C O T R R V N T N O N I K O I U O E R S O T
S Y R T N U O C S P O N L S C G G N E C O B S I C
B I A E E P H C K N N R S I G I G G L H C E L S O
I M S I S S C E K C N B H E N B R I G V E O R A R
S N O N I B L N A R A C H Y I N L S D K V R E E G
```

159

Farm Life

ACREAGE
BARN
BREEDING
CANNING
CHICKENS
CHORES
COMBINE
COUNTRY
COWS
CROPS
CULTIVATE
EGGS
FARMHOUSE

GARDEN
GRAIN
HARVEST
HORSES
IRRIGATION
ISOLATED
LAND
LIVESTOCK
PIGS
PLANTING
PLOW
POULTRY
SEASONS

SEEDING
SILO
SUNRISE
TRACTOR

```
S U S C L O E N O H P E L E T E O I O C U K T N A
K O E I F C K E S L G I E O R R O G F A A T B S S
C R L R E R N E A N B A H K S U R O O E T H A O C
F A R D S R E N H L D R S S N V K F U S B U R G A
Y S E D N L H E E E E O S M E T P I R O S N K E P
E D D I O A A O Z G A L N I H L F S S E O G S C T
E T L O I Y R O M E M D A E U A T H Q P L R I H U
R O I S T H D R U B T M S D E A R T U L Y Y M U R
S H G E S C U R A R G A O U E D H R A E S H O T E
R I H C E T C T O H E I G K P U S B R B V U N E T
P D T I U O K G P O T D H P D S K A E E H N S S H
I E G E Q C D O D G E B A L L C E Y L M W G A A E
N A R H Y S U D L I T R S E I U H V E R Z R Y N F
C N E T T P C P O E T C D K L G S E E E A Y S D L
R D E K N O K F E E A H S T C E N C E N S H E L A
G S N A E H G J S G R R E G S A H I J D U I E A G
N E L E W R O U H H M N R L O A J T E W L P H D M
S E I R T I O M U R P E A L R P R S W K P P A D T
G K G B L M S P O P T G H A D Y C D E O E O L E P
A O H T U P E R R D I G D A A P P C I S L S O R T
A T T N N G T O P E O E W O J H T D R N R L H S A
S E P O D B Y P I E S S A S E E F A U A E T O I L
I C M D I E R E S R E A Y K D T T F E U O S L F S
K E Y C A C O D G I E H S R E V O R D E R O K H C
F A R D N A L Y D N A C Y D N S P U H E S U H H T
```

160

Children's Games

BATTLESHIP

CANDYLAND

CAPTURE THE
  FLAG

CHARADES

CHASE

CHUTES AND
  LADDERS

DODGEBALL

DON'T BREAK
  THE ICE

DUCK, DUCK,
  GOOSE

FOLLOW THE
  LEADER

FOUR SQUARE

FREEZE TAG

GO FISH

HEADS UP
  SEVEN UP

HIDE AND SEEK

HOPSCOTCH

HUNGRY
  HUNGRY
  HIPPOS

I SPY

JACKS

JUMP ROPE

KICKBALL

MEMORY

MOUSETRAP

OLD MAID

RED LIGHT/
  GREEN LIGHT

RED ROVER

SARDINES

SIMON SAYS

TELEPHONE

TWENTY
  QUESTIONS

```
C B T C S T H A E A V R P R R A M N H U Y M R H O
N C A N D I E D S W E E T P O T A T O E S L E H S
Y S A I A D P I R U U I W K P I F P K A P S T A W
N E M P E K E E A C A H N N L S E L I Y A U T E A
E N I P E S N N O Y I E A G H W A E R A E A S R H
A S T T A I O S U P A M C A C I S O R R H N T A T
S L Y S E T H H P P Y R R L P R T H M L A E T G C
M R P V T T T E B H E V T O V S M S I C A N R I P
I U S T E U D A A H E L C H I A T G I M P E A K A
R N E N O C R E S S L U C H C E M R S U E O S E C
G A A M R U E K T I N R F V L H E R M N N N E K A
L M Y E C Y R H E R A E H C A M E P B O T I O P T
I L A I A E A W O Y O L R I A F K E S P A S T S A
P M D M C N R C K T O A S E S I A E T P B L A F A
E T S N K I S N U L N T V A N N O G B O L R T D R
C H R F M W Y R R B E I N P C E R R T H E C O I T
A O U O I I E I E A T V I A M A I C A B C A P N D
N L H U T N R R E A O E S N V I E D M N L N D N I
P I T S D A R V N R Y S L Y D H K E A Y O D E E N
I D T Y E Y A K C A E P G N N E V H Y U T L H R N
E A I S S G T L R R C P R P H O I U R Y H E S R E
N Y E A I O T H O R S S O R N A P G N I T S A O R
D N U E V G E L R E L S N Y S T U F F I N G M L T
H C E E T R E U T H L R L S S G T O L T L Y P L S
E S Y H F M R N D M K S E N H D E A K O I E S S N
```

161

Thanksgiving

BASTE
CANDIED SWEET
   POTATOES
CANDLES
CORNUCOPIA
CRANBERRY
   SAUCE
DINNER
DINNER ROLLS
FEAST
GRAVY
GREEN BEAN
   CASSEROLE

HARVEST
HISTORY
HOLIDAY
MASHED
   POTATOES
NATIVE
   AMERICANS
NOVEMBER
PECAN PIE
PILGRIMS
PLYMOUTH
PUMPKIN PIE
RELATIVES

ROASTING PAN
STUFFING
TABLECLOTH
THANKFUL
THURSDAY
TURKEY
WHIPPED
   CREAM
WINE
YAMS

```
E V I P G U R P I D I T T M S R L H A E E P R V Y
E I A E S O E P I O O I A I U E O F F V S L I C E
A R E R H C T P E R C O H N C L D U R I N I E H G
R E S E L O H N E E T H G I E B L E N R E N C U O
B A N E N U F E E T E G G I H M S I R D E K Y S B
Z S G O T R C F S E R U N H I A L R G E R S E N R
I F Y R A S Q E O E A O H L T R B I R A G O A O R
L I C A I E L P E E N R L E E C U O D A N Y B R N
R N T N W G C A L E E L A T E S D O O W G T D I I
A E E C A R U S U I L T T F I G B R C L N F A C N
B R T E E E I R C D R U P R A L A U E O C S Y G A
N I N E C E N A H R P R P P U T T W L R W U C V O
C S N D Y C T G F I D F I E A E I O B C E U C C N
T I L B O A G D T B C S I F P G D P U T F C R U D
C R I L T P Y U N O N L P F F L N O E A O L I T R
R C A S T S A H A N D I C A P I N U K I I A O L I
C M P T Y N T C E V I B N P R G E I U U C I N G V
Z D B V R S I S A P N E T W A T E R H A Z A R D I
C E I T E A V T H I E L A A T I D D G H P B N U N
D R T R T H C A A S F F I E D N L N I S P U Z I G
T S F L L C L F P R I R U D N Y I F A W Y A L R R
T I N R L O N P L P R Q A E A R T E G S R A U H A
F N T A R M E E A O I C I W L A R F W A L D N I N
I N C O O E Q C N T G H L R U R B F H V Z V G R G
E E N E S R A N E A S E C H G N E A B N I O R B E
```

162

Golf

BIRDIE

BOGEY

CADDIE

CHIP

COURSE

DRIVE

DRIVING RANGE

EAGLE

EIGHTEEN
  HOLES

ETIQUETTE

FAIRWAY

GOLF CART

GOLF CLUBS

GREEN

HANDICAP

HOLE IN ONE

IRONS

LINKS

MULLIGAN

PAR

PUTT

PUTTER

ROUGH

ROUND ROBIN

SAND TRAPS

SCRAMBLE

SLICE

TEE OFF

WATER HAZARD

WOODS

```
O I L I M U I N U S I T A M N S R L O C E E O R L
T N T R S C U C B E I I S N A E B E S E R E R L S
S O E E C G A C N O N R M T A S T E M S I N S I T
C B O V L U O C O A U E E A E T O E E L R O S E A R
R E I O E L B S N A S P A M M R O O T E O T R C E
S C U L O R C Y O L S R U Y O U E M S U N E G I D
C I R U T M I T O N R O T L N C L R Y Y L L E I E
A P O T R Y A A S O I D T K E T S Y S R E E T A E
O S R I A S E E G U N U M O G U N E H T I K M U E
S E M O S O S I M M N C S O D R I O C P C S E I O
O L C N K E U L M N T T M T N E A A C T E O Y A N
R N G C U A E F U N G I P G N U E R Y B E T R N E
C E E C L C R O L O C O E U K A R Y O T E Y O E R R
R R S R N A L Y E R A N I M A L L R T A E C T L Y
I U E A N I S E O O E K M A S A C P E I D U A T E
N T R L L E S S U T E P A D Y I O L E R I K R S L
Y A C U E H C E I S E N L M M S L N A E S O O D T
T L I L N O S C R T G O T I G C K O U T S T B N E
V C O L P R S O Y E C D E S E R B S B C E P A D C
O N E E M U I O N E E U E E S M S T L A C A L M I
M E S C C L A S S I F I C A T I O N C B T E S N L
E M E O C U R U L E G N T R T L E G O R D E R C U
S O S U E C L F I O L P Y E G L K I N G D O M A O
A N N S P M S R S F E R S G E S E I C E P S E U T
G R S B A U N L I C M S M P E N S O S N M O Y S G
```

163

Biology

ANATOMY
ANIMAL
BACTERIA
CELLULAR
CLASS
CLASSIFICATION
CYTOSKELETON
DISSECT
EUKARYOTE
EVOLUTION
FUNGI
GENETICS
GENOME

GENUS
KINGDOM
LABORATORY
METABOLISM
MICROBES
MICROSCOPE
NOMENCLATURE
NUCLEUS
ORDER
PHYLUM
PLANTS
PROKARYOTE
REPRODUCTION

SPECIES
STRUCTURE
SYSTEMS
TISSUE

```
R N E T A A A T P O M E A L I N N O N A T A C I T
O A G O C L A D R C A A I E F T L A A G A I G C G
I I A T G O A I O P N A I L R D N N O S L T I O R
V G H I L A T C S P I C Y L I P G A R B C O L I O
C T F C V A T A C E C Z A O G A R O E S I T T M A
H O T D C I E S I N O I Z H S N O R M M S O A O A
E M C I A O C R U N T O M A R G H E R I T A M G C
M A C A R O N I T E T L L G A R L I C O A M P P T
O T C G M T A G T A I A Z I N C L A M I I E A A S
N O A T S A P A O P K I S A G O I A P A P I N O M
N N E T N M S B G I O A N R O E T P P L L T N R L
A H C O U A I C A I L T N T C O S L N C C A N P P
P C U V N R O A A F T E S R E P A C O I C N S N I
Y E A G I E I I R R C A N C H O V I E S A N E I O
G T S N T T M E R A P I O T T T C L C N S I S A E
C A A T T T D N R I M O L I S U N N A S S Z N M E
I L R S O O A I T G T O N G R I D T O G A B O I O
E I A A C T H N L O C D A E R B N A I L A T I I T
U O N C S R A S S A P S D I S L C I A R A U N A L
I E I A I S N L I N G U I N E N R O A I T I O P N
T V R A B A T C E N C A O D N G S T N T C A T I O
S I A U L G A G R G A V A A U O R P U L I P E S A
S L M T L A O P A R F E A E E E Z S S S A R T A N
R O A A U I O A S S A A A N P O T R R N I N H A G
L O U Y I C L O N T R N P S N S M E A D E A A T R
```

Italian Food

ALFREDO
AMARETTO
ANCHOVIES
ANTIPASTO
ASIAGO
BISCOTTI
CAPERS
CURED
GARLIC
GELATO
GNOCCHI
ITALIAN BREAD
LASAGNA

LINGUINE
MACARONI
MANICOTTI
MARGHERITA
MARINARA
  SAUCE
MASCARPONE
OLIVE OIL
ONIONS
PANCETTA
PASTA
PENNE
PESTO

PIZZA
PROSCIUTTO
SALAMI
SPICY
TOMATO

D I E E A A R S O U O W R N A B D W E A E N M X I
A A I R E L A X I N G C S E I S E A I E B S L N H
T E O A A T U L E F S A P P A L L H G U E E B L I
I I S O B S S E G N E C A V E V P L T U I N H E E D
E A L E U I L I G A G N L E V A R T F S S E R A Y
M E T I D E E E N A L P R I A O I I X W B S F U I
A I R E P N L I E B G S I A S T R O P S S A P O F
W B N O A Y C O U P L E N E E I E W R G U I N L N
N A R O S I O R W N I M R F N A E E B U H R T D E
E O O M E I M V H S A N N G S O N E D N R R I O I
I S L A N T E S G E E K G T E P I T E A I A I G S
H I B S T C M L I N G E R I E Y U T C A E S A E G
E A M S L D O S E I N E I O N E R A A L P L H T T
G P W U G O R T I D S X I K C A P A E C L C T A R
B O V A N S A C Y S S O R A N R T I R I A R L W I
R A T N I X B S F D U T R S E O X I N E L V R A E
E A N A D I L R L C V I T R A C I C B R N I E Y S
R K I P D N E O V A B C W T I X L T A G N I B E A
U A G I E E V E E B D S H C O U V R A V T F T B E
T A L I W E O R E U P N E A S A D M I N S S N I E
N I S E R O M A N T I C A I I K G R O O I S D A R
E I C S R R N U E L X N V S G A E O I V A T F E A
V F T R A T R R E W M E A P C D A E R K I I S R P
D T I A I U A O R A G A L T N L N L W E S G T E E
A E E W I N E S R I R N E R I S N S W E F K L E D

165

Honeymoon

ADVENTURE
AIRPLANE
ALL-INCLUSIVE
BEACHES
CARIBBEAN
COUPLE
DESTINATION
EXOTIC
GETAWAY
HAWAII
HUSBAND
ITINERARY
LINGERIE

LOVERS
LUGGAGE
MEMORABLE
PACK
PASSPORTS
RELAXING
RESORT
ROMANTIC
SANDALS
SLEEPING IN
STRESS-FREE
TRAVEL
VACATION

WEDDING
WEEK
WIFE
WINE

```
A A C M I R L E H S N E T A C I T J O E E E H L E
T C E T R I O E O N E I Y E Y R A E N N A S U S E
O L L E P A S E A N E T L H N N O E O N E M R O I
H B H M A R T H A H E E L L E B A S I I A L H L L
L D N I T T H E I D I E O T O A I A A L E Y T E O
A E T L R M J S L Y R E H C A D T L A E U R M J R
T I E Y I P I E Z A Y E O S A R A H L E E J T P R
H S T K C R L R K R I U B M T T K J E E A Y U N N
T J N R I B E D Y R R H A E C N N S X R E E I T L
U T C K A B A O N T R E H I C I H T A E R E E I E
A T N T E U A H N L D J E N L C L E N P E U Y N E
H I E A E M A E L I R E M C R O A E D I H S I I T
A E I E Y E Y A L R A T H N A L N E R N N S D R L
A O Z C A A H B E A B H N A M E R A I K H T A U H
H H N T A D T I I H I B E C J O H T A T L R T M N
S T E L L A O S E R E A R E T S L T E I L A E N Y
K I K A T I R A A L E A C S R C H U T H A A L C N
A K C N H O O J L R E H N M T E R H A O M N U S R
M T A I E J D Y C I R C C U R D D A R D A N B Y E
A R M R R R J R L I N A I I I A A I H H H H C A N
B T I E E A U N S I A E N R E L C C I I E Y H M A
R N A Y S N D T R O I E O S I I A T I L E C K N I
H T E B A Z I L E E E N E S Y C T R I I E R E A D
E L R E A N T H T N E H P A O A B E S C C L E N Y
E N R T E C H A R L O T T E N C R A R H N R T L E
```

166

Girl Names

ALEXANDRIA
CHARLOTTE
CHERYL
CHRISTINE
COURTNEY
DIANE
DOROTHY
ELIZABETH
EMILY
ERIN
HEATHER
HOLLY
IRIS

ISABELLE
JANET
JEAN
JUDITH
JULIE
KAREN
KATHERINE
MACKENZIE
MADISON
MARTHA
NICOLE
PATRICIA
REBECCA

SARAH
STELLA
SUSANNE
THERESA

```
O C C T E A W D C I L L I L O F E W W S E S C A I
A D T T A L A O E I I H J T T A K L B M L E N M G
E D J C E P I J L A O R R R U T W E A E I N L K K
E K D C T R E T A L O C O H C T O H C R J U E O E
E N N P D W C A F F E I N A T E D A I E E C C O M
A I R O E C I T I H K O U L I C R U A T A G O L I
I R E E C I U J E L P P A T R B Q O B C E N N A E
O D E W I H J F R I R T L C I I H S A D C W O I F
N N B C N T O M I M S M E N A F P E O N E O I D G
A I S E K E T T R E P O I D M K K K E K U G E N L
D A E P A R A P D A H F Y L E L O I O H P E A U E
D T E C R S M P A D E R S L I N A D C S D H I E U
K N F I E I O E E E R W A M E D I N S A C P E A C
O U F R O O T B E E R R E B O D U I R D D R E C E
G O O P L O C E B E I T R S C P T O E T E E A E K
I F C F E C C W D E A E M E T B T R L J O R M R I
K L W L L I A H E L D A E I P A E E C O A I M A N
E C I R O R O I O W E R U O G L M O A O L O I E R
N L A I T L I C I R N R C E W O C L O H O C L A D
I N U S G N O N C A F F E I N A T E D W C E K A C
D A M S L H E A J R H S A A C E T T E F A E S A T
G K I H C I E O E B E Q D G E E K E K N C I H D O
R C L J K D A C I R H E O K E R R T R K O E A N L
R E C I U J E G N A R O S L I A T K C O C T K E B
T I A O M T O L T I R T W O M R D R P E P P E R T
```

167

Beverages

ALCOHOL
APPLE JUICE
BEER
CAFFEINATED
CHOCOLATE MILK
COCA COLA
COCKTAILS
COFFEE
CREAM SODA
DR. PEPPER
FOUNTAIN DRINK
FRUIT PUNCH
GATORADE

GINGER ALE
HOT CHOCOLATE
ICED TEA
KOOL-AID
LEMONADE
LIMEADE
MILK
MILKSHAKE
NONCAFFEINATED
ORANGE JUICE
RED WINE
ROOT BEER
SPRITE

STRAWBERRY
  DAIQUIRI
TOMATO JUICE
WATER
WHITE WINE

```
L D C E A P L H U S C P U S E T E R L B O T D C E
T H C I B O T T L E R O C K E T S B R E F I J C C
O K E S G A L F N A C I R E M A E K B I E R C T M
S I A P L A Y M T K E I S U D N O P R K C R C B E
B P A T E P R T A C R E K L H E D A D E E E H H N
O A H L A E L S R S K L A B W M S T A A I Y C G K
I R T H B C C E R A A J S D I L D R E M E H T N A
F A A E C N E D N E P E D N I R E I A A T K P N A
P D R D D L O S T R E H T A E W T O H D A L G E I
R E R P L E K D E B A R B E C U E T B M R A O F I
A C D G I C H M E L O D C T R E E I B K B V F I P
Y O T F A K M B A M I T E I C E A C A R E I L A C
C R N L M U I O A O Y L N H L A S M L A L N T C C
A A B H S E O N S L D I E W E A K H R R E R O F S
I T C O A E C R U A N R E D E D R A Y K C A B I S
R E A L B A B J O L P L R E B I O A G R E C M R K
M L T I N A D T U O L L I R G D W A G M T E C E S
T H S D A O D O O H R O B H G I E N E E E P E C S
J C L A I R F A I A T B I C E C R E A M O E T R E
R E D Y S R E L K R A P S E L C I S P O P A E A E
S E J A P Y R O T E C H N I C S F P L A O N U C T
N B E A L A R P L A W R P L Y N C P R Y O L R K D
A L J E E C I R I W T I C T T E L C F N O F E E H
D T E I T L N A T I O N A L D A Y P E O R H A R M
T A L U D E A E M L E R G K Y R O T S I H E T S L
```

168

The Fourth of July

AMERICAN
   FLAGS
ANTHEM
BACKYARD
BARBECUE
BLACK SNAKES
BOTTLE
   ROCKETS
CARNIVAL
CELEBRATE
DECORATE
FIRECRACKERS
FIREWORKS

GRILL OUT
HISTORY
HOLIDAY
HOT WEATHER
ICE CREAM
INDEPENDENCE
JULY
NATIONAL DAY
NEIGHBORHOOD
PARADE
PARTY
PATRIOTIC
POOL PLAY

POPSICLES
PYROTECHNICS
RED, WHITE,
   AND BLUE
ROMAN
   CANDLES
SPARKLERS
SUMMER

```
U S W E D P P U T M E R S R P K C R O A N A T G D
E C M D P D U R I N M L B C B T W T A A N R I E P
P S A N E N I R S R R P E R E B G R S G M E L M S
S U O R E P A S I L O H E R R P R A P N C D A L W
U W K O P E U R C E S S I E L N L L E U C C E W D
C G B C P A A L U A O R S P R S U N D A D T T E E
R N A U I A R D R U R Y R A R N D E E O I D S D V
T S T R A P D T R E S D E P L O R E B A E S G I O
I O T B I E E C S L L B T F E G K N R L O H O I A
Y S E S A C E C O B O F N N E V W O L R S O A S R
G I R I U S P E T A G D E R E M I I T R O C A M E
E T I D I W E P M D R R C C U M F I S Y I V D G S
O G E E A R T H D A Y E G A T D N C T I E U E G N
P R S S L D U Y O R A R N O N G C O C T L I E R C
T E T N E S A B S G S V I A S E O R R S D C A O L
L E L I I K D R S E A P L R I E W E S I I A T C C
A N G B C R E L E D L L C M B T E S E E V I E E N
E A L S A U D D A O U T Y I R S N H P C O N R R E
M R P C R S E W R I M E C L H V R E B A L W E Y T
R C W I S P U A A B I M E T A L S D S E P D C B E
A C N T G C K E I E N D R D E N N S G R L E U A S
B O A S U R S D R K U D E E G A V L A S S E R G E
M R G A I C O N S U M P T I O N D D S S I S A S M
C I D L A C T H N O I T U L L O P E C U D E R A L
E I S P C R S L C E C D E S M B L P R S P V T D A
```

169

Recycling

ALUMINUM
BATTERIES
BINS
BIODEGRADABLE
CAR PARTS
CARDBOARD
CONSUMPTION
CURBSIDE
DISCARD
EARTH DAY
ENVIRONMENT
GLASS
GREEN

GROCERY BAGS
LANDFILL
METALS
NEWSPAPERS
PAPER
PICKUP
PLASTICS
RECYCLING
   CENTERS
REDUCE
REDUCE
   POLLUTION
REDUCE TRASH

RESOURCES
REUSABLE
SALVAGE
SAVE TREES
SORTING
WASTE

```
Y O T A O R L Y N D P T C O B M S S C L G M B I P
B S R N E A R R J L M U A B I L I U O R R T E E R
N S T B B O P O A D S O A R O K A A B M M G B M D
O K W E O O O E T B A B I E S R U S S U I S E R R
E W A R P E E S S D N L S G K R D S D D R G D B A
T S A X A C B O S U R S Y O T I S E R C A B B A P
R U L K F A S E R C A O O R H E A I R S S E A R P
B U L C E S U O H E R A W K L U B U T S F S T N A
H K A A R D E P A R T M E N T S T O R E H T H E B
U L U E J S B B S W E N E O C L R T N U O B A S I
U L A D C D L N P R K E E E B E O E E X I U N A A
B E O B P S E G A B M O F C C N S G E A W Y D N U
B E R E E E L T E E A S O L R D I R R M H D B D B
E I K N N R A P E O R S F P D E T A W R O U E N K
B E I M N M R S O O T T U A O H P T H A L I Y O S
E E R D E A F E A C S R L E D B O U L C E E O B C
E R M S Y C T W O O N A T R T S U W S E F E N L E
A E A M S Y T O B J S M C C P R G M M T O S D E U
A A Y N E S L L P I T L S W R U A F B D O A S N K
T O K O L I S A L E B A C E T S S A H W D B B B A
E A O H P H C F O T D W D T S U T D E L S A N X O
E U U T A C T O P E D E C I F F O R E T H T D O T
Y N P R T D C H F B H O M U R E T S Y T R O O N O
A E B T S L H O K R C U A O A H T T S O X L H D E
O O Y D A O E S E W A E E W H T U R E B E E R N H
```

170

Big-box Stores

BABIES-R-US
BARNES AND
　NOBLE
BED, BATH, AND
　BEYOND
BEST BUY
BORDERS
BULK
CABELA'S
CARMAX
CHAIN
COSTCO

DEPARTMENT
　STORE
HOME DEPOT
IKEA
JC PENNEY'S
KMART
KOHL'S
KROGER
LOWE'S
MACY'S
MEGASTORE
OFFICE DEPOT

SAM'S CLUB
STAPLES
SUBURBAN
SUPERCENTER
TARGET
TOYS-R-US
WALMART
WAREHOUSE
　CLUB
WHOLE FOODS

```
R E A N R N T H S N U P S I E U D H I L O E O S T
A H W A E L I N A E J E I L L I B L P A V U N T L
A E L O T R I C O Y E L S E R P E I R A M A S I L
O A N S N L A A I N P N R E T M E N N T L W T O I
O L S R E W E U I E W O R H A R O B E D H R P T P
N T A T L C I G E A M P A E L Z N E N R F H H D L
R H E H A E I S R T A G R A M M I E S E D A L T A
Y E L O T L S V L L C D I Y D H J W I N R L B G S
I W I B L C P I R T I N T B L A N K E T A L I U T
T O E F L K O H F E E I L H C E N H A H M O J H I
L R E F L N P U U E S G U K I R L C N S T F U B C
I L R E M E C C R O N L S O G S E F E L A F E S S
E D I C P M U S M H R O A U P C I L N R N A I J U
S F E R L O L P L O N V I I C O M S R V T M I Z R
C O R U A O T G L F I E R R R C P R I I S E E P G
P U A A O N U C I F G B A E L O E F T T U C I L E
E N J E A W R V E T D I C I I L M S O E T E O E R
N D N E S A E I E H C N N T L S I E S G L O R T I
R A Z S N L I T R E A A A I E L R C M F N G U W E
D T F P S K C L S W E A R L Y D E A T H U I T R S
I I Y N F O O R E A A H B U R S C I L I P L K E R
H O E C A U N E L L T B H R R E G N I S L I I A N
R N T A T W U O A L U N T T R E V R T P I T O E B
N I A L O A R H O B C O N T R O V E R S Y I W U S
V C I C S M E L B O R P L A I C N A N I F V T N T
```

171

Michael Jackson

BEAT IT
BILLIE JEAN
BLANKET
BUBBLES
CHILDREN
CONTROVERSY
DANCER
DEBORAH ROWE
EARLY DEATH
FINANCIAL
  PROBLEMS
GLOVE
GRAMMIES

HALL OF FAME
HEAL THE
  WORLD
  FOUNDATION
JACKSON FIVE
KING OF POP
LISA MARIE
  PRESLEY
MEMORIAL
  SERVICE
MOONWALK
NEVERLAND
OFF THE WALL

PLASTIC
  SURGERIES
POP CULTURE
  ICON
SINGER
SUCCESSFUL
TALENT
THE WIZ
THIS IS IT TOUR
THRILLER
VITILIGO

```
E L L E N D E G E N E R E S X P E C I H E E G Y N
G R Y D C A S A R A H S I L V E R M A N L R Y K R
B I T A R T T E K C A H Y D D U B O O D E E E R V
R N H V C I H S E R E N I Y N R H R Y K C S K E E
I I R E L L I D S I L L Y H P H A M D N K O R N E
E E I C R I E E A O T R S N U E O S E E C H S I D
Q L C H E O C F L Y R U L D R K R R M D O C C A I
S K H A M M H N R V R C N P B I W N O E R T L T E
S T A P O A E E I S R L D E D A T N C E S E E R S
C R R P P H E N I L S S R I L D R R F E I R H E N
O E D E H E C R N O R N R N V I E O O R R A D T I
S B P L I C H G V S I A I T C A R R S R H G Y N F
H O R L L C A S M E K T C K A I D E G N C R H E F
E R Y E I A N E M M R C L E N P L A N T C A T E I
R S O R P N D A C A H E I E G E U Q I N O M R H R
D R R D S D C C M I S F E D M R H E K D D H O T G
R E E E I Y H N M Y S C L M Y A O D I R T A W C Y
D V R L L K O A I U N N I I A D I E I E A C X I H
M I A E W A N D A S Y K E S M A N L G D K N O R T
E R L N Y U G R K R Y R C W N A L A R E D I F D A
T N R O R F R T E M M O A L S A S N L F C I F E K
M A F P I M K K M P R D U T J B A E K N G D F C H
L O D E O A G I L B E R T G O T T F R I E D E G F
I J U S G N J I O M N A J B D G N R S S N A J A C
F Y P D L E I F R E G N A D Y E N D O R K C B C R
```

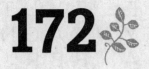

Stand-up Comedians

ANDY DICK

ANDY KAUFMAN

BERNIE MAC

BOB SAGET

BUDDY HACKETT

CEDRIC THE
    ENTERTAINER

CHEECH AND
    CHONG

CHRIS ROCK

CHRIS RUSH

DAVE
    CHAPPELLE

DAVID CROSS

DON RICKLES

ELLEN
    DEGENERES

EMO PHILIPS

GEORGE CARLIN

GILBERT
    GOTTFRIED

JEFF
    FOXWORTHY

JIMMY KIMMEL

JOAN RIVERS

KATHY GRIFFIN

KINGS OF
    COMEDY

MARGARET CHO

MARTIN
    LAWRENCE

MO'NIQUE

PHYLLIS DILLER

RICHARD PRYOR

ROBERT KLEIN

RODNEY
    DANGERFIELD

SARAH
    SILVERMAN

WANDA SYKES

```
N M O T W S O G T Y E E F S R A F G Y E L F Y L T
T I E F O E L L U U B F O N I H H L R M W E A G N
D C E L B A O A C D S T W G S C C A M A I F B R L
C R A I G S L I S T W O B I P T T N E T F L I X A
A O O C M R E G G O L B F H T S T R S B O U E O S
K S S K A T R E R A W P O D R D W U E Y T L M G U
S O E R P S C D N R A T L E N E I O O R P T Y F P
D F O I Q N P P E N O Z A M A E T J K T Y N I N O
A T I A U R Y M S B P R R E B D T E H U M R U S L
N V E L E B U T U O Y T I C O L E V A R T P I I H
M G T S S X K C I M A B M F U O R I D E F N R T O
Y A S P T I K A A M I R D U T T O L I O A P T Y T
F I A O L E K U R B E E B I F T N I O E C S P A I
R D D F T B M G L P A S O O O E G H E N E E P T O
P E M N E O E N P F M A O A O I U I D B B O T F E
O P Y O R S A U R K L E A R S F U E A R O E H R L
L I N K E G A I P D X S T H B P G Y G R O O U N A
L K O I M E E T U P A I I I L A O L P Q K T R N K
N I D E K N I L E T O E N W D I T P T F O U E A C
I W T S D C B D C E D G I H E T W Y E C U N E M N
M W Y S I F I A A B G N O T S A B F H L I A S T M
O U T E I A N I P S G A R I R K T T U E G W U M I
T E A T N D T I S I O A U V W I N H Y A H O O R T
R L R C S R B I Y T Y B S A I R L E E L X W O L R
M R A R P C C S M O E E E R M Z R C O R H N W G B
```

173

Popular Web Sites

ABOUT
AMAZON
BING
BLOGGER
CRAIGSLIST
EBAY
ESPN
EXPEDIA
FACEBOOK
FLICKR
FRIENDSTER
GOOGLE
HULU

IMDB
LINKEDIN
LIVEJOURNAL
MAPQUEST
MEETUP
MICROSOFT
MYSPACE
NETFLIX
NYTIMES
PHOTOBUCKET
POGO
SNAPFISH
TRAVELOCITY

TWITTER
WEATHER
WIKIPEDIA
WORDPRESS
YAHOO
YOUTUBE

```
E M S R O T T R G A B L U L T R I S I A G I N R I
G N I H R S N E S R T L T E I O M D G O T A T E V
A D F N O T A O D I U A I O O S D R D Q A S O G I
E E O E E U L O I O O T T T I Y B S I R G S S T L
O E G T T Y S E M A G D R A O B G K O T L R S S B
R N O B G T E E E T A B U A G G R I E I D N S M S
E A U A Y N H A W W L N M D I G T B U L B D R S N
N O E N G E D U N A U W T Q E C T N T A U S S S G
C G H I D F N D E T R T I I U M D C S F I A A B B
T T G N R O A L Y E D M T K F U Q R L A S U T W I
M S N L E I N V I T A T I O N S L T U W G D M R G
N V I T L E R E R T N D O N I I S T U E O O A U Y
A V T I A M T W Y U S D C E G C D S D T V S I E L
N W S L U S Y A D I L O H S T O E O U I I A S S I
A Y A N G D D U E N L D H G H R D N E T T A I T M
E A T E H H E B N I I A J G N E E G U E S T S T A
J A E P T D C E B E H Y W D E B A L L O O N S N F
N I N R E S O A J O N D A N C E O I I M Y L R R G
R A I D R S R G E A D D Y E G T A S U E T G I W W
N B W E T B A E E T Y I E K G A T T A B E E R A R
A R E M E H T E M A P Q U E S T M E R E N W F S O
L E F Q N S I W S M A L S E O V R E I D T N D I O
S E U E U C O O L E R I M W E A S G S I D E E F E
O E N L T G N I L L I R G S L D L N T D A N Q I D
A E R L A U S A I R E I H R I A C L A B Q T A I M
```

174

House Party

ATTEND
BALLOONS
BARBEQUE
BEER
BIRTHDAY
BOARD GAMES
COOLER
DANCE
DECORATIONS
DEEJAY
FAMILY
FOOD
FRIENDS

FUN
GRILLING
GUESTS
HOLIDAY
HOST
HOUSEWARMING
INVITATIONS
KIDS
LAUGHTER
LAWN GAMES
MAPQUEST
MOVIE
MUSIC

SONG LIST
THEME
WEEKEND
WINE TASTING

```
P O O E A O T U C C C T B A O E I O R A A A R S Z
L D E A H E S O H F T R F O A E B I C R U R B I C
M N E L S N G U E U A U C B Z E M U U N L R U S I
L A L E O H N R R S M M A H P C P E I B I V T S N
R L M O G O H I S E I D I C E T I S A E H T Y E R
E Y I O A M E I S A S A C L Y C E C K I O O T S P
C D T F M R O M G M S S B R Y T K H S I P P K C E
N N S A E D T U A C R A A R L G S E I E N T L R S
N A N D N S A I E B T N S Z A H O R R L A O R A D
E C L D I M T N G P O O R M E Y Y A N S I S A B I
A I H O G E E A A I Z R M R C T T C F A E B U B E
M O A U H I R R T V V O I H R I E T A P M Z E L A
C Y I C T O T C H A N N O T O R R C A O Z A K E H
T L L M P E I G E A F L S N S P I S E E H C R A P
S C T O S P S T R U O I A S A P R C R T P G C L F
I E P U P T O A I O P A E P O T R N R N P A E A P
L L O R I O Z B N O U H A F E E F R R H R I Z I E
U M M T M Z N O G D C P O R M D N B A I O B I A S
H D O I L I I O I B L N L I S T I T I U F U F U I
P A I M P N R R M O D A T E E C U N N B I P E E E
T P B S R S A E I E N Z D N O R S T N L R N E N L
R S C D I H S R M C D C S D N A A N E U O L S T L
L P Y T E E B T I D G A H S E E E E P P Y E E H E
O G N S A I E U L C H E I T O R H E N I N L T T G
K A R Z A S T R I V I A L P U R S U I T U B S T P
```

175

Board Games

BACKGAMMON

BUZZER

CANDY LAND

CHECKERS

CHESS

CHUTES AND
    LADDERS

CLUE

CRANIUM

DICE

FAMILY

FRIENDS

GAME NIGHT

GATHERING

GROUP

LIFE

MONOPOLY

MOUSE TRAP

OPERATION

PARCHEESI

PICTIONARY

RISK

ROLL

SCENE IT

SCRABBLE

SPIN

TABLE

TABOO

TIMER

TRIVIAL
    PURSUIT

TURNS

A A H R G E B T N G L T M O I T P C C E I A G C A
B E A C H E S L L S O U T H E R N B E L L E C N S
S N C S U O S H W B S B R P O S A I A O W R A B I
I O C S S A S S A F R A S N I A T N U O M N A A I
P D E L X L L C R P E N C C S Y A M R S R G Y S L
O D N E Y A C R D I E S S D B A T O N R O U G E S
E T T S D O A C P T H A C I A I A E M P S X M T G
B E I X M S I N T I L O A W Y P W E R G S I I Y N
H R P I A M A H S N A E L R O W E N S O E U T N I
T T P U E C N T V S I G C P U H E E R N T R U E Y
E R I A E M O H N W O D A B B T E S M E I A M E A
I I S P E R I N L C A H A O Y S N W T W V N H T S
G S S A Y L T E N N E S S E E R R C A I O I N I P
N A I E C M A S O N D I X O N N O S P T L A R N E
Y A S N N Y T G K T S F R C G A E C A H L C D O S
O T S A S N N N E R I W N H H E F R I T T E R S V
O H I E O S A I N A N A I S I U O L A H N A E I C
O G M U W I L L T I R R A C I H A R I E C A R T E
R I O B A S P P U T C C S A L S A N G W S G I B N
T U I O A E W M C T R I P B I L S T R I I D L C H
S O R M N S A U K O I O N Y S A Y L N N A T K E N
C T L E I N N D Y W T V T B E N C P I D N U P U I
G E R E A Y R R O A C N A N L A I A E O T U W S N
A E W D Y E N Y C A R E D E F N O C E O E G P Y S
C K P O I F D N E T M L O G I Y E D A S A C S U W

176

The South

ACCENT
ATLANTA
BATON ROUGE
BAYOU
BEACHES
CHICORY
CONFEDERACY
CRAWFISH
DOWN HOME
DRAWL
DUMPLINGS
FRITTERS
GEORGIA

GONE WITH THE
  WIND
HISTORY
KENTUCKY
LOUISIANA
MASON-DIXON
MISSISSIPPI
MOUNTAINS
NEW ORLEANS
PECAN PIE
PLANTATION
RIVER
SASSAFRAS

SAYINGS
SOUTHERN
  BELLE
TENNESSEE
TEXAS
TOBACCO
VIRGINIA

```
E E R D T E R A R O W L E E S L C L A S M B I A N
T G E E R L A A E D H A W S O O Y N S K G F L C F
L N H G O T A D V C U I L W K D E F Z S H N N A H
S I O A D C T W L N N R H A H A A M B I O H T R T
O L Y P N I A E I D S R G T R N O S T H O J R C E
D B M M P R N T S T R E T C H E F H W N R M L U L
N R F C I N E F H R A W C H O D R E B A T T E R Y
I I T E G E R G C R I L C O T A A C X G O N L R A
I P E L G Y D A S G B P H N N N B L E P M C S R O
H P D H I C G D S U H A L A I D Y E I A D L E L X
H A T L S D C A C E O B L H N M H C R S I U C L D
D S B T B M E K T L E A A L X T T A S C S T E R N
W T B A E U L P R D E E H E U S M I N R L E T A T
M B U C H E R E R A A H L L A D R E G D E N E E R
T E G R T N I N S W B O H M T E R N S R E B C W S
U E J T X C D D D A R S W I T Z E R L A N D M I U
A D I D O M K Y C T I I I N D I G L O Y H L B U O
E K O E N E E M N R T V S U L P R I T R O R M V N
T E E T T A C T D D Y T P T O Y O A A L E B I R T
U E V I I J H I A L N S S E M U K C L E W K M R S
A B P E I E G R I L E A T H E R D P K W N E A G I
E A A O C I U O U D R O B A T R M E X E M I T M C
E L W A T E R P R O O F H N L R L E R J T E N I H
D N F A K R B A I D H E E D W E D D R S I C T C E
D E L D A A E H R M C O L W E L W A C O N E L L R
```

177

Watches

BAND
BATTERY
BLING
BUCHERER
BUCKLE
CRYSTAL
DIAL
DIGITAL
FACE
GEARS
GOLD
HOUR HAND
INDIGLO

JEWELRY
LEATHER
MAKER
METAL
MINUTE HAND
NUMBERS
POCKET
ROLEX
SECOND HAND
SILVER
STRETCH
SWATCH
SWITZERLAND

TIMEX
WATERPROOF
WIND
WRIST

```
I F U R T A K H E S I S U L O R S O L R N F A T L
U J L A D M A N D T E A J S E A N H H I H S R A G
N O E R J U R L F D U N E T A A E E R R G A D R G
Y A E T E A J C E W K A E R O M L T E M N I A E Y
D Q N M F M H Y R V M A R M N I U T O H R O V H D
E U E D F A T Y L C T O A Y R O G E R G H I I G S
Y I G A R R E T T C S I A N F E E T L O H M D E E
I N E L E E A E S R R C R O Y O L E U R B I H N R
U E E R Y K W A Q B I E O H N G C E C B H N J I H
I S R C R V C L E O H T V T L M S G R A A O R E R
H D S N U I A N L P E A A N T E I L T E N K E R E
L D H W N R H E O L N F W A A R L Y B K E J A O S
H R S E S S B T A E R R E M R A G A R R I S O N V
E A D E I I S W I R Y E A T Y N M A I A E A Y N A
E W V W W I R X D U N D D R R M B R A M G M D O H
U K E S R U A W H W E E A R R L E E N R O O Y Q D
E L S H A S A Y I S U R J G R D R R T E T H H E L
G A C R T N I L S C I I N R X R G A I N I T S U A
E K E T E T L X D O J C K N T S Y M O U U B U E A
T S A H D I A R Y A S K N E T N H Y A D T J E S T
A R N A A V C M S W Y O J C D A R Q T A Y L D V M
C L R M I O E O M L R I E L G I E R U U R L D T A
N A L E X A N D E R L R K C G W T E V H R R A R L
S S R E E I D A X E E D N E A N A E E A I H N R
C A E A I N Y T R D R X L D T A D E X L V O T A T
```

Boy Names

ALEXANDER
ANDREW
ANTHONY
AUSTIN
BRIAN
BRUCE
CHARLES
CHRISTOPHER
DAVID
DYLAN
FREDERICK
GARRETT
GARRISON

GARY
GREGORY
HENRY
JASON
JEFFREY
JOAQUIN
KYLE
LEWIS
MARK
MATTHEW
NOAH
SAMUEL
SCOTT

SEAN
THADDEUS
THOMAS
WILLIAM
XAVIER

```
R C O C O U I G E U O C R F F I Z N U A E O B O L
E C E D S E B I I C O F F E E B A N L R B U C N C
I I A P C C O A N R H N L I T N Q Z U C E Y N R I
A O T C A A C I U I I N A E S B C N A C I B R I N
F I M O T T O S E I T A I O L L E P A A P A R A E
C M U I T N U N U H T A A S D I M A R Y P U O N M
A B M A L R P A O M I N E A A H N N C E C A N P O
C E M A E C F R C C E C I C S E U C O H G O C E A
A U L P A Y R O T S I H C L N E E I A I E C O E M
N T A C G U N E F E E U A R I O D E S C A S A A O
A E E I W T M A A N T Y G Q A L M N T P G L M T T
T D C C I S I L T H T I L I T N H T A S A A E L E
O M O N I C O T E S F F L H N A I F N O Z N L H A
F C E L E W I N E A E E I O U C E T U O E L I H C
T N Q E L S M A N E A A Z N O R A I N F O R E S T
T M U S A L R E B F G A A E M W I R R E C T L R H
R N A E V T U E O T P L R O D A U C E M G A C O L
U S T U I M A S A C R S B L A G A Z I A N R A S A
O I O G N S S M A C H U P I C C H U A G P L A S A
O P R U R N C E A S N L N T F N N O S E C O A C O
E N T T A I B M O L O C O O Q I Y H A E N L I A Z
L O S R C E A I U S L P C I I A N I O T N O E Y L
G A B O L O A G R I C U L T U R E O N I O C R C L
I A R P F A O I O N P N N C C H T S O H C N O P S
N I T Z N U T I A M A G U O E A E R N E S L T B N
```

179

South America

AGRICULTURE
AMAZON
ANCIENT
ANDES
ARGENTINA
BEACHES
BEEF
BOLO
BRAZIL
CARNIVALE
CATTLE
CHILE
COAST

COFFEE
COLOMBIA
CONTINENT
ECUADOR
EQUATOR
HISTORY
INCA
LLAMA
MACHU PICCHU
MOUNTAINS
PERU
PONCHOS
PORTUGUESE

PYRAMIDS
RAINFOREST
SPANISH
WINE

```
I I E T S A P T R I M A M S N T I E N I E N E O T
S H T H C A T I O S U O S O I O I T A E G G D I L
E E M T K S U R U F S R I M E H E G Y L D A E J T
U R E H N T N K O I N T D A T R S D L A M Y A E A
U A T U A U I J R R A E I G T T A O I I E O K T D
R F T R I N A L Y N E E R R E R O R L I L C K A R
G B P L R R S C I E K E A M T S A A A A I I I I I
B E K S T C E T R I Y S B T D S A O O T E T S G T
G H S T S C S R B H E N M S F N S N M G A N N E S
A N M E E E R L O N P E G J R E E A M Y M A C P R
R J N R D R O U A M G N T S I Y J R B V T A D C W
R M L N E O N L T O I I W I T Y N S P D R I R W I
C A H M P D P V E P N E E T T T R A S G A T C R N
R M A R T N R B P N S B A S I I E U O D K T R H R
S Y A W B U S I I P E R A R A P E G U L N U L N C
Y C I Y Y M H N V A L H B C W B L U O E T N A U A
O U R R A S O I R E I G V G G L V S A P R I M B L
S E P T L I N I S G B I C Y C L E N R M C O E I N
R A O O T A H I H P O T S S U B D A R N R R F A R
A T R A T U V W A T M R K T U O A O O S N S S N A
O A T I R S A I D R O E T A H O I U F I E A R S T
I S V I R Y T P R E T U M M O C A B P A A B O T E
A R D M G B U S I R U C R R T E M M N A S J N N R
T E R M I N A L E V A R T R A N S F E R O O B R C
A R T T P A R T P R C A C R A E N F R O H C E L E
```

180

Transportation

AIRPORT
AMTRAK
ARRIVAL
AUTOMOBILES
BICYCLE
BUS
BUS STOP
CARGO
CARPOOL
CITY
COMMUTE
DESTINATION
DRIVE

FARE
GREYHOUND
HIGHWAY
JET
PEDESTRIAN
PLANES
REST STOP
RIDE
SHIPPING
STATION
SUBWAY
TERMINAL
TICKET

TRAINS
TRAM
TRANSFER
TRAVEL

```
I A S S I O T E G I E S N B C I C T O G A N M P A
I W A O C M I A T O H I O G G E S R I R H E D A E
B W H I E B M O W W C C O M T G X S G E C O H G N
S A E R E E L G O O G H M L B L O G E P R A O B T
R D I C S O N E N C M B C E D R F O N L A O A S I
E O A R E R O L P X E O B I W E E K A I E E W N A
B R R G C O I E R A O B A C F O R O R G S R O S A
D A C T R N E E I A W N N O E O I A A A O S I B B
R U C A E R T E G P R M E R M I F P P E M L T W P
P R O L D S E E N L R G E W R A B I P L O K C O V
O I N N I D T S I E M E T F S E P S L E H A O C G
E L N G V A N N P O P L A C W N S S I L C R M O X
R H E A O O M C P N M E C N O K C E C E H P I O B
E R C O R L I E O O L C I D M O I M A L R P C H E
O R T T P N N L H L O L N A T O O N T R I A S A W
A G I C P W A O S N A L U W D E M L I R C A M Y E
X S O A E O O S H B I O M M C R R O O O C H U E D
W O N R A D R D F R M G M M G T E U N P E R F C I
L I D M I I R R G O G O O E E G T D E S S A E E W
O L L R M S E N M X C U C L G E U C R M U A N R D
R F E S E L E O T P T T R A R P P C P N G R T W L
R P F I A R A N W I O C E I O P M R N S N O L R R
N N I W S U E L N D O K L P I N O L A R A L E G O
I I L D I B R R O F E R T T X E C S O N A A H H W
I C I F A E D N E O W W C E I O C U M G E I E N U
```

181

The Internet

APPLICATION
BLOG
BOOKMARK
COMICS
COMMUNICATE
COMPUTER
CONNECTION
DOWNLOAD
E-MAIL
EXPLORER
FEE
FIREFOX
GAMES

GOOGLE
LOGIN
LOGOUT
NEWS
ONLINE
OPEN
PROVIDER
REGISTER
RESEARCH
ROUTER
SAFARI
SEARCH
SHOPPING

SPAM
WEB PAGE
WIRELESS
WORLD WIDE
    WEB
YAHOO

```
O B O S G S U R N E I I A T K P E M S I L I M R E
K K M U E S U A B A T S H H L N G L A O C C O S P
A S T P O A I L K P G U N H U E S U Y N R I E A E
O S P M G S S L Y L E S P T C U R I B O U H M I R
E U R U G A B E E A A M C E M L I N I A T O O H R
I P R U A L T L E A A U C I R L T I O E C U R P N
W T U A E O T Q E U Y C E U E N A H N H T N I C S
G O N A O K N I W R H U C T R E N C I U T S A R D
R M E M I P O O C K N C T N C C O C O E P H O A S
O A A S E I N I K P M U P A E A K U N P S N U E C
N T L O M B U H E S C M B C R P B Z P A C R S D A
H I R H C P B S N E O B H H E L U R U A H C I O U
U L U T A T G P C A A E E A I A A Q T A A G P E T
B L S A U B E R E G T R O R H P S E O T A M O T L
E O E I L A R O E N T S H D A P O T A T O M A Y S
H A I L I A T U R E K O H C I T R A H A C O O N P
P C L O F R P T T A N P I N R U T B I D S P C K A
P A B C L E S S N A E B A M I L L P O S O C E R T
U E H C O R T R T P B C E R S N U L H C R L L A P
N N T O W E B S P A H A E A U T E H A C O C E I P
S C I R E A C E G S A P G C N G A E O O B R R U N
E E C B R E R E K I C C L A U S U E L G P T Y N S
T P T P L S Y R I S K E A M T N A L P G G E S H M
U N L S T U O R P S S L E S S U R B A S H Y R R A
P S N E L A S U R P U S C R N R A D I C C H I O E
```

182

Vegetables

ARTICHOKE
ARUGULA
BEETS
BROCCOLI
BRUSSELS
   SPROUTS
CABBAGE
CAULIFLOWER
CELERY
CHARD
CHICKPEA
CUCUMBER
EGGPLANT

GREEN BEANS
LEGUMES
LETTUCE
LIMA BEANS
ONION
PEPPERS
POTATO
PUMPKIN
RADICCHIO
RUTABAGA
SPINACH
SPROUTS
SQUASH

TOMATILLO
TOMATOES
TURNIP
YAM
ZUCCHINI

S A T I B V S H G C I E E P P R T E S G B S R A A
A S O O L S I S R E E H C M A E T E M O H B F N I
C O C C N L U G S N E L L O G T A E R L G M O H E
O H D O W O C T D E N L G E M E E L L A B E S A B
L M S C D E T A H B A M L F R P C S U G S C N L E
P R A C S E P I O B K L L E M R E V A W E H T F E
B N I R F R R N T A O S B O E U C T E H R U O T W
S C E P H M A E D C S E C C A O I S I S L T G I T
C A I E N A K C O E E M C P B A S D E T E A N M L
A A O H K S W V G R A O L N E O W N A E I N I E R
P I I L A S B A S O S L L T S D O A U T E O N E L
S P O B W O O S E C O A A T O I E T T R S H N A E
E O Y L S B A T F S N M B I E A T S T E K C I T A
M F N A E P O P C O R N T A T O B G N R P M I S G
P T E G P B T O I N O B O O L A A V E T S O S O U
V O A E C L C S A I R P O E S T S E Y H P O R T E
A O T W R E S T L I N G F O R A A T A R E N A R B
O E N H R E R T L P I H S N O I P M A H C L O T K
P I I P F H L B R O D R G A T L G O D N T H M O E
N R P O C N B P M N B I I K I G H R A U A A E I E
L C R O E P B G E N L T B U S A S A E E T O T F B
T P T L L A H N B S T I G B I T E R L R O T V N O
I M S F I I O A O N C E E N V E C N E O R E E O S
L H L B A E K S T E P A T C F E N N L O S E R E T
N G A S E H P S D O E A S A S E L O S W A S A L I

183

Sporting Events

ARENA
BASEBALL
BASKETBALL
BEER
CHAMPIONSHIP
CHEER
COLLEGE
COMPETITION
FOOTBALL
HALFTIME
HOME TEAM
HOT DOGS
INNING

LEAGUE
LOSER
POPCORN
PROFESSIONAL
SCORE
SEASON
SOCCER
SPECTATORS
STADIUM
STANDS
TAILGATE
THE WAVE
TICKETS

TROPHY
VISITORS
WINNER
WRESTLING

```
T I L A I G T O E I S R A V O L R I A P N E V H T
V R B I S G N K G T A A N Y Z H R D S U E P C O E
B P I G D T A R N T E A B S D I A E R H A P N H N
G I S T Y F C I T U A K R T P N I A N I P I E L R
T Y A T G O O B A R C O I O N E A M A T P C R C E
L A G A R N T T A U L O O T C O O T P T N K H A B
A R E E A V G N F A O V L S A A A G C A E I H U A
A R D M N R P A I N R O F I L A C D R Y L N V V C
T I N T S A N T A I N D T H G I L F I E N G S I E
E O A N A N T V I T I C U L T U R E P N A P L E T
L L L P S I A P Y N N I D T E V R B N R T T C R O
L G N R S N M O L E B A L O A C N I L R F A N K A
I N U E E O R U U G T V F R U A M I M S I I N P N
A O T S T M B F T R R U C E E T P D O N G N E R A
T A T S A T O C A A S H B N A P A V A L L E Y I E
L T P O H U U O D L E P M V L T E K B G A T E R E
L T L S O R V T T E O R V A G N V L G N I N T U A
R N O C P S L I I U N P G Z I N F A N D E L L S U
L A P E E E N L G I K F P L P E T N I T N R R V L
M T C I I L K L L N R C P A A N V C R M O E I H C
S L T M R I L A E N O P I Z B R A I U C P N O E C
E L Z G N R I A R T C N N T G N I T S A T I A C N
C I F N I R T U R B S C P E C N U E R A U V E I N
L R L O R A A E A D P I A P Y A Y G G S H T P N N
I V F I T I I O B C H A M P A G N E V F S I I E H
```

184

Vineyards

ACIDITY
AGED
ARGENTINA
AUTUMN
BARREL
BRUT
CABERNET
CALIFORNIA
CELLAR
CHAMPAGNE
CHILE
CORK
FLIGHT

FRANCE
GRAPE
LABEL
MERLOT
NAPA VALLEY
PICKING
PINOT
PRESS
SAUVIGNON
STOMP
TASTING
TOURS
VINE

VINTAGE
VINTNER
VITICULTURE
ZINFANDEL

```
T C R T A A R M D A R A E I D F F T I F T O I P N
M T O L S I T R L D T E E S I S R D M S E T O T Y
F P X T P E P D R I D E S G U N G C R A E T S O E U
U E C H T A T W N T R C S A F O U U A M E A D K L
A N U S P O S U S A O D D S D I M P D F F R C E R
R S U D F N N I S C L O R T E T N S S H U N C N A
D C I R O T F C O W I T O S N C U I R L N L A S O
I U W S M U U N A G I H P I D A C D I S N A N R R
O E F R V N S E L N S F E X K R I E N C E F D E R
A I E A L A M I N A D E F F U T S D E S L S O T O
N T R C E D A C R A N Y T L O T T O V A C R V C I
K S D R L N L E A E E W F A U A A W U S A R O A T
E N P E D I L S R E T A W G R F P N O O K R F R K
I D A P S K D S O H S S G S N T E E S E E R O A F
E D N M S F F O O D N T A A R I S E O U C A K H S
D L W U W U D T N D I A M O I S L F N I P C N C O
C N E B N N A E L C A L E D C I R L N R F O R A S
T R R L I H R F K D N S S K K R T L I A L A T P R
A G F E L O R E D R E N E E F E E Z C R M F T C W
A I L D F U T L M A S E A L G S E L O B H A R O O
L O E B O S T R O L L E R R F C L D L X Y T S I S
I D I S N E Y W O R L D O D E C T E T O E O Z S T
A G I R E C E E S Z T E O R R F R E C R R R D R X A
W T D O L C O L E E H W S I R R E F G P D E E R E
A E N T U E E O A L U P A U C X T C R S D L E T N
```

185

Amusement Parks

ARCADE
ATTRACTIONS
BUMPER CARS
CHARACTERS
COTTON CANDY
DISNEY WORLD
DROP
FAST
FERRIS WHEEL
FOOD
FUN HOUSE
FUNNEL CAKE

GAMES
HOT DOG
OCTOPUS
PRIZE
RIDES
ROLLER
    COASTER
SCRAMBLER
SCREAM
SIX FLAGS
SODA
SOUVENIRS

STROLLER
STUFFED
    ANIMAL
THRILLING
TICKETS
TOKENS
UPSIDE DOWN
WATERSLIDE

SOLUTIONS

1

D B A V L P D R O O L S A A L A A R I W C D A E S
I E T V I C T E I C B R Y I I A H G N A H S S C S
S A Y T I C K R O Y W E N C T H C W L G B A A N O
T A A N M R U I E C T I H I R N P G R C B M T I H
A W N M E A N E O A L I M A R E M L G I R N U R H
I N A S T D L E I N C A C I S E X O E L G A C M B
R S I B V I O Y R A B I Y O C I Y E N D Y S A S I
S I X D A L S N G R S Y T I C N A C I T A V N S D
N E M I N Y A O T K A U N I D I A T A O R L R A S
R T N A B D N N C R C E A N A S X S M R R E I E C
B O S I I U G R O R V E A Y L O N E R N N T A H T
M P S A L R E I N T M L A A L A L P M C N T S L P
I E C I N R L N R C T A T N A L T A S A T A L H A
R Y N I E W E C O R R C M S S L I D I L O A A A R
L Y E N A U S B O S Y M S L W W A U E Y M R P L I
C I R I O C N P I D A N N V N A E B T C R R A S S
E E I A O I M N E I B I O L T C R O C D I D A M A
A D A I A O N N R S D I R D A M O S A D O A L R I
H S P C H Y V M N E M S A E N M T T A I L G E N A
E O T E N E A A N A S W O C S O M O O W S N O N E
S A N F R A N C I S C O H R Y N L N L K O D G A I
L N I E L L G M D N I L N M I S A E R K Y B C S D
D C L P T I B A A A V A E O P A T O B A N O S C E
L T O I T T E O Y K E R H N D A C L N C I X Y P N
C A I E E I L M C A L N I E C E A L N X O Y T D A

2

S S L E N P E T G H P T O K L N N S E N B M E R T
E C N C O E E C N P R A A E H G S E E E T O O S M
S F Y O I R S G I N D R A U G T N I O P U E A L R
T I E U H T N N L M C N G E O R I F R L O A K T A
W P L A N R A I B N E N N U S A F T D A D S T N U
O T E L L D A K B O U A R I A E H P O N E C Z C T
O F R T I E A C I A O N A E N F G N E O L E I E E
E F T N B F F O R W A R D S G J E L R I U A I R R
L N C O M E F L D M U B E F A E D O B T O C T E L
E G M S H N I B E P I L O M S N L I D A F H H U N
G N N E F S F N R P P A E D W T N L G E P O E U A
D T E N C E T L O P A S S I N G A N O R O A L E D
A U I T F E L M M A N T O M A N C T R C I A E H R
K A M R A R A D C A N A E S O R O A K E N N N E O
B O M E D E W F I M N T G I H O O E I R T M A R J
L L A B T E K S A B T S S L S O F W A T S F T E L
N E K N U D M A L S E S R E T N I O P E E R H T E
S H O O T I N G R N E E D L W O R H T E E R F N A
N L R A T O I A A F L J O N L E O C O U R T O E H
S E R H E S E N O E S H E A U T O R E M E C G C C
I T T A C N S R E R U L A N N O O D E M F O B T I
O L M T T R P U H O O P E F R O B H B F E O F E M
S W I E L A Y U P C N T Z O N E Z E D W R R R E M
T T S G N B A L N S T O E O W D D R R T N P G A L
N H W O S O N Y D L O N L S D E T C T F M M M E C

3

M E Z S M D A B A M O W A A Z O R B X N C N R B L
F A A Z R A A I N V E N T I O N S E P I M M R R B
O H R C H I F A K O T E G D I L O O C N I V L A C
I S I Y A W G N I M E H T Y O E H R M D L S I D E
A O M W R N I P T F I T Z G E R A L D I E T H R T
G U I L L R J O E I K O S C R C M N L S F U I O H
E A N Z E E L S O S W T O R T X O F O U K S D E A
H E O S M R C T X S A W H A R T O N E M P A P D R
N R A E R T E W H R D D S R T B E M O E E R H O C
W N E N E E K O D E I V V L S R W E A M O L A W P
R O A M N O E R A P A W I W I G F K I H Y S Y G B
H S E N A N A L N P R E R U T C E T I H C R A A O
U B N E I E N D C A T C M D N A G B Z C R N E S B
N M A M S I E W E L D E K O S A I O W O E A I A J
K O E A S T E A H F E T B Y R T H I A E T K E B S
S S Y N A I A R A A C N B O I O I N S G T E A S T
O E A I N W A T L M O E B O B B E D H A I R E E O
T K T H C S A A L T E L N K H D C H U R S T O N C
G O D F E L O A S O O V P K L O J I G F L W W H K
I O R Z N E Y E S P M E D K C A J K H F Z E I O I
H B T W O O L F E O O D N N Z S O I E U J G T N N
R E H T U R E B A B R B C Z G U B E S S Y Z E W G
E E B L A C K T U E S D A Y A E A I T A L K I E S
E S L H O O R U A P P G U M E G A T L A E Y T E Z
I E C K E N P W O M E N S R I G H T S M O K I N G

4

E I N T E R N E T A R R T S O K A E E T A Y W E T
P E W S O V H E E P R E M R M D R A O S E P K T R
C C R A O R U I G V O R W O O C T P I E E W E E P
O N T I H A S S R S F W A D A A A P E N D T M D T
R E P O P S O E A L M S A T A D N L T S K M O B K
I E S H U L E P P A O R W S E R R E I E A T O V T
K R R R V V P V H C P C I S R M C P R R E R P V N
L E M E E I D I I R S C N L A P H I G S R R S T E
P N E T W O R K C R O R D O W O O O K N A O P C T
N P M U O M S U S N D R O N T T R I E O P O E O H
R Y O P B I S S S N D K W O F P O I U I R P O P E
A E R M T C E M L E P O S O O A I A J S O P T N R
S R Y O L R C O S T N H T I S L I N U X N P I M N
E M O C S O S K A P O O I B D L O V T S I R C E E
R O D L W S T E T P R O C E S S O R C R O R R R T
M R E A C O R O H E P I N R C I A M C A T P K T T
N R N N P F A F W S M L S S N A O S P E I O E O I
M S N O I T S O W U A E I T R M A D N P P V Y O H
R P E S I N T E M O A O K C L V D D L R I Y B S K
O E E R C D K P A M S S P U A L E U O R R P O A A
M S R E R A D O B E Y E O J R T E T D M S O A D T
A V U P O A N E E T B N E O N I I D S U O D R A T
P F C R O H I N F S N U M I R N R O P I M B D O O
O L N P A P E R E I C I R D O A T S N K M R E I E
N A D O R I M M P R M P L M H L R R P S T N R P N

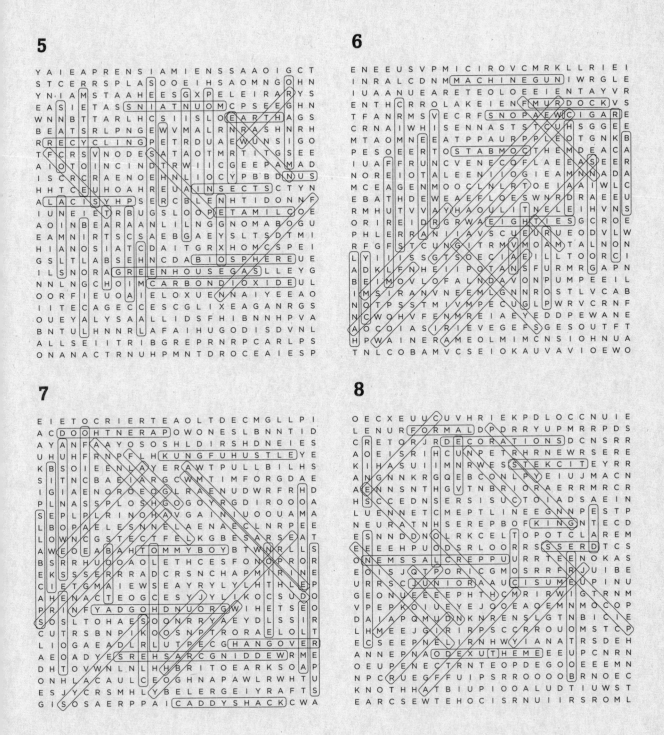

9

```
C I B T N E B E N L R A E I S X O B D N A S O O L
R A E R E G I H C E G R D O L A A L L P A S A A T
E S R B K H C L N D K A O O S S K C U D T A O L B
E G W R W F Y K N S E H C N E B O I R A O T C E O
G T R I X C K R D P L C B E M H A T O I W I O O
S U L D N O L T I A P L A Y G R O U N D I P N N B
S W N G S G E L T D P L A W T P E N N A C S F R P
A N R E G A C W S H E L L G L C N N A C S I B U T N C
E R A C A C W S N D S O O S C C S H E L T E R K T
T T R B F A H I I G N P O D A O H E A U R A U T R
B U O O Y D A A A C A B E P R U N A P T N O W A
C O T U R N M P T U I G T M G C H P I C N I C K M
F O O N U O G O N N N N R F S N H N E R S S L H A
O Z L C N P F E U D P U E E B S I R F S E Y L E N
T S H D N K P T O P I O C R T P S M E N K L A H E
C O N L I B O I F P E A N N I R G E M O E E B R H
R I B N N L U P L A I R O M E M K C U I D I T O L
R R O A G D L E I F R E C C O H L B S W N E I N
H A C B T R A S H C A N R T U I P P I S S K K K
R B B D R E A H K S I I N O L O I H I E E E S L G
A N O A A I L A D E W C S D N E T T E C N I A E N
S E W S I S R R L I A T R U O C S I N N E T B P G
S C C C L R N A O N O E F N A S E I U O I U O E D
B I R L U E I G L N N U D A E H C L C C I F I A S
O G S P A P E C Y O S N N L I U E E A E I R O N C
```

10

```
C A S S S R S E S B E S N N D S O H L G O G I S H
I N V N N E I E S H S H N L P T G P W S N D S E T
S H E S E S L S U N G I G A F W S E B I H N N I T
H O G T O D D U S E E N H V E S T S U S E U A A A
R S E S C O R F A S T S U T J E N C A L K L L E B
D T N H I D P I E J L S I S L L C T V B E S E R H S
N U E I O T N S S G P C U P R P N S E P T R R U R
E B T S I R H T H G I E D P O K A E S P T T R R O
B E O M S T M L R S C E B N I P S W E O E C S O O
H R T K S G D O S S H U W R S S S B P V S E E I P
E L E L E P S O N C K K D P A I I U S E D H S D S
N T V O X N G T S E S N I J G S N I U R N S A S E
A R S C D O G S F A S H I O N O G L D L S U U R B
A R G H P S S L M S G C I D E G R A T H E O R
L T N M H A E A E R N I N E L K O I F E T N S N K
R O H U L D R C I E I E E H E T N I S O P A I S
D R D C A R E L N G T P G C I D E G R A T H E O R
D R F T S U H A U A D H D O T R S I D A S R N R P
L I M L A S T D N D W P R R N F P U W S G L H D
T E A I M O W S N E C L A P E A E P E A O C T I S
E C S M N E U K V E A H U E T N D S H O C X H G E
S S R E L H N A W T V E T I T T A S T G I B R H I
B S D U U F O L L A K E E I G E U D A S A L L D T
C P E H S B S K N A R P S S M S L H R S L N O X H
C S L O O H C S M P R D J W N E C A M C E P I O D
```

11

```
M S C M L D E A V S T Y T L T S R D A O N T N F E
O E D A K C O L B L A V A N I E S O A N E T N N I
C T T I T E D F E S G D P E U R E D W O P N U G A
L A U H A L T N O L R V T T O A T U T V E E L R N
C R E O T R S N S L I E S A M O A U L D E M Y E A
S E C A L U O Y G C R E T M U S T R O F T D S C O
H D L A G G O H K Y A G O E B G S U T S T N S O O
S E E O A E S S I V A D N O S R E F F E J E E N S
S F E N C Y B T S E I L D A E D E L V R M M S S D
S N O I N U R E G E T T Y S B U R G I B C A S T A
N O R E R S N N E E L O N N E S F G N E I M G R P
S C B G G I N I I A E T C U T I D T N M X A R U I E
S I N N E A E S T S O S T R T U N T C K O A N A N
S E T O S E B E A E L A C A F T S T A R T N T I T
P R S I L E O B N A D K P O B S T T C L T N T I T
B U R T S L A V E R Y S M T N U T L G M A L A O A
B A N A T E E T N O A T U O A E C G N M O E N T
S T D P O T S O N N S T G A R G N O T T O C X C I
S S R I T R N I S R R G T T U I C S T N X T O
E S U C C E S S I O N R I L H E S D T E P I A S N
T G D N V B N A Y I C E O A A G S A T A A L E P S
M N N A R O N E L E I E Y N A M R E H S M A T A R
S E E M N R C T O S D S T T C U T E L A O E E C O
O T N E C R A A E E N O L A E L E P O A A O A N O
I A E H H G B R R N B O R D E R S T A T E S S N E
```

12

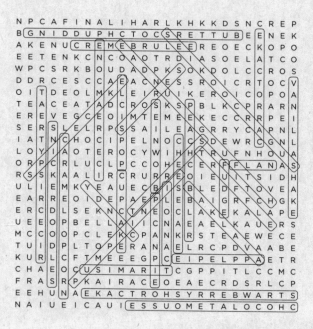

```
N P C A F I N A L I H A R L K H K K D S N C R E P
B G N I D D U P H C T O C S R E T T U B E E N E K
A K E N U C R E M E B R U L E E R E O E C K O P O
E E T E N K C N C O A O T R D I A S O E L A T C O
W P C S R K B O U D A D P K S O K D O L C C R O S
D D R C E S C A E A C N E S S R O I C R T O C V
O I T D E O L M K L E I R U I K E R O I C O P O A N
T E A C E A T A D C R O S K S P B L K C P R A R I
E R E V E G C E O I M T E M E E K C C R R P E I
S E R S L E L R P S S A I L E A G R R Y C A P N L
I A T N C H O C I P E L N O C C S D E W R C G N L A
L O Y I A O T E R O C Y M H K T R U F N H O U
P I C P R U C L P L C U L C R U R R E O I E U I T S I D
R S S K A A L I R C R U R R E O I E U I T S I D H A
U L I E M K Y E A U E C B I S B L E D F T O V E A
E A R R E O I D E P A E P L E B A I G R F C H G K
E R C D L S E K N C T N E O C L A K E K A L A P E
M C C O O P C L E K C P A N K R S T E A E W E C E
T U I D P L T O P E R A N A E L R C P O V A A D E
K U R L C F T M E E E G P C E I P E L P P A E T R
C H A E O C U S I M A R I T C G P P I T L C C M C
F R A S R P K A I R A C E O E A E C R D S R L C P
E E H U N A E K A C T R O H S Y R R E B W A R T S
N A I U E I C A U I E S S U O M E T A L O C O H C
```

13

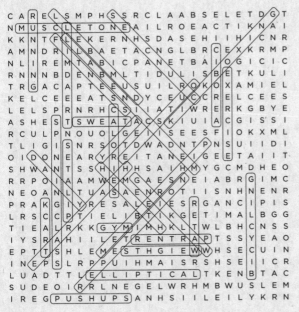

```
C A R E L S M P H S S R C L A A B S E L E T D G T
N M U S C L E T O N E A I L R O E A C T I K N A I
K K N T F L E K E R N H S D A S E H I I H I C N R
A M N D R I L B A E T A C N G L B R C E X K R M P
N L I R E M T A B I C P A N E T B A I O G I C I C
R N N N B D E N B M L T I D U L I S B E T K U L I
T R G A C P T E E U S U I L R O K O X A M I E L
K E L C E E E A T S N D Y C E U C C R E L C E E S
L E L S P R N R H C S I I A T I W R E R K G B Y E
A S H E S T S W E A T A C S K I U I A C G I S S I
R C U L P N O U O L G E I S E E S F I O K X M L
T L I G I S N R S O T D W A D N T P S U I I D I
O I D O N E A R Y R E I T A N E X I G E E T A I I T
S H W A N T S S H I H H S A I H M Y G C M D H E O
R R P O I A A M W E M G A E S N E I A B R G I M C
N E O A N L T U A S A E N R O T I I S N H N E N R
P R A K G I Y R E S A L E X I E S R G A N C I P I S
L R S C C P T I E L I B T I K G E T I M A L B G G
T I E A L R K K G Y M I M H K L T W L B H C N S S
I Y S R A H I L E T R E N T R A P T S S Y E A O
E P T T S H L E M E S T H G I E W W H S E C U I N
I N E P S L R P P U I H M A I S R S H S E I I C R
L U A D T T L E L L I P T I C A L T K E N B T A C
S U D E O I R R L N E G E L W R H M B W U S L E M
I R E G P U S H U P S A N H S I I L E I L Y K R N
```

14

```
H A R D I N G R O H G O M D T A L A E E A C L W T
T L C G L F R N O T N I L C O Y A L O C P N N U M
N U N M B I A K A B O O L O N A H T T R R O I C B
E A N G N L N A R T L E V E S O O R T E S T J R U
A M G I R L T C N E V I O D G I U U G I T E E D S
D K V A X M I N O E F T D I P R A M D P F W A T H
O L A H E O L F L I L R A V F I A S F O N L B R
M B D E P R N A D C N S N U Y E M N E H I I E F W
F P C Y O E N R T L L E G G D I E R N L N N R E N
L R H O A D W E N D F J F W E O S E W A O U J O O
O X W E O O O O E A O O T O N O S L I W A P B B L
A M T O Y L R E V O O H R K N I N N S O M O J R L
H N O T G N I H S A W N H P E C A R T E R S T F L
N O T O B N O D N T O S P F K O A L A O D P E L N
E R E E A F Y O G M O O O C F O A D F R L L R S J
G N N I M N I M E E L N G O E G I S D E E L D V A
K K O M O A M R F E A N G N T H R R R A I P O P O
T O T L E M G A T M N S H N D Y O K N T F A T G D
O Y H L N A I A R R T F P O L F O A H N R D E A G
R L F R M B N E I N G T O E A L I S B N A A M A O
R O T E I O L V A A I K Y L M N R S R L G M E C A
I S E O E R T L S A D R N L N N R O S O S S Y N T
E N O E A P O L K O W D R A E E N I U E W P S S O
E A I A O P N S L H T N O N R R V H I L N A A I H
D K V E N W B N F J T R E L H D I A D N N C N R I
```

15

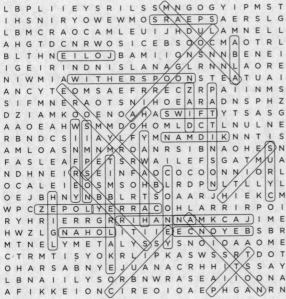

```
L B P L I I E Y S R I L S S M N G O G Y I P M S T
I H S N I R Y O W E W M O S R A E P S A E R S L G
L B M C R A O C A M L E U I J H D U L A M N E L L
A H G T D C N R W O S I C E B S O O C M A O T R L
B L T H N E I L O J B A M I I O S N N B E N E I
I G E I R I N D N I S L A N A G L R N N L A O R E
N I W M I A W I T H E R S P O O N S T E A T U A I
A N C Y T E O M S A E F R R E C Z R P A I I N M S
S I F M N E R A O T S N I H O E A R A D N S P H Z
D Z I A M K O O E N O A H A S W I F T Y T S A S G
A A O E A H W S M M D O H O M L D C T L N U L N E
R B N D C S I I A Y L F Y N A M D I K N N T I S
A M L O A S N N M R O A N S I B N A O H E S N
F A S L E A F P E T S R W A I L E F S G A T M U A
N D H N E I R S E I N F A O C O C O O N N I O R L
O C A L E I E O S M S O H B L R D P N L T L L Y L
O E J B H N Y N B B L R T S O A A R J H I E K C M
W P C Z E P O L I Y E R R A C O H L A R R I R P O I
R Y H R I E R R G R R I H A N N A M K C A J I M E
H W Z L G N A H O L I T I I E E C N O Y E B S B R
M T N E L Y M E T A L Y S S Y S N O I O A A O M E
C T R M T I S Y O K R L I P K A S W S R T D O T
O H A R S A B N Y E J U A N A C R H H I T S S A Y
L B N A I I L Y S O R B N W R A S E A I I O O N A
A F I K K E I O N C I R E O I O A E P H G A N R N
```

16

```
O U R S P I I T U R S G E E C S M U N N I A I S I
R E A C S K O W A L L S T R E E T J O U R N A L N
E S U N S N R N U S O M N R T C N O N I N R N N B
L G N O I T P I R C S B U S A T R M U L S U O L A
C V S U I I L I I O H O I V L O C D N S I T L I S
E O T G I D C N O I N I P O I E A E A S A O R T V D
D U A L N O O A S R N T B R A I L W S L A A I I E
R O L N O L T N S O E M B R O I H I O N I F L N I
O N N S O U S R T Y E E S I E S I T R D S I U G F
W I U T S M E G Y O B P E E L C C E L L R B C H I
S O B R T N D S V I O O I E O D A I O N I E R I S
S O S O E I I U L O N C O L C M R E P R E R I T A
O E N P H S L G I I P B P H T O E N T E S H C T A
R I M S I T N R B P I R C L C I O I I H I T S R L
C A A I S O O L C T B S C H I L G S A I L T N I C
T W Y W T O C D U U S A T O D A Y M S M O C C D Y
D O I S O K E A S N I N D O S C O R B S A O O T D Y
A S O I P E R I F E C T O I E S U E I I R O T S S
R B U B A Y N O E D L T H I U A E A V M O O O H T
S E U E T E L N Y R R C A I T K M D I T I T S O N
A E I I S S B C I W L L I L A C O L N S N R S P C
A C N S S N R L F I E R I T O E E D E S B D E T N
T N E M N I A T R E T N E R L I S U S W I C R Y
I D E T N I R P A T T R V N M A R H R S S S T L U
E D A T S D V T C D I N S T I B D T I N N O I T I
```

17

18

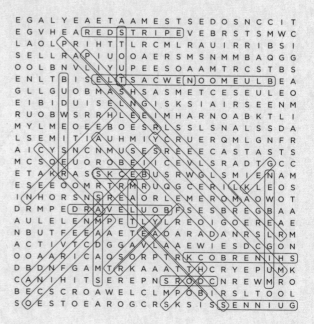

19

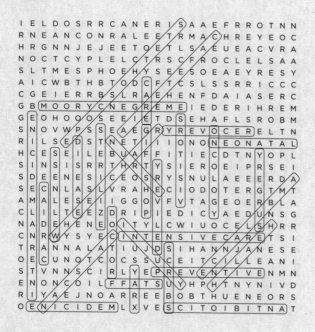

20

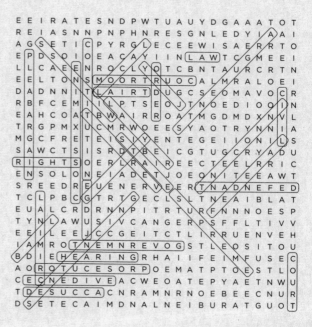

21

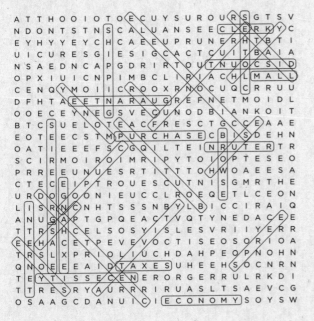

22

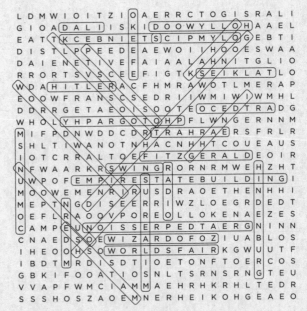

23

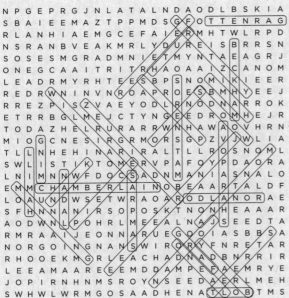

24

25

```
A R O O O A U B F F I B E B N G S D N U O A E H H
V G E E O I R A R F R E I R R E T R E R C A Y O
I R I D F R E V E I R T E R N E D L O G M E A T A
O E Y R P I M R I T T S F T L T S E D E G R O L U
G B L I B S E R T S B T T P R N O U A I O T T L I
A B H S H E D B A I D A E E I Y R E A D B R I E
W B S G E S A M O M U N U N R O I E T E P F T R R
E B N T T E U E X E E E H B Y P F E S I E N S P R
A S R H Y T G R E A T D A N E B S T E C E S N D D
Y I T S T T U M R E I L U O E S H E E T H X D E R
H R B A S E N J I T A N H E A K O I U R S B S T L
S O A E G R O Y R E L F I B R E N M S H R D L P A
E I O L D E S U R B P H M B A A R O C S L T N B
I B H T E E G U B S S I C T E L R A T K S R E A R
U Y A R G S C O C K E R S P A N I E L H F N T D A
E I L L O C R E D R O B T M G I D A H F D T M O D
E H D M L U M A A L Y I N A L T W L S D L E U R O
B R U T E G A N U E L I S H E U O L T F P S E E R
F R I S B E E O R U L U U B T G C A I A R Y O H A
G E A E K O G F R H U A B H S C A Y F I A Y E E N
C R E H C Y A F U R D N U O H N O O C P U E I N L
B R O H H N A I T A M L A D C O W L H M U E E P U
E D T D A A A R G G B S C S T F D N U O H Y E R G
A D S T D O E G S U B A T N E R T L E E I A B N H
A U A L M O T G I P I E R I F O U H U D S O D M R
```

26

```
U I H L W N K S U S I Y K E I R T E I A L O S U D
N A H A E O B B N C E I E S H D A E Z E U Q R A M
C P W B I U Y A L U L P L E A C A L N S V E I U O
E S A E L K L R U O I M I N R I L L C I G W L W A
C T K B U Z S E L C I C Q C A N H I M N I K L E T
W T W M E L C L O I E D C G D H L V I I E W A N M
K I N E V A E U K O H N I D W I Y L N E C Y O J M
H R F S N L L N U U A D L C I A E H S H R O C Y
B A E K H T L E G H A W C L K S W M D S I A C I D
A B A N R K U I N H A L A P D E G Y F O W A K O U
I R E A G S A R I I O T L K I E N O H H R L D A E
I K B C L R E N K L U A F Y A D I S U T A W G A W
A W O R U E A N U G S O A L O N M L H T G H B L E
C O S N A I V U M R G Y E F A E E Y B E S A D H M
T K T R L D E L G L O K A M F L H E E V S R N L G
A N U O U W B W S N I L E R I L M I K L D T S E T
W A N K U S E U S A I M T O T T T U G E N N O V S A
I R S R L T H O R B M L T L Z H T Z O H N N I T C
P I E E D E N D E Y E U W G G N I I A A A C U P I
T I I D T I A I V I I D O E A U O T U E P I O I
N I R L S N B O A E A I G D R L F A S N D E L E T
O K A I R B O Z N W K O N T A N O T H I R N N O E
N C E W O E K R A U T A U I L N E O K E G N I U G
E M G R B C O W B U O I W G D N D E G A C D L N K
A U K G L K V G N L B R D N W W O O L F I E L E Z
```

27

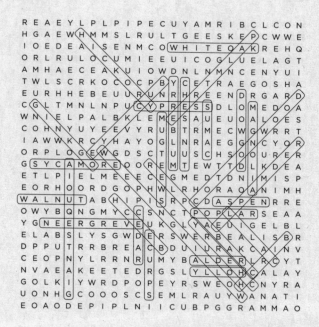

```
R N R N V T Y N O S A O R B E R N P R A R G L W H
L O V E D S R E H T O R B O I R A M R E P U S I S
E B E K I E G R N I S S R C O L I L D V E D A H S
A S S A G E E U T G N A M C A P T D O S K I N U I
C P K T S E H G S T S A E E P L N O P E K R K E
Y A C E P K N R T D O N K E Y K O N G A M S H O U
H O T O C B P S S T L K G O O F I V A A E K B I R
I B H U G Y N O I T I S O P E L O P U C A L S G E
U E D T R H A C R R T B S G N T S P S D S B G K G
H R T A O D U K R P A L B T A E A O R P A A P S D
L S E E P A D C U A I Y R Q E T T R A W I T P C I
O T R I V I A L P U R S U I T R O D S B D T R K R
N O C I H C H O S R E D A V N I E C A P S L E N B
S B T E U Q O R C H E C K E R S R L N R B E B G H
N L T E I S U E B O S A R P H A P T R D S S E T D
K T U A R B E G P A A P S U B Y I F R D N H H G O
P R R Y R A N O I T C I P B A N C R N I I I D L R
I N H R H E C N N R R A L E K R R A I N A P E G L
S R E H S A W T B I E E H O R S E S H O E S E C C
A Y O E T T G R A G M L T F I D G K A I U H M I H
O R E S R O I A L O S O N I I S G E O I H N E E R
R E E T A R E I L L I K O D H M O O N D P P S R L S
L E A R E T M L R A M C P T O I R H O O U A N R S
T E L H H E Y T C L G L A M P U F O K P R U M M Y
C U C S S S E B O T B S S E D T H Q E E L O C V K
```

28

```
R E A E Y L P L P I P E C U Y A M R I B C L C O N
H G A E W H M M S L R U L T G E E S K E P C W W E
I O E D E A I S E N M C O W H I T E O A K R E H Q
O R L R U L O C U M I E E U I C O G L U E L A G T
A M H A E C E A K U I O W D N L N M N C E N Y U I
T W L S C R K O C O C P B Y C E T R A E G O S H A
E U R H B E U U R U N R H R E E N D R G A R D
C G L T M N L N P U C Y P R E S S D L O M E D O A
W N I E L P A L B K L E M E S A U E U O A L O E S
C O H N Y U Y E E V Y R U B T R M E C W G W R R T
I A W W K R C Y H A Y O G L N R A E G G N C Y O R
O R P L O G E W G D S C T U U S C H S O O U R E R
G S Y C A M O R E O R E M T E W T T D L K D E A
E T L P I E L M E E C E G M O T D N I M I S P
E O R H O O R D G O P H W L R H O R A Q A N I M H
W A L N U T A B H I P I S R P C D A S P E N R R E
O W Y B Q N G M Y C C S N C T P O P L A R S E A A
Y G N E E R G R E V E U K G L Y A E U I G E L B L
E L A B S L Y S G W D E R S W E R B E A L I S B R
D P P U T R R B R E A C D U I U R A K C A I N V Y
C E O P N Y L R R N R U M Y B A L D E R L R C Y T
N V A E A K E E T E D R G S L Y L L O H C A L A Y
G O L K I Y W R D P O P E Y R S W E O H C N Y R A
U O N H G C O O O S C S E M L R A U Y W A N A T I
E O A O D E P I P L N I I C U B P G G R A M M A O
```

29

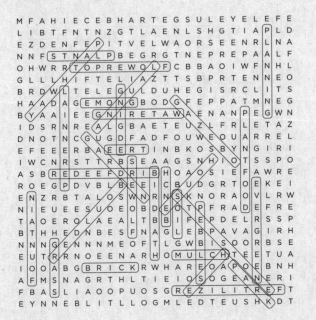

```
M F A H I E C E B H A R T E G S U L E Y E L E F E
L I B T F N T N Z G T L A E N L S H G T I A P L D
E Z D E N F E P I T V E L W A O R S E E N R L N A
N N F S T N A L P B E G R G T N E P R E P A A L F
O H W R R T O P R E W O L F C B B A O I W F N H L
G L L L H I F T E L I A Z T T S B P R T E N N E O
B R D W L T E L E G U L D U H E G I S R C L I T S
H A A D A G E M O N G B O D G F E P P A T M N E G
B Y A A I E E G N I R E T A W A E N A N P E G W N
I D S R N R E A L G B A E T E U Z L F R L E T A Z
D N O T N C G U G D F A D F O U W E Q U A R R E L
E F E E E R B A E E R T I N B K O S B Y N G I R I
I W C N R S T T R B S E A A G S N H I O T S S P O
A S B E R E D E E F D R I B H O A O S I E F A W R E
R O E G P D V B L B E E I C B U D G R T O E K E I
E N Z R B T A L O S W N R N S K N O R A O V L R W
N I E U E E S U O E O B D E O T P F R A D E F R E
T A O E R O L A E A L T B B I F E P D E L R S S P
B T H H E D N B E S F N A G L E B P A V A G I R H
N N G E U R R N O E E N A R H O M U L C H T E E T U A
I O O A B G B R I C K R W H A R E O A P O E B N H
A F M S N A G R T H L T I E I O S O G E A N E R I
F B A S L I A O O P U O S G R E Z I L I T R E F T
E Y N N E B L I T L L O G M L E D T E U S H K D T
```

30

```
L S O E C H M E N A D L A L N O A O R A A A A R R
I A T E A N C A P C H A T E A U F R O N T E N A C
L T H A G I A S O P H I A R N T Y Y A G E O T Z F
G R E A T S P H I N X A G A T R T E S R E I E L N
J E E I M U A E I U N H O U M R B T S M A M A A N
B V T C N J E E O A E R E Q I U A B E L L E P R N
N I I O B O A O B E Y T S R S F A R L E L I V M
H F T A S O E T F W E N O N D E A R T A O S R R
L O G S C A S H O L S C A I M E L E A F C I E W E
L U T A T O B T T V I L P L R I G T L A E S D E R
N V L T L L L O N C B R M S D A S L R N T E W R
T L L G E E O L N A A A E I B R N A L E W I T S T R
O A L B F T W R S F C P M R E S S I W G R I T T E I
O I E F I I E A A S I O B K T A Q M N A A L E O R A
Y N I H L E E G Y T E E M L G Y U T I I L L W R A B
E B Y D F T E S A T U L M F E A S L N P E U I T R
G R R T G I T Z E A R A M E O D R E R M L C I O R L
E E A N A R L N E T R T H U N L V T B A Z T T I E A
E E F R A E L N E T R T H U N L V T B A Z T T I E A
C R H L C F E E A M E I R I N S S B N O A I N O N E
F O O E E D S E A E I L E L O U V R E A R E N O R G
O A T O L L R Q P E T O A I T H S R H E B D D R G
R N T O A G A I Z E N E V O Z Z A L A P A N R T D O
N E G A N Z A C R O P O L I S A N I E C O A A N O O
B I S N D E N N L C B A S P A C E N E E D L E N A
```

31

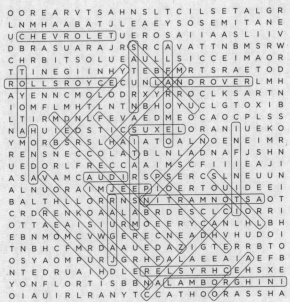

```
O O R E A R V T S A H N S L T C I L S E T A L G R
L N M H A A B A T J L E A E Y S O S E M I T A N E
U C H E V R O L E T U E R O S A I I A A S L I I V
D B R A S U A R A J R S R C A V A T T N B M S R W
C H R B I T S O L U E A U L L S I C C E I M A O R
T T I N E G I N H Y T B F M R T S R A E T O D
R O L L S R O Y C E C U N L A N D R O V E R L M H
A Y E N N C M O L O D R X Y R R O C L K S A R T N
I O M F L M H T L N T N B H O Y U C L G T O X I B
L T I R M D N L F E V A E D M E O C A O C P L S S
N A H U I E O S T I C S U X E L O R A N I U E K O
Y M O R B S R S L H A I A T O A L N O E N E I M R
R E N S E C C O L A T B N L N L A D N A F J S H N
U E D O R L F R E C C A A I M S C F I I I E A J I
A S A V A M C A U D I R S P S E R C S L N E U U N
A L N U O R A I M J E E P I O E R T O U I D E E I
B A L T H L L O R R N S N I T R A M N O T S A O T
C R D R E N K O A A L A B R D S C L C I O R R I
O T T A A I S I U R M O E E Y C A N L H L B H
E B N M O C V W G E R C N E A D H V H U D O I
T N B H C F M R D A A U E D A Z I G T E R R B T O
O S Y A O M P U R J G R H F A L A E E A I A E F B
N T E D R U A I H D L E R E L S Y R H C E H S X E
Y O N F L O R T I S B B N A L A M B O R G H I N I
O I A U I R L R A N Y T C C A T H O O R A S S H A
```

32

```
U H U E W O T R I O R E R E L T I H L S I D M C H
S U A T O R U N E C C A I A E I I S S S H N T M S
G N S R D O U G T H H H B N R O A A L B A A S T A
T I E O A B E E S B T S U A C O L O H L A R O A E
E E O A R A T T R T O W R T I E A P I C R I E S U
E E I O A A U N R T D M A C O T L E R I O N S O
G D I L V H P I A M L U T G K H L I T K M T T S O
E N R A I L C U R M O P T N A I I U T P O R R G
L A S M I R T E O N M N U N H I E L R S U A A P
R T E I A A M W T U I S U N K U L N C O I O Z
A O M T L P R E K E C H U S R L L T M R U C E O I L
E N S V S A M M O O B Y B A B A B C I O R M G I R O
Y H P E B R E T E V I R E H T E I S O R U N O G E
A I E I S O M U I I H G I O Y E R K N U E B O V E
A G I N I S U C H S D O I T A C T B A D E O U A T E M R U Y L
O U E N O T S D O I T A C T S E I V O M P E A S E N T
O I R A O I S T R I I N A H R E S C E T S T U
A E P R V L O T I D T D T R O O S E V E L T U A B
S T Z E R P L A H I S T Y D T I I N C O I O E I
U S P U A N I U A I A U Y R T I I T M I E J C R S
C L N T E D N N O D T A I I O E E T C T S E T E L
A A A T I I I N D E P E N D E N C E E U I Y R B R
L S A P S E A A G R S S R E P A R C S Y K S V B P
```

33

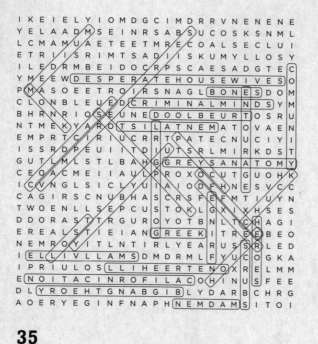

34

35

36

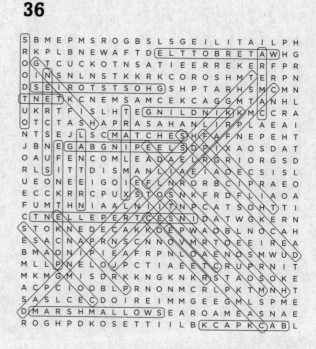

37

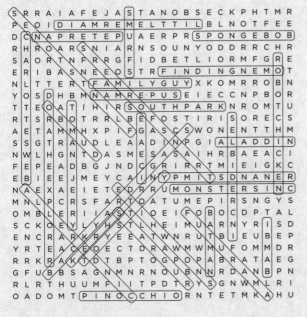

38

39

40

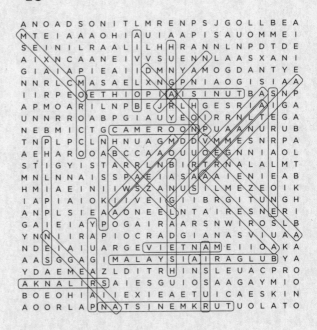

41

```
U I D P A H T M E S N K I E O Y E I N E I O T E L
I C T C O M M O N S A N D P I P E R H R N A A T S
N B N I U L E R C O S I L L C D C A H I I L R W A
H U M M I N G B I R D I S N G T C A O C E L N R N
F R G R R H D E R T E H B W T O S P R E Y N E E D
P W S N R E L B R A W C T I O P I O N D O E A M H
E R O N R N L L N B A N B P Y L R R E A I B S O I
O P L O O P C C E L L I S K D S L E D R S N T T L
I E T O D W E C G A O F L I R O S A O S V C A T L
I T S I R P Y P E G L D W N F W E O W K L S M L C
A N Y L A O E E I N M L D G A K G T L S D A N E
I M R R L K R C G U G O S F K D N T I G S N L D A
Y O D B L I E D K R V G I I E C U B K K K R O P N
S K R C A E P W A E E E R S S F O E E L L C E E
L N U E M N E Y I D R T W H T S K D R S W R R T L
L C R K L L H E N S F E E N O B N W T A L A R A
O G W L P E G F C A D N D R N O Y I A R N R N E N
A T I F R A I B H W A D O A O D E G A E E E E L P
K G A O K L R E I E U B A B W F N G T L R N H N T
N P N O I A W A C C S N Y I D I I R I O O L A R A
O I A A A G O W K Y C G R I L E U N A P I N W N T
A B T I R S I A A E G O O R V K L R C E N N K G P
D G I E C S U L D C E K A R E L E R H H G O T D C
I N E N N I I O E R U T L U V G N I K R D A A D L
O A O E E M E O E O S B A T F A L C O N E A H C R
```

42

```
P E L G A O U A S T A E M A A P O P Z O R E M M Y
D E O S P T T I E E T I O A S E R T O T E C R N
G I O R M N C I A O U N P H Y T U S O U O R L Z I
N B T A E T L I A I E G E M M T O I R O T B I M M
I T R E I E O I B L I Z Z A R D R M S U L U M U C
T T T E T O R N A D O H U M I D I T Y R D D A M O
S D E A E L A R R H M R O T S L A C I P O R T S N
U T I S I Z L D O P P L E R R A D A R P T R E D
E R U T A R E P M E T A I R C T E O D T S O S E E
C C T E R D P A E U R H N I S T E T L R M T E T N
U I L I L C E R T O I E G Z E D U M M H T I A R S
R Y I U I R L N E Y R R H U T E R R T E E E A C A
M E G H T T A R R S G L M P O O E E U N E M O F T
S S A N N I L E S O O I S R H E N R I L O R I O
R E N M O M N W C A O Z R O R M A T A E A O S N
J E I S P M E T L C H M C E R T E T R C M N A A A
R R N S D E W P O I N T I T I O I S A D Y L T Z I
T O G W U T N E U R U A S N C A E S D S A G U M S
M R T E E U E T D R D R D L S R T T W R D F E E T
P G M M I S T E S U N R A N E M O M E T E R L U R
H T E O T O E R G H E E E L E E S W A M R D O L N
P S D O I M R O T S R E D N U H T T D M D R O C A
E D L E E N N D H O S S M R P E R Z R T N R T H E
O L R R Z N I A R G N I Z E E R F O R E N O P R S
```

43

```
U I G E E N G E N L P S E L L K S A U T T N K N N
B R H E S H R P P N O O W O R P L E P E S A A J S
A I N E P T O U A I B Y V G L L E N K C U B O R N
E U O L P N V C O L G A T E E U I N E R V H T H O
E T C S I N L E G R A R E O D A R N O N A N O N
U D L E R D E E H E S R R R M E A O D S G U U R N
N L K E C N O H T B L R U G S L F A H E A L P L R
E T W E S W R U U Q W P M E U T D O L L E N R O C
G O S P M R N L O A L A S T E Y P H N A S S M T L
W U U I O I A U M O H T A O A K B I O Y T O O T S
A T E T L W T N T B D A Y W I E O S R U L P S D W
R W J S E O Y E R P E E E N M A C A T E I W S N N
G E T E N R R E A E U T S A I V C D H Q B H R N Q
O D E R B N L D D R E T D B E U L N W O R B H O R
E L C O H R O R I N H E M E S T S T E T E D I M U
T A E F E T O M J H R U R E P V T O S S D I E P E
R E I E E F S H H T L Q O C O A O D T D N A C S U
D A R K N N U U O O A A R U S U N E U A A I S I T
T T L A K J D N C W R A E D F S M N M R V R S T I
E R T W E R I S N E A M H N O A U E N E U G H J T
N S A D A M B A A M F R N M P R I N C E T O N O U
C L O V U R T L T W R E D W R K A L M D R A R H C
E Y R A M D N A M A I L L I W P E P P E R D I N E
Y A W N E Y A O L D B R C R P A U D U N T M O S R
H H L B N A F N A L R P I S U E D H M Y R R R R N
```

44

```
E I N L O T N E S G S U A L E T I R O A A P I B U
V A H O H E R E N E S C M E L R A L E S N O A C A
A H T U R T R E N R U O J O S E R L E E N N C E O
O K T M E M E R D A A T T A P H C R A M S Y T V N
O U L U A P E C I L A S E E A C T R M O R N I O T
C L E V R R M U A N I I P O R R O S A P A R K S
V O M I R E I C A N U T F D L A E A N T U T O E H
L U R O N I O E O Y E L K A O E I N N A J T A E I
U I I Y A I R I C A E N U S S S I A T I I U H A M
R S R J V A T E J U L I E T T E G O R D O N L O W
S A E Y Y I I M E L S R H M A T R I N E T A I T M R
D M K N L M T K E E T I V E E M T F N M A H R M C
E Y B A O L U A I M U R N E R E E I S B R E E A F H
M A E T S E T I R D I A P U D H T F R T H A A E R
I L N N E O I I A A A L A C G T N F U V R L B E I
H C I A I I T S P N P O L O I E S E R E E S A E K
M O H B N A E Y E I V L R E Q V M I M A O E I M T O
R T P N A T E A A E Y E I R O C H I N E T E T O A
E F S R H L C N V A P S T N T E T I J E Y A G M L
V I O U E F T T I H A E R E H C M L L U V J E R R
A E J S E B I I C S C A P A E F A A O E R Y A T O K
T T A H E O M S N T R T I N D E P E N D E N C E L
O A N A N G A I K H N A M E L O C E I S S E B G I
```

45

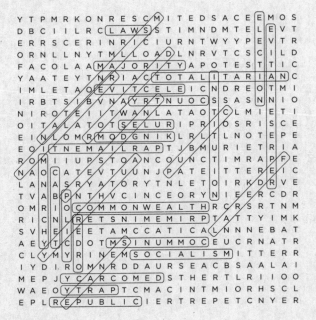

46

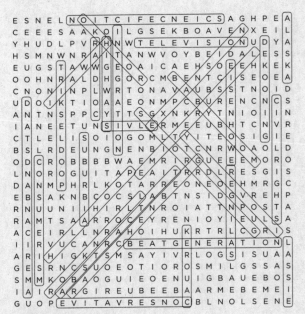

47

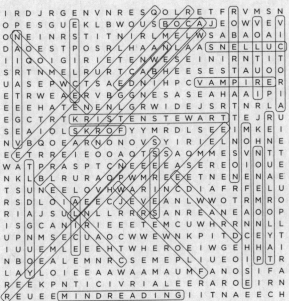

48

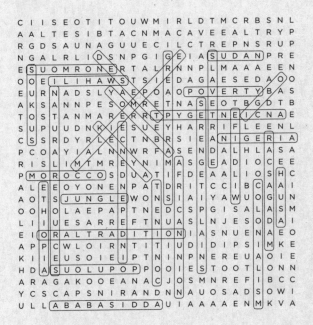

49

```
L I N O N B U R P C L O T H L S A E L T E T R T A
F S O I C B L I E D I P N T E N U A T D A E R T O
T E B O T T L E S W T B U R I A H C G N I K C O R
N R E L Y S A T I U O A I G I I C A U R O U N R R
B N P I A E A S E I O H B B N C R T B E V A E B G
F P E M A N Y B A B R I S G I I K R E B I I S L R
A A R A B I K G O E B T X Y L R L R I S R E R X C
A D D E L I V E R Y S S V N B T C L A T I B C N S
G Y E R G S P L T N O A U E A A D G U S O R C A R
F A T C N N S H B D T G I E E I B A E P S E B A E
T E I I H I B A O G G I I S V A D G N I L W A R C L
R X C X H E H N B E O R T P O E O I O D B S Y Y A
R N X A T S C E T L A L E A I P A I O E L T E H R
R M E E R E C A R T C B R A C S A R P R R E F I I R
L X E R E B N V Y I S R R I B R B C B N X E A A Y
R H I E T T R O Y I L B R F O S R I I O P E R T A
E B L P C N C U B R N N I I I E D S A E T D E R I
I T L A O B R S B R R G R E I A S R T R U I L V A
D I B I P H I V P L I A R O A I Y B I B N L F L U
T L E D C D I S S E E A E B B B G C I T R G O R U M
S A D E R I S H R R U U E U I R O N C H T C R T M
T S C P C H R A P S S E E S Y S S I E E L T T A R
G T Y I A E O O E C H O S P E E A C I Y O E S R O F
A T B X E A X E D E B R R P O Y S A G S R U C B O L
B C B E S P G I G B S S I C I N N L R R O U Y S B
```

50

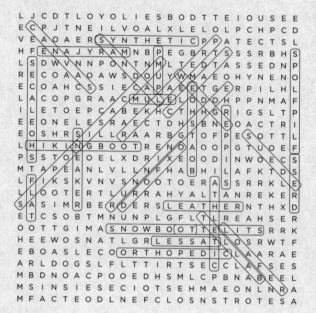

```
L J C D T L O Y O L I E S B O D T T E I O U S E E
E C P J T N E I L V O A L X L E L O L P C H P C D
V E A O A E R S Y N T H E T I C P P A T E C T S L
H F E N A J Y R A M N B P E G B R T S S S R B H S
L S D W V N N P O N T N M L T E D T A S S E D N R
R E C O A A O A W S D O U Y W M A E O H Y N E N O
L A C O P G R A A C M U L E L O D O H P P N M A F
I L E T O E P C A B E K H C T H H G R I S L T H F
E E O N E L E S R A E C T D H S B N E O A C T R I L
E O S H R S I L L R A A R B G T O F P E S O T T L
L H I K I N G B O O T R E N D A O O P G T U O E F
P S S T O E O E L X D R I X E O O D I N W O E C S
M T A P E A N L V L L N F H A B H I L A F K T D S
L F I K S K V N V S N O O T O E R A S S R R K L E
L L O O T E R T L U R R A H Y A L T A N R E K E R
S A S I M R B E R D E R S L E A T H E R N T H X D
E T C S O B T M N U N P L G F L T L R E A H S E R
O O T T G I M A S N O W B O O T T E L I T S R R K
H E E W O S N A T L G R L E S S A T L O S R W T F
E B O A S L E C O O R T H O P E D I C L A A R A S
A R L D O G S L F L T T I R T S E C C L A F S E S
M B D N O A C P O O E D H S M L C P B N A B E E L
M S I N S I E S E C I O T S E H M A E O N L N R A
M F A C T E O D L N E F C L O S N S T R O T E S A
```

51

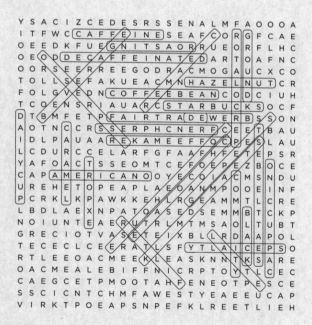

```
Y S A C I Z C E D E S R S S E N A L M F A O O O A
I T F W C C A F F E I N E S E A F C O R G F C A E
O E E D K F U E G N I T S A O R R U E O R F L H C
O E O D E C A F F E I N A T E D A R T O A O U C O
O O R S E E R R E E G O D R A C M O G A U C X O C
T O L L S E F A K U E A C M N H A Z E L N U T C I U H
F O L G V E D N C O F F E E B E A N C O D C I U H
T C O E N S R I A U A R C S T A R B U C K S O C F
D A T B M F E T P F A I R T R A D E W E R B S S O N
A O T N C C C R S S E R P H C N E R F C E E T B A U
I D L P A U A A R E K A M E E F F O C P E S L A U
L C D U R C A C T S S E O M T C E F O E P E Z B O C E
Y A F O A C T S S E O M T C E F O E P E Z B O C E
C A P A M E R I C A N O Y E Y C O I A C M S N D U
U R E H E T O P E A P L A E O A N M P O O E I N F
P C R K L K P A W K K E H L R G E A M M T L C R E
L B D L A E X N P A T O A S E D S E M M B T C K P
N O I U N T E A E R U T R L M T S A O L T U S I O
G R E C I O T V A S E T E I X B L L R D A A P O L
T E C E C L C E E R A T L S F Y T L A I C E P S O
R T L E E O A C M E E K L E A S K N N T K S A R E
O A C M E A L E B I F F N I C R P T O P E S C E C
C A E G C E T P M O O T A H F E N E O T P E S C E
S S C I C N T C H M F A W E S T Y E A E E U C A P
V I R K T P O E A P S N P E F K L R E E T L I E H
```

52

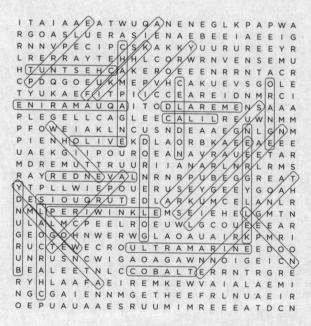

```
I T A I A A E A T W U Q A N E N E G L K P A P W A
R G O A S L U E R A S I E N A E B E E I A E E I G
R N N V P E C I P C S K A K K Y U U R U R E E Y R
L R E R R A Y T E H H L C O R W R N V E N S E M U
H T U N T S E H C A K E R O E E E N R R N T A C R
C P D Q G O E U K M E P V H C A K U E V S G O L E
T Y U K A E F I T P I I C E A E I D N M R C I
E N I R A M A U Q A I T O D L A R E M E N A A A
P L E G E L L C A G L E E C A L I L R E U W N M M
P F O W E I A K L N C U S N D E A A E G N L G N M
P I E N H O L I V E K D L A O R B K A E E A E N
U A E K G I P O U R O E A N A V R A U E E T A R
M D R E M U T T R U U R I I A N A R L N R L R M S
R A Y R E D N E V A L N R N R P U B E G G R E A T
Y T P L L W I E P O U E R U S E Y G E E Y G O A H
D E S I O U G R U T E D L A R K U M C E L A N L R
N M L P E R I W I N K L E M S E I E H E L G M T N
U L A L M C P E E L R O E U W L G C O U E E E A R
G E O G O H N W E R W G L A O A U A I R K P M R I
R U C T E W E C R O U L T R A M A R I N E E D O O
U N R U S N C W I G A O A G A W N N O I G E C I N
B E A L E E T N L C O B A L T E R R N T R G R E
R Y H L A A F A E I R E M K E W V A I A L A E M I
N G C G A I E N N M G E T H E E F R L N U A E I R
O E P U A U A A E S R U U M I M R E E E A T D C N
```

53

```
L B C H W A N T E K U T P A C H N Y C I U T G U S
V E E E O A I D P C I A D P T A A N W T W O E T R
P L N H S A R T T U O E K A T E N G T E P A O I E
T A O T E K L P D E A T T U F O L D L A U N D R Y
A E Y N O O O A D T E E T F C X K S E A H O P A R
T P U W G A R D I O S R E K V E O O O P B W A S E
A S I I S H L O S Y L R I T E D N N E R O E S D N
C O S N C S P S I T G C O U K N B N T I T S U E A
L K R D R T I G N T E O O W N I S T D S T M B O E
T A L O U G S N F T D E T B S W T S U D T R A P L
O D I W B O A I E E S C H P H U T G S W I M C I C
R O S C B C U K C P A P A S E E K A T G L I G C L
S A W L R T W A T S T P R C E S O A P G N H A S F
T S N E U E A B A R E S O A P G N H A A S F R U O
S N I A S U O Y N R T V I H Y I N S N H V H P P B
X T N N H B D D T A S P O A N B U A T T Y S E T T
B N R E T N U O C E P I W L E P O R H I E Y T O E
C L O R O X W M W C K D E B G O S T C C V D E Y L
B N T E N E G D R O E S E B U O U T T S I E K S I
O H S L O P E R U T I N R U F I T L L N B C I O O
N C R S W E E P L I H E S T R A I G H T E N U P T
E E G F T R I S P R I N G C L E A N I N G W B T K
I K T A U V S S A N I T I Z E T L V T V A C U U M
R G R A S N L O I I M A I F N E A T C C R O R O B
I P O M O O R B E T R A W G T U A B T D T Z U L U
```

54

```
N O R D T E B A N G T P A C C A A E R R C I N A C
I O N T F Y E I E I C I A A D T A I P E C I R E O
V N O R O N E L T T D N A E N E P E C M T E D R Y
T N I N R A I N C N E D C N R N U A T N I L V C G
P O T O B M I A C V V E E E O I P L M E E E R I A
N P A V U C H I P P E P N O I T N E V N O C I T R
A R N E I E T L O L N E A U E O Y D E B A T E S R
T I M I I J O L Y R G N I S I T R E V D A O O S M
S O M B Z L O R N I T D N A V C J C O E I R O T E
R L O E D C B D D A U E L S U M P N A N Y A V O P
P L N R A D G M M T E N Y E D Y N T T I O L I E S
I A D L C A N D I D A T E C G O N A U A L C C O R
A B R L N N I A R L L T B T A I N E E T O O E E P
R G O T N T T E O A O N R L D R S L S L P L P I M
S E L N Y T O E E R O E D C N A A L D I L L R G G
N R N E C N V A N D N U C T A A I O A P E E E T E
D E T D N Y C E E E O T P L G U C T Y T P G S I C
O D B I Y S E I R A M I R P A O C I P I E I R C I
V P N S T R I M R O F T A L P S I U L Z M S O P I
M R E E I E B N A U C S N E O I M M S B A O E I E
G E B R R T I U T D U N Y S R D L D C P U D N S B
Z S I P O P U L A R V O T E P I M P N P O P T T A
M O V S J G O M E B V C C M C D R H C D E B T E E A
E R O T A R C O M E D U M M R E T D I M A E D R G
E R E M M N A E G O V E R N O R O Y A M Y A R V E
```

55

```
L Y E R G N A E J H G R E E N L A N T E R N T I N
O V H E I M I S E N V E F E E F M E A H E P A I M
M I R M M H Y H A E L F R N S I N A A N O N A I N
B O S R E B A E T S H U U D O F A F O D D A R G I
S U P C T L N G M E S L Q R F O E E L E I N C D
I O C U A E P M C W N E M L A N E I A K N U N O I
A P M M S D E O E K U V I U A N E R T S P M I M N
L S G I O N N Y O B L L E H O O A O L S H O I S C
T N A T A S A M A N R I U U A W E A L A A R M A R
N E M P B E M C Y H R S G R E A V U O S S T T F M
M L B O T A T L J S D M L H M L U O L G A W N W L
A C I R E M A N I A T P A C T U I E T M O M P A N
G A T R F A B E I L O I T E N N N R I M F M M D F
N A D O G M O M S F O V Q S U A I D A A M G R L R
E A P A S N O E U E U L P U M M N E A F O A M A
T E L D M N G O P E A N B O E N R R G R E M F E I
O M N O E N I R E V L O W M Y T R G O M D P O C T E
A E E V T A A K R L K R R Y T R G O M D P O C T E
A Y T E D U L M M E H T T H I L E G N I T G N O
A L I V E D E R A D T T A H P K E P R G R P G A E
A R E E U I B P N G N R O G R P E S H P I E S R A
U R A A W N A O O Q E F U I Y H S I U A S N I P T
Y A U S M I W R A S C M E M N T E I B L M T R W U
```

56

```
C U O H U B T I M R U A L H A D A C A D Y I R R A
B E J O L E A E U R T N N J I E C R E E G E O N T
T C S B L C D I M S I H D D U B O L L Y W O O D D
D D S D E N M M O R B D O H S R N Y O B E I L N K
N H A D E I H L E D I I M L B U O Z M O I R B H E T R A
Y P O P U L O U S H N M I S J O M I R B H E T R A
S E H T P D D H I M A L A Y A S H I D M A H D I K
H I S D I V E R S E I A B V I H D T U E R G W O C
M M N N C E E M U E L H M I N B O E C E K S L C H
E M E D W B E D O A U A U K I Y A N Z A K N I D
S Y C T O R P I B C A M M A S S E V N J A E U W D
A D O A S A U O L U R J L A M D E A B T N E D L E
H B N C O Y R U P I N A M J N M R U A C D O R R S
S E O M A F R S Y J I S T C E E O O D H T A N L I M
R G M T O H E A H T L P Y E C R C H K G I N O M
S V I R A A I A T N V E I I B D E E E O E D D I C
A D C A A V N I F S D E T M V F I N I U E R N A A
R E G D O I D R A N A I D I V A R D A U U R N R E
E N R E N N U R I R D C H B R C I I A A I R F B I
G H O R M I L S U M D U Y O E N P U A L C A O S
F I W O E P S M L L N H A R D B A O I L P M O H E
I K T U O M M T R E S E D R A H T A H R D Y E E M
K M H T E R R T N J S F I E L D H O C K E Y O L B
O L U E D B R L A R G N A H B M R A S B A J N U P
L M M S I E G I U L S K R A I A T A L R I H T A O
```

57

```
I E M E C T T S J R O H B S I R R A H D E O E S Y
N Y I L O L C D S E T H R O G E N D P T S L A E H
O R T I O F I C T E F D A N I E L C R A I G G E B
A I D N I K A P I U O W U D D U A N D I U A D N I
M T S J M E B D O N M O O L B O D N A L R O F O A
N O S B I G L E M C L A E A C M S R F Y C N B M A
I R C E O G B L L E S E I D N I V F O B M D H A I
D O O W H A J I L E H A I R L I L D J O A T N T A
E H L W L L E R R E F L I W F D O E L T N I T N A
N U N A L P A C I N O L I R R M D O B D R I M T R
T G I I K C S S E E E I K W A M D T H R E E S A N A
J H E D R K L M T R C S K N A H M O T H L L L M A
S J G E R I U G A M Y E B O T K D E E J D R L N E
I A I B B R C U J L U N E L L E K C M N A I A D W
T C O C O E E I O B J N I T F S L I A S A D W H R
I K A W O V N H N C E L D B E F I L F A S C A C L
S M A S E X A N A S T I N P H N C S A L M M L I E R
L A O T L N O O F E S L S O N R I N L H A I S I V
I N S U Y F W K J F R I F T M A N M I S D F E K D
N J N E L C H R I S R O C K E N N E A T
I E E N S E R O L K E E C W S C L U V L A S O J D
L P C V L L O A O S R H C W S C L U V L A S O J D
P T E Y N I T S T C O E N K J E E E N R A Y B O A
V E R O W E R T N J L N D H L E A R O E A G N A
V C T K O L E I A A F J E B T S H T E H D J W E F
```

58

```
U O E M E G L I O I N O L E L O N C A O L G T N A
N G Y Y R T S I M E H C S C I S Y H P U G S T P
O N A U S E R E Q S L O A I B R Y R D N U L O B
I S I S E L S Y N O K S M U E O R B K R Y N P P T
T R H R C E C S I N O U R E B Y M E R S L U K Y D
T V E V P E R P E G E L L O C R S I T P L L L O
S G L H I R F E D N E I R F Y O B I I A U R R T A
S E D I E R A N I Y M H R O C S M O R P E G E B
A I N R L L T A L N O P B I J U N I O R I H K S
C N E A E U H K O O B R A E Y D T F N G N B T R
O E I I E L O L U T T E L G L G Y A E O G C U Y A
T D R O E G E C A L C U L U S L L A H Y D U T S
A A F A R L T C N L O F R D H C E E C E G L E A C
S R L C E I I O U M A C F E R S I N T D S G R A M
N I R Y D E I H B I S E G O S P O C E F G E D S I U N P
D E I H B I S E G O S P O C E F G E D S I U N P
M R G O S E C D S C O D A S S O C R K V L N Y N
M G H T N S L L Y U H E N E V O F A I C E T A G E
R O C I T N I G E T G I G E Y R E X O M O H P O S
A M O M M P Q A L G E B R A I E D E E A N L O L T
R S E G A U G N A L N G I E R O F A B C U O M R
S R E G A N E E T F M I U R C O F A R A H L F I
A C O N O I S N S E H D L D L E A N L E R M P
C E A E C P E R N L S R E H C A E T H S H T A M O
I P T R O I S T B A L G G Y L L B R E C I C C N L
```

59

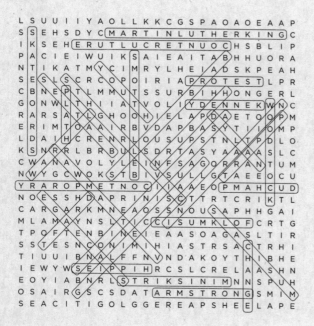

```
L S U U I I Y A O L L K K C G S P A O A O E A A P
S S E H S D Y C M A R T I N L U T H E R K I N G C
I K S E H E R U T L U C R E T N U O C H S B L I P
P A C I E I W U I K S A I E A I T A B H H U O R A
N T I K A T M Y C I M R Y L H E I A D S K P E A H
S E S L S C R C P O I R I A P R O T E S T L P R
G O N W L T H I I A T V O L I Y D E N N E K W N
R A R S A T L G H O O H I E L A P D A E T O O P M
E D A I H C R E N R L O U S U P S N L T P D L O
K S N R R L B R B U L S D R T A S Y A A A A S L C
C W A N A V O L Y L E I N F S A G O R R A N T U M
N W Y G C W O K S T B I V S U L G T A E E O C U
Y R A R O P M E T N O C I I A A E O P M A H C U D
N O E S S H D A P R I N I S C T T R T C R I K T L
C A R G A R K M N E A O S S N O U S A P H H G A I
M L A M A Y N S L T C C I S U M K L O F C R T G
T P O F T E N B I N E I E A A S O A G A S L T I R
S S T E S N C O N I M I H I A S T R S A C T H H I
T I U U I B N A L F F N V D A K O Y T H I B H E
I E W Y W S E I P P I H R C S L C R E L A A S H N
E O Y I A B N R L S T R I K S I N I M N N S P U H
O S A I R G S C S D A T A R M S T R O N G S M I M
S E A C I T I G O L G G E R E A P S H E E L A P E
```

60

```
N H G L R R I N T T L O B H I R E A T B M E R L C
S E O C N P W E R P I L S N L A T E R T C E L M A
E S E T C N O I A E I S O L M O H R R I C S A L M
W I N E E W O L L A H S S A R E M H L E H E H L E
O O R E R E M A T I F I I A E V O N E L R L A N X
I N D R H T E A N K E G D U R G I H W T C O A S E L
E S A T A A N I R H R O S E M A R Y S B A B Y T E
E O E S M E G T N L T D I E E E A D N R E A O E N P
N D D E L S U N B I O A D S I A R W I C N E N M S R
F B E L H E S H B I A B E P A E S A E T M O H T N S T
T E H E S H B I A B E P A E S A E T M O H T N S T
A I T N R R S N R G A B D L E T S N S A S A D S
E N F O R G M R J H M L E D S E H S I R S J R S
P Y O E H E M X I N I M C L C B I Y R A Y M S N G
R I N R E N E U A V C A L A O E O B R M R S E I T
H S W A J L I O E R E E E T E R A C P B E L M L
G R A M I T Y V I L L E H O R R O R A T H I L M H
B N D T V T E E Y R A T A M E S T E P J B N R E O
N A E H X A C C N A E S N H E T S I C R O X E R H
H B E G E S N E S H T X I S I R A E M S E G E G C
P R R I B V T M E F S N R I A V R A A H B R S O Y
F R A N K E N S T E I N E V E S C R L I S W A S
T B L A I R W I T C H P R O J E C T D A T W N E P
R S B M A L E H T F O E C N E L I S A I S A N E X
I N T H T N E E T R I H T E H T Y A D I R F N H R
```

61

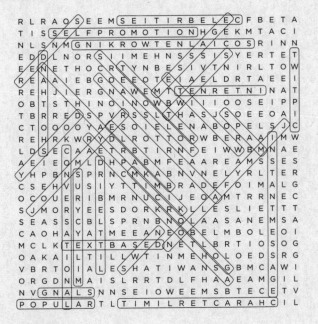

62

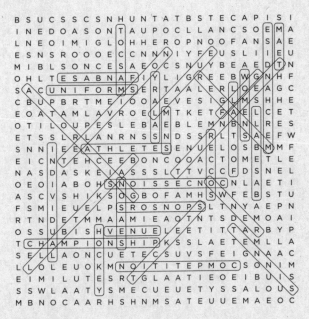

63

64

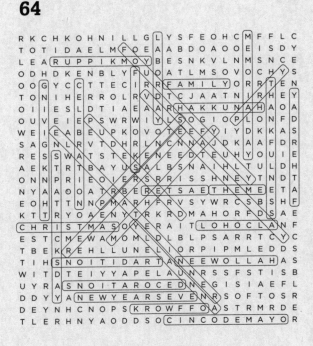

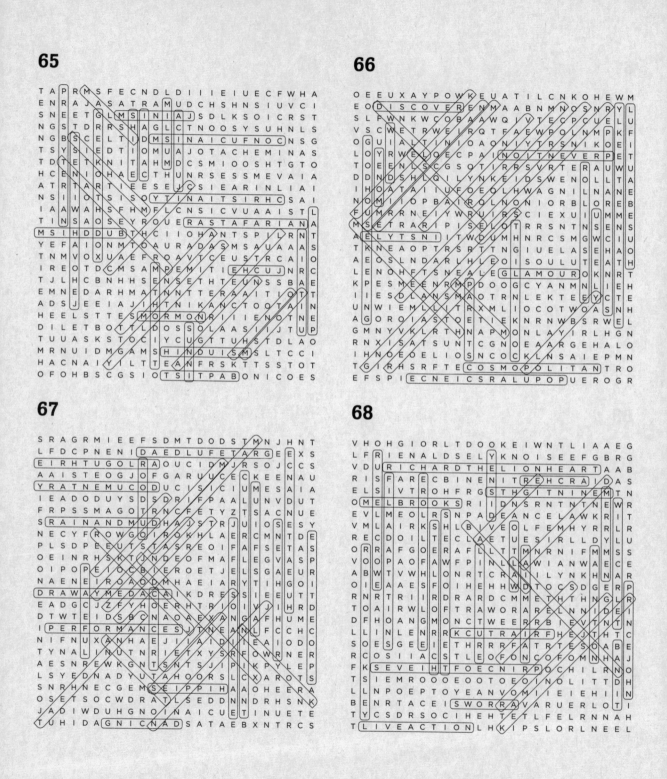

69

70

71

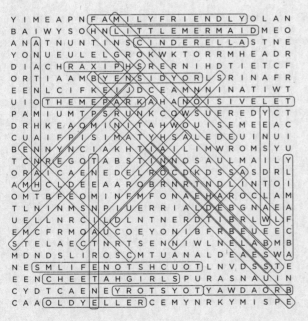

72

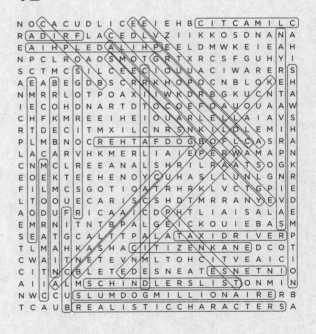

73

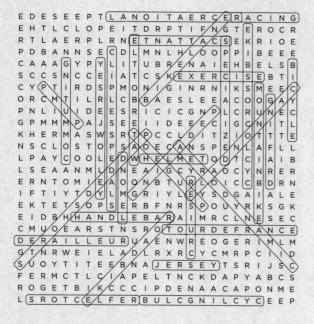

74

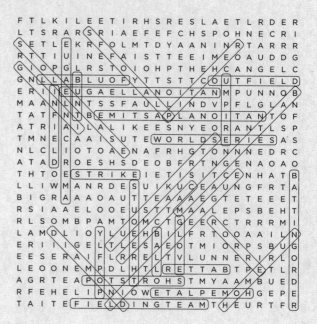

75

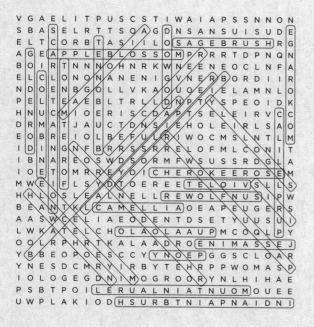

76

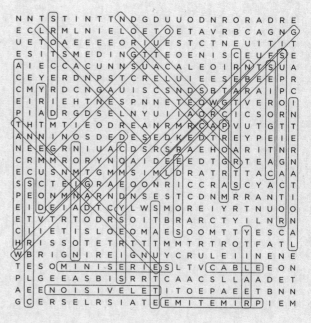

77

```
A S A S L I O R H O S P P H R U H T A N L R C D M
T R E F O R I E N T A T I O N E R S O E R O P A E
M E R D E B A I M P S S O P I I S M S S I N O H D
C P T P P S N E T E N E N R R O N T N T P L T H O
Y T I N R E T A R F O I O T I A S H C R A E S E R
C R E U O F D A R A M T M Y E I K S R S S A T P M
T S M S F I D D B E S I P I I R M A P I K G E E I
R X R R E L T N O K S V N Y D O A F R E O R O I T
I D A O S S H A S E E I K O I T L E P O O A I M O
I D H E S U N M C F L T D S R T E S N R B D A O R
A E R N O P S H H I H C S E N X E R M O T E R I Y
E F H I R M E S O F L A F M N O R O M J X S U E F
N C I R E A A E L A I P I T D T O L L A E A T I K
V R O A A C I R A C A C P S O D A E M M T A M P K
A A E C I N N F R R I R N A A L G S X R M F L R K
D H I R O O R E S O U R C E S L D N S M R D U S G
L K C I S E M O H S Y E A L S A S U O I S O K T S
O L T Y R A R B I L I O A T I H A X O A O S I L E E
I S L E K I S G P N S H S C L G R C P I T T N S I
R E O S C I M E D A C A E O A N O I N H R N A E D
H R S K R D I A L A I C N A N I F L C L O E S N U
R I N I S H T T X K A E R B G N I R P S P M S A T
O N R E H I M T O R C U C O G I S E R I S A O V S
M X Y P Y T I R O R O S L T O D O T R A N A O R N
M R S E O S N S T C E I F D O H X M L F Y T E R E
```

78

```
C T C D S I A A I M K N L M H Y E V L L N I U U W
C B S A J D R Y A F F I R M A T I V E A C T I O N
C B T L S G T E G D N E I I D A V I D B O W I E Y
B L A T D O T N S D S O A H O A M T T H G I R L E
K R R N M N E K F C R N O N N E L N H O J N L I L
H F W S B R N C M A A M P A L I O E A N T I W A R
T B A T O I I O N H U F L O P P Y D I S C D I E A
S D R L K C D H H A I S A H I S N I G S S R T M M
E N S F L H S D I M T T U D O O T N K R A E B
D A E D A A A I A R Y S F R S E S N T G A A N R O
O L O W A R R V E S D A O I A P A T O C S I D S B
Y S N A O D M A N B F F R A N P N N Y T I A T W A
L I S T S N K D R M O T E E M N N Y U S T C
G E T E G I E O R L O A S O M G M E T R I S K V Y
A L H R N X A A M P R H N V I M O I C I H Y A N
H I G G I O A R I A W I O F X E I S L D D W L I F
J M I A R N E N R N E I E R V O A N N I E H A L L
O E R T D G O H B A S T S O A E H C D A R S B I A
I E L E O M G N T O P U T O M K E G J N O B S I E K V
D R I W T M N R L S E N N O V I I M I O P E D T N L
A H V T I L O R I R I E O S X M I E H U S A D O S O A
N T I L O R I R I E O S X M I E H U S A D O S O A
O B C G C S G L M N T C B I I I N E R U T I Y S M
T M A T I W N O I T A N G I S E R S R F B S K M P
O R N D O L W E R I T N N T E E R T S E M A S E S
```

79

```
E R Y I A O K O Y I E Y L E E R O R R A S E R T U
O I A H S G D A F N H T L T B O R N I A S A D A H
A W D L C E A R S E B O U R B O N S T R E E T S V
C W S S R F L O A T S A L A E G O P A E M T A R T
Y R E C D E S O R C U Q K I N G C A K E U E E N
C A N O N R R I U N U Y R Q D E T R D N T K Y H J
E Q D E A E N W P C I L O H T A C A T S S R E S M
M E V E S N K C Y U J I O L U U W Y D Y L O R A A W
E R W P E S O N R K A E R A E D O E E K C E S L E
G L H T W U A D P H F I R L T N E L S E G Q E F Y
G E S O O P T D L N S V N T S H C S L U R F E C
E G A U R L C T E C I N E V U U A E B E L R N F E
H G D R L N E O M D L F E A T H E R S A A T T I R F
E U E I E O M D L F E A T H E R S A A T T I R F
E E N S A V F E E O T C R A A R D N N N E L D U L
E T R T N N E S Y O R U D T I E K F O I I C P O A
H L C S S R O L R E E S I J E C L A E O L E G A N
E R S L A V I N R A C O E E I S R T E P L A R N A
A E Y S L Y A R G Y N R F I N S N R R I F B H N W
B R I O D E J A N E I R O E E R R R R T H R U C Y
E S N Q T O E S A H E A E T L C T R S S O T H D A
U R E W F R E N C H Q U A R T E R E A Y B N S S E
A D R V U L A L R A N U L C W R K G U T B O R U P
O E O S Q I T U U R S E U N D R N A O N O O N O V
E I K W L S N E E L B A R D C E U N O S A S R T S
```

80

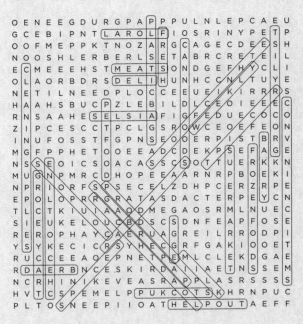

```
O E N E E G D U R G P A P P P U L N L E P C A E U
G C E B I P N T L A R O L F I O S R I N Y P E T P
O O F M E P P K T N O Z A R G C A G E C D E E S H
N O O S H L E R B E R L S E T A B R C R E T E L I
E C M E E E H S T M E A T S O N D G E H Y C L I
O L A O R B D R S D E L I H U N H C C N L T U Y E
N E T I L N E E D P L O C C E E U E I K I R R R S
H A A H S B U C P Z L E B I L D L C E O I E E E C
R N S A A H E S E L S I A F I G F E D U E C O C O
Z I P C E S C C T P C L G S R O W C E O E F E O N
I N U F O S S T F G P N S E O O E R P I S T B R G
M G F P E T P O O E A D C E S C S O T T U E R K G
N S S E O I C S O A C A S S C S O T T U E R K I
M U G N P M R C D H O P E E A A R N R P B O E K I
N P O I O R F S P S E C E L Z D H P C E R Z R P E
E P O L O P R R G R A T A S D A C T E R P E Y C N
T L C T K I U I A A O D M E G A O S R M L N U E C
S I E U K E L O U C B D S C S D N F E A P F O S E
R E R O P H A Y C A E R U A G R E I L R R O D P I
Y S Y K E C I C R S Y H E C G R F G A K I O O E T
R U C C E E A Q E P N E T P E M L C L E K D G A E
R D A E R B N C E S K I R D A I I A E T N S S E M
N C R H I N I K E V E A S R A P P L A S R S S S S
H V C R S P E M E L P U K C O T S K H R N P U C
P L T O S N E E P I I O A T H E L P O U T A E F F
```

81

```
I M C N A D S E C C E E D U E N I G L V T R T S N
R H N L H O A A C C I E N D C L A D D R S T E I I
L L I M S A A E T P O R H O A V S L O M R F C M E
N I T U B R W N E G N H T N I A U T A R F R P S H
A S O I O Y H Y O O B T E S S S H T R A S L H D N
H P I R S E R U H O A I G G S S H R O S N N S E
R Y H A A T I T N N T R Q S B W I L D L I F E C
E I G U T L L E C L O A S T I G H M S D L R H L
V U I G L E R A E T L T P N Z E B R A D H E E E R
E L F A R D N P T H O A E G I R I R E T A E V R U
I O T H L D T I E O I M S T N E V E N P T L E G S
S Y S I X E V U D E N D C O L I D E U A T L L M H
L U H P S K P R I O R A A A A H K V H S X I F I S
C C O P H I O I R L S C H M I T A L S I T U L E L
S S P O H M A I N Y R A U T C N A S A D E E O E I
P S D P O T V I I A E C N E I C S M I W R L P E S
N E N O K N A O A L G I D Q O I E X H I B I T O F
E U H T E A I S R P I R A L E M S S A S T A B A O
P G I A A H P S K P R I O R A A A A H A B I T A T S A A A A I
I S W M C P R H A I E F T E E D U C A T I O N A L
S C S U I E R S I D T A R O G N A I N P C Y E I S
E O C S E L A A A T I S O W T I A A T S Y N N E Y
G D O T N E C S T S H O W S T M S I O I L T E B D
B O A D M L E S B I W E D L O O M N S E R R H B O
R I S I N T P T P T I A N H I T B H R T A R A F F
```

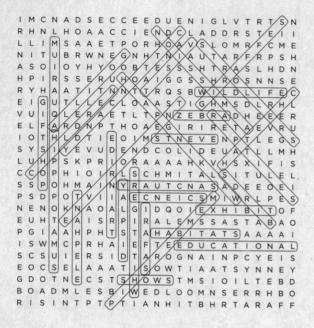

82

```
E I T E O O L N R A R Y L M I A S G N N G A A J U
E N E L R S E L A A H N E L L Y G E I G G A M O R
U Y L R A T T R E N E E Z E L L W E G E R E W N A G
A A Y I U T T I O C H A R L I Z E T H E R O N P E
O N N M D A O R S J E N N I F E R G A R N E R L T
R N E L R W M F S U O N O D N A R A S N A S U S I
A E R L E I E Y N W O R T L A P H T E N Y W G N R
G A T S Y M R W A I T I L D A S W I N T O N J H
S L O E T O G A H D R E W B A R R Y M O R E N N O
O P I F A A R E O A A L E N A H C S E D Y E O O Z
L H Z V U N E R J N R M S E M L O H E I T A K I S
H O A E T N A A T I I O A S R N K N N C Y N N E E N
O E I Z O Y I R T C R A C H E L M C A D A M S S
T E D H U M L L E O O L B E M I A A N W R T E P Y
A Y N A I J A E L L L N A A W T C D L S I S L E U N
E N O T S I N A R E F I N N E J L Y T A R D I A E
L E R K G M O E A K E N C I Y R R E B E L L A H
R J E E A M A D C I E R N O R A O O R A N Y C B E
A N A M R U H T A M U N N I S L A F I S H E R T N
N N C C A T E B L A N C H E T T E A T T A G O I T
R O R A Z O Y A M N B C L P E E R T S L Y R E M A
A N O O P S R E H T I W E S E E R S T O O L L R B
C S D D S N A W L R E I L O J A N I L E G N A N E
G W R I E I I M L R R C H R I S T I N A R I C C I
```

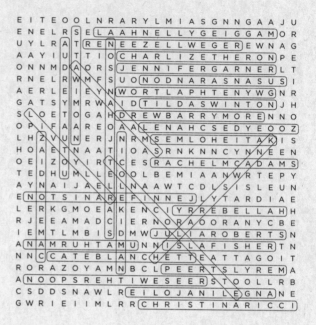

83

```
A P R P S T R H A I P M T C S S O S L G I W I T H
H M D C I G U U R I U T K A D A A C P R A D Z L I
E S L I G S O A O F T G L S A N B S A U S S H Y H
G B S U M A G A Z I N E A E L I X I D U N N L D F A
M E L M N N O A L C G P B S C M N W Y O R I L W
D F U P U P D G B S A I Y L S E A E A D A N V C E
U I L O O O O C S T J R E G D D E P T T N N I E L
N O L P L O L E D H T S E N S H E E L S N U U
P S H A L L O W F N S I I S U M M E R J O B G Y O
O T S D O G P Y U O H D O N L M G D S E L B B S S
H L R U S A O O N T N I T E S A L N L R D M O D P
E U A S G M C S A S T A A N T I S O I T R L A E U
A S L S B E R B W A N W A E H U G I D H M S R M I
M S S U M S A I D L L S R C S E D C E M S I D S P
M U U N T C M L O T U T O L T L B N E M L A N R D
L M N S K I M T T C E A V I E T M A T M S M L U I
U M H Y A G I I Y C M E M B E R S H I P G V Y P I
L E A A A O S D E E B C N N L H O O E O H T R S S
P R T C N M H M E E D I D A S I N E N E E U C N F
D A D D A A U U M A G L I G G I I R O F N S I T T
E S R S E A H O A O L T L I F E G U A R D F A H A
S W O E L U M B R E L L A H B H R S D I L O H A N
M S E O L H A A A C E S S L O S E S S A L G N U S
I O O F L O U P C Y S I O S L C G H M F E I E O M
```

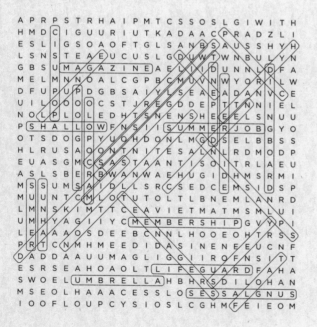

84

```
O M I O N E K R A L C D N A S I W E L S N O E T O
N W R M Y R P O E T V O W W I L C O L U M B U S I
O V X S M N N O R T A O L X B R I G S N W C L E E
A S C E S I I E E T E T A D N O V R N O A C R A E
N S W I F A G T I B H L I W N I I O I O A S S T
R M E N S N S D S R S R I O S S O A L C N T T I O A I
N L S O E I T T A E P D S S M S R O B A A S S C R
T U W O N S A T D O D T B N I N G T V O Y L E L I
R I A C T C N N O L E O S I T N H I U L T T D O R
V S R N I R A I E T E R N E H N E T N T P S N E L S
T I D E E I A O M E A I O O F O O S E N X P S S U Z
I A E E O C W D B I S T S D T N T S P E E R D B
E N X T S U E N R I A E A V V P N I I A U A R T A C T T D
O A P R N A R A S M H E S E E H I Z E L M S W R S M
O U N H C R M A L A R V H I I I N C O R P I T O U
E R C I I O G S E I W R M P N U S N O O T V C T O Y N
O H O T A T W E M W S X N L U G O I O R M S S
P A N S I R I V P I O E D S O O I R A W L I V I C
I S I R E F O N A C R R O I V C C E D N O L U Y N
A E O T E F G R E A T D E P R E S S I O N V T V T
N O I T C U R T S N O C E R Y A E S R Y T N R P C
E T I A C S L R N S S I S T H G I R F O L L I B T
```

```
E I T R I L G E N L E C C O L M I F E O A A N E C
O C N V W O C I I S G R C R P T T E A M G A M M S
M R S O M O S O V U I N O L K N G R A A R V E R I
T P U L A K L L N R N C N S P R O P E R T I E S O
N I L C I T E F M T K R T I I F O R M A T I O N S
S U A A E S A R A S I O I S F O S E T I C T N I T
M V L N T N S R W V M N N U U T N E R A L N L A R
N P H O A E E O N H A I E I T R W C L B P A N R A
M C W I T T T N F O T L H N I V C G A S T A S R T
E C R T A I A E S N O R T I T R N U R O E D E E A
C S I D R N H I C H P O A C N S G E E L I I D R T
R U G N O P S R K T D M L E M G V C N U N G I R T
L S E K E H N N I I O A D E S I A N I T R T M L E
H A O T Y Y I S I T E N R L R T E E M E R O E T N
R N C I V S A T C S E D I M E N T I S D R R N N A
O C S T R I T M T E O E F C I A D C R A U A T E D
C E N C N C N S N G A S T L S S I S S T F A A A S
T O N R L A U O W U G I T E N I I N C I M R R F V
V V I S R L O U A T C L T S R E S U C N I I Y A I
L T C E E M M O A I U T T N N B R I S G I G R R E
A M N S N A M S A A E R M I I T E S S T N A F P N C U A
S I L F D I I F H A S O C S T N A F P N C U A
N A L T M R E R E L A T I V E D A T I N G T K C S
I I S A C M I T N A E H N D A F W N N H S T S I R
L T A R O S N R S A I A E R E C C M T S C S C Y
```

```
G F L O W L E L B M E L L C S U N R A A U A A A S
P S I N S L A N G U A G E A R T S T A L I U H K E
M R W H L A R E E H I F E S P E L L I N G B E E R
D U A T S A T T D M A T H E M A T I C S O E C E G
F S L S U O H R C E R U I A D N L A P I C N I R P
D I K N N M S A R A T D T I T A F U E S M L I I M
S O I R D U C G O M E C G E O A E O O S A R M U S I
G F N S S S I R S E L U P R T E B A H P L A E A S
G O A K S I E E S H A C R E A I A I I R S N S E D
I R L R E C N D I A S L R S R E H C A E T O T R I
E A I U I C C N N N S E I S E I D U T S L A I C O S
C U N N T L E I G T A B L R A V M A S C O T I C R
L D E C R A S K G P R C O B T E O R A I A R G E
I M H E A S R O U T F A R L O I D I A S B C T H U
N U N A P S C L A E U R R U L H R A E C O U S F A
E I O A Y U G A R L N Y I E B G C K S N A D I D S
D R O D A D R C D R D D E L U U O S D A S E D T A
I O S N D I C N T S D S T S I O S I E B L L E T U
E T P E H T A O S L R S U B B C U S I D R S O A C
M I I S I N T C E N X U I I V R S A C I X T C A T E E Y
Y D O O R E I B N C V C A M I R E R E O L R D G
A U C N I M U T O C E E N L S A I E O I P G G E D
R A A P B T M U S E Y R D O K P A C S A A G I B A
F Y I R E R T S S G S Y T N I T I I D P A S R A S
S N E I G H B O R H O O D S C A T S H E A H E U D
```

```
R R E R R H D N T L I N S T A R W A R S O S B E A
E M P E I U S R C I I A N E L T U R S A R E E T O
J T R M E R R I A N O C I E I I E O O S E N O L O
S L S E N E C S T H G I F N P R B C P T E E M S O
G L S D O D T I I C E E D E R R E S E T A N A S N
N E B T N A E O O S X I P C A T M S R A J D T O C
E G E R P L G I A P A L D V N S P E E D M O E L M
G S L A R B I L L N R N E A T E R M I N A T O R T
B P O A P S G O A A E H A B A H N S H O R K D L P
S E A U D F S J A N E O P A O O H B A P T U N L A
C C E A C I O N E A A M L T S I S J E T I Y O I R
A I N I O N A O R R I S L M A E P M I E A A B B B
A B N E R W T S H E O B A O S I B A L L L D S L L
K L S S I A R D O R R O T N A R P I K A A E E L I
R E A F S U M M E R B L O C K B U S T E R C M I A
H F O N I S T A S S R E T R O P S N A R T N A K I
E F E R E G N T R B S M S N A A A S O R S E J E T
A E C P R P O R L E T H A L W E A P O N O D E R C
A C A J T L I I A S U E E S H A L I E N S N T A O
A T N A M D E X I H O S R E N O S D D N P E E L J
S T S A Y T A I R T S R A I F D E C A I P C C E
I S I S N U B N A L O P O C O B O R A I T E W T F
B S O N U T R A M B O E J O C R Y M I S R D C N L
E D Y T I A E D B T H B H N P B T A S O M N N O E
T L O U D N O I S E S O I L I R O N M A N I R D R
```

```
E T E T W E R S S I K N E E G A E A U T W G S M T
R R L B N E W K S E L E D N E E M E M A B X N W M
N S N D E N X C A G L A B O L G O U C R U R A M I
F G C T E X E O G U N T S O T U S L W E F L K N I
I L I N N N D W N A S D A Q N I K K E I L A N M N
T T U A R I N F S E N O J W O D S E I S P O E S D
A R V N A A I R V S U R E N N B S S T D O E G E G
N K R O Y W E N G T S T S A S R R E P A I N R S
U C A C S N I S A U N M N G I E E O D B D F A V M
B B A N T N A D C I A A E S C E U U E G G D H A A
U V W C O M M O D I T I E S T N K S E P U B C L K
T E E N S E R P S A L D U I N E E N U A N E X E C
D E T P S T E E Y V S B T M E S R C L K A M T E T
A D O T H A R T E D E E U R M D D I A M O G K I V
M R N D K U M A L E I V I F E S D C V N E S C T N E
D U B S R T B V T S E A R T R N S T E A C E O N S
P N B M N C T I B E C N A N I F D Y T R D T T E S
N W M I G U T R S T G A V S T R M S S I T N Y S M
E N E S T L L P T N T Y S S E A U M N E T E N E X O
U P N L V F S E V I T A V I R E D C O I D O T G O
R D A D E I K I A N D N M K E O L A E R G E C A I
N M C T R A T O P L T N E R A E T B L S E R E N E
E O E M D N U F L A U T U M M T X C E E I T A A I
M U T R K T V N G N I D A R T C N R E U O W M M S
M O S E N K S E S A A L U R W A E A O S E E L T A
```

89

90

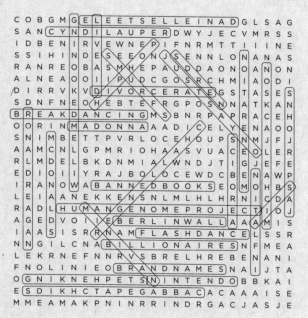

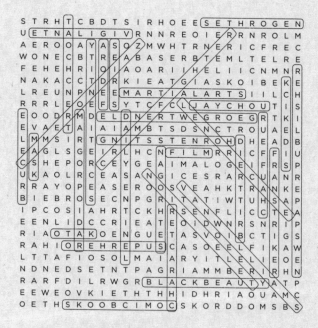

91

92

93

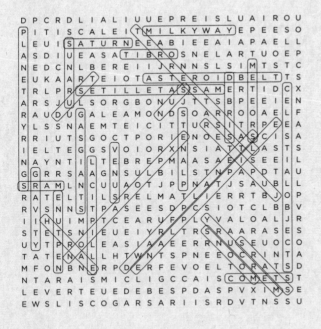

94

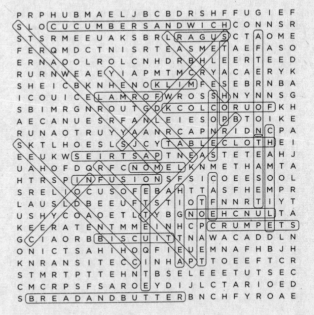

95

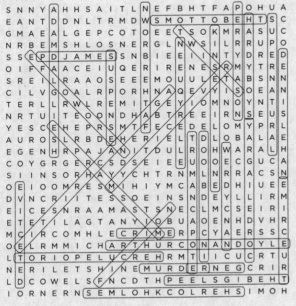

96

97

```
N O G E A A E E T C E C A P E L I M A R A L N C I
P U S O W N S A O T T I D O C T A O U G Y T N A C
H A S C B F W E A R A N I N R S A E C C S A E E
A E R R G T G H A L F M A R A T H O N A L H R U E
T O O H Y D R A T E R E J T R A I L H R A E E T
O H T H N E D R R B E R C M S A O N A U H A R A D
R S I O T E S O E R A R R I I T G S J P O W R R L
R G N I G G O J S A O L B B D E N E R P I D L M
L N O O T O U E O S E S P O R T S B R A U N S Y O
C I M T N O A P S R L R E O T H R S I M E R R M
C N E M T R A C K R O G A A R T G D T R E R L O R
O U A O L C U R T E G C D T E M A E T E I N S I
U T R I N O S H O I C H R I P T P P R A D F I M
Y I T T I L S R E B U E E A A O A S T O O U E N
L T Y A A O N R R T O E S B T E L E O B I R A U F B
R S E I I A E U N A I N D C H O E E F D S N O R U
A W H R A R T X C E F E A E T O T N E E A C R L D
S J P E S C C L E T R F E E T C A C G M R E L A O
A S E Y A O H N R R R R F M A S N T N E R C L A O
H D O C R E K P E U C E P A H R M E A H E M I R M
T U R R A L A H S I N I F R R N L C L A O E H U N
O U R A E R C I Y S O M S L R B T R H I L C H R O
A R T R T E O L N S T C F E O R A G L N L R Y H E
```

98

```
B L O D O C E C E H S G B N T T C N B G I B N L C
G N D N I H E B T F E L D L I H C O N E N A I E O
O N N A I X S M B I L L G A T E S W E Y H T I O B
J B I L S H E N O H P L L E C K A N T T F E X E W
S B H T S G L E O T N L M A H S I R G N H O J M O
I E L E O N L H M T N K O O E S F O L C N L P A K
M N I I A O I I I T N I L R Y T R A W L F U G L A
P A N B S L H C N E N I F A T U H L G S K E C G H
S O N R S N A N T S G T C E L T A N F R I E N D S Y
O J Y A E E C E R C N B A A M L H M C Y H O C K
G D E E G K N I O A I B W R D L E F N I E S O I
M E L O H E R T N E R B N E N I I R B U Y T T A
E N I O Q L M O E A R U T S O N I S A C S W E I
N P S A I Y K N B N E L R A M I J E N O L C T
F O O B I I G N C I C E N A F O C H E E R S B A Y
N H G C O G B S H E O O I C O C A T A R R G I O
K H P B A B R E I N R S G O M E H A E B N M B
C O I N O A T A U W E R B N H O D A L I A M I
E J H K E L E C T R O N I C A G E G N U R G N N
G R A O R S O U L C I O N A U H I K O A B I N G
T B W T H H N R A O S S D N G E A H C H P N N A E
I A E U C S T N A R U A T S E R E M E H T T O R E
```

99

```
T F B N S F B C E N C E C R R I S S I R H T R R O
Y R O R L J L E F E E D N U N O P O I U S U A J S
P R E I R E G N I L E G N H T F E P C O T O A S T
T I I W I R C S N D R A A A R A E R P N E L T D D H
G R O T O I D P A V S O E R B U L I A C G S N N
R A I E I H M T A R N T V C G G S R E D G G I N
D L M G A S S N L B R T V S N B E L I N I I N Y E
H L O E I D G L P R E A P T I U I G T D D N E S G
E S A G E N B E R D R N N P B N C L L I O T L J G
T N P M A E O E E E I L A R O E E Y L R A R A I I
A H O R P A V I U S D R R I B D T N O N V U L G T
D T E S L E T E T M O G B D T N O N V U L G R N
A E E T I O R R N N A D A E S A N E M I N D T B N
K R I L L O I T B I R M R T R D G E H I L E A O N
D H D R E S S U P D N O N O L A G L D C A H P D S
D T T R R E I P R S A G C B S G U D C E T L S E E
E C T R S S O S U E A E N E N O E A A M S E P E S
A R R Y S H I N E S H F D L D W T V H E T A T A A
S E N D R E E E G A B A C H E L O R P A R T Y N C
I R R A S A E W H D R G I R S R E R R I I C G A N
E B I C O C K T A I L P A R T Y A E O P Y O A B
I E C E M B A R R A S S E K O J I O M D P C E A H
S E T N T N G C E P A B E I Y T R A P N E H E D M
E E E I S E K S I S C A E S S E P S U P R R A I I
```

100

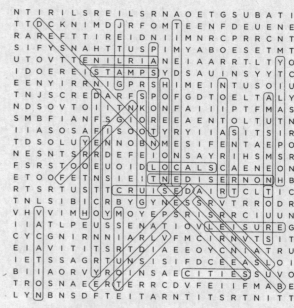

```
N T I R I L S R E I L S R N A O E T G S U B A T I
T T D C K N I M D J R F O M T E E N F D E U E N E
R A R E F T T I R E I D N I I M N R C P R R C N T
S I F Y S N A H T T U S P I M Y A B O E S E T M T
U T O V T T E N I L R I A N E I A A R R T L T Y O
I D O E R E I S T A M P S Y D S A U I N S Y Y T C U
T N J S C R E D A R F S H I M E I N T U S O I U Y
N D S O V T O I I T N K O N E F A I I O E L T A T
S M B F I A N F S G I O R E E A E N T O L T U I R
I I A S O S A F I S O O T Y R Y I I A S I T S E O
T D S O L U Y E N N O B N M E S I F E N T A E R N
N E S N T S R R R D E F E I O N S A Y R I H S M E
F S R S T O O E U O I D L O C A L S C A E N E O N
E T O O F E T N S I E I T N E D I S E R N O N H
R T S R T U S T T C R U I S E D A I R T C L T I
T N L S I B I C R B Y G Y N E S S R V T R R O D R
V H V V I M H O Y M O Y E P R S I S R R C I U N
I I A T L P E U S S E N A T I O V L E I S U R E G
C Y C G N I R N N I A R L V F M C I R N V T S I T U
E I A V I T I T S R T D I A E E O Y C N I A T R O
I E T S S A G R T U N S I S I F D C E E A S L O I
B I A O R V V R O I N S A E C I T I E S S U V O
T R O S N A E E R T E R R C D V F E I I F M A B E
L Y N B N S D F T E I T A R N T I T S R T N I T T
```

101

```
A R L C T A E R R A I A O S G R I O H Z V E R N N
E E A R E T D S L D A E E P P C T G G U J E S R G
N W M D V R O R M M R E A J T A T R H N W N L H L
E M R E A G O D E I R I A R P G M A E U P U I A B
D L A E O E R R L E T G S G A U G G L R N R U I O
P O D L E R C E H F U E N R S O G O A G M C O O A
L W A E P D P E O A R N E S O G P O L A R B E A R
T S S A E L N E R P O D O O A M T L N E N Z O E M
S U E P E G P I H T L P O R I R I O H K G D S M A
N I N T K U U R E A O T A B M O W T L A D O O E D
L E D P A I A E E R M N D I G R N A M N O I R I I
A E O O E E K A C A K S P O D A N I E G H H N Z L
D Z E B R A O U N R A R T N P N S G N A C P L G L
I N N I E P T A W E A S E L G E O U R N D A U O
P A T D E I O V T D C C U R R U M U D O R E A G C
S P A A N R D M K A L L I G A T O R E O R G I N C
R M L E R R I U Q S O R E G D A B L N R N G R E H
R I P A A E I H N G C D L M P N E E A O I L T L I
L H P A E S O A A T A E S R D M L O N F E P T R N
C D A L I K A E A R Z C L A T E P V C F W O R C
A F R O C T E Z Z U R N E H I C P L L N R U C D H
B P H E N C C A O O O O C L I M H H D D O E B Z I
T U D U T K D A O R N N E R L I A R T L K U A A L
K C O Y O T E E R E W N D R E E N A A U H R N Y L
I N E U M H O Y H L U C E E E H T E O P Q O I V A
```

102

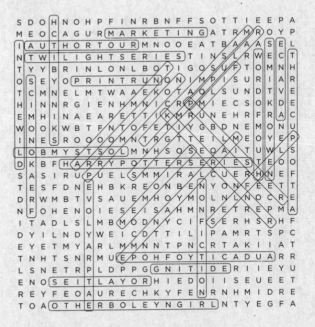

103

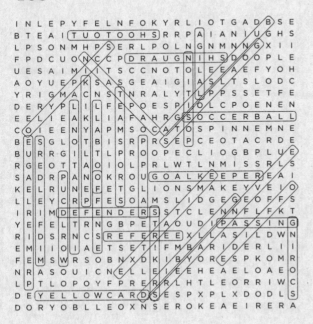

104

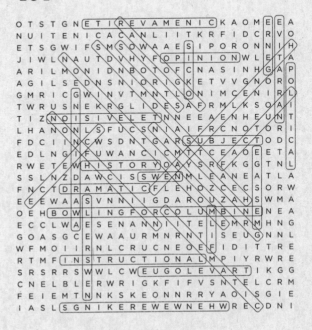

105

106

107
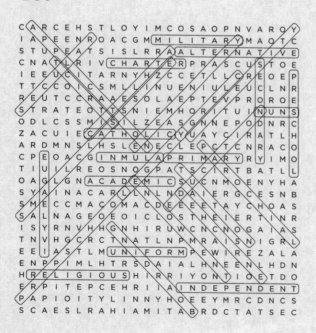

108
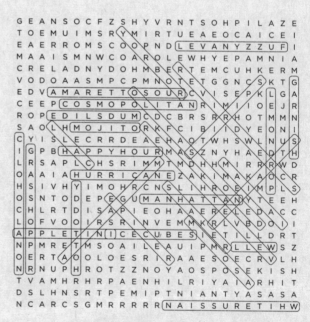

109

```
T I R L I R R N C A B O O I O I K R L E P T U I E
Y S Y R C T A S R K N D R O S T P I O N C O K O A
L I N L E A E R K E Y S L A N O I T A N R E T N I
N R S A E R B S E N C O R S C H A M P A G N E E S
W R E P T T A D A P G U D I E D E N E Y A Y M N A
G U N B R S V U H R U O C D O L E U N E R S C N G
I A S H M R L R Q E U N O M S A I O M P O G E E L
G K K U N E T E Y S P F L R S T N W O D T N U O C
C R O S L W C R I N S A T C T E I U H Y Y A R E A
O A E S L M A E P Y A E R G A N E H W R E L A S O
N R H S A T A N D O D W M T H I T V D M A D D R S
P H N O I T U L O S E R T I Y G T I E R D L N R D
D R R O C N P C G R K O G A T H E R I N G U E A K
A M P A O T I N E A I N N A R T O S F H I A L R A
R R S N S G A E E L E R U O A S R T O R E K A I P
L A I N R N K M S W E T N H P I D O N R I L C A P
E S I L A N O N C R Y B R H E L B T H L C E E O G
S K R O W E R I F O P E R K I S S O D K K R N I R
M I D N I G H T O K D A A E A P N C K R D D A E D
O Y T E N L H O L I D A Y R T R W I I E N A R S
K Y O A A N N O E D O V R A I D I T A J I G Q E
A A U E D E L I S Y B A L L D R O P I W W C E E B
R O N M E T E K L T N O R E L J A N U A R Y D A K
K O O H S D C L C C R T Y T O A O D I M N I I D M
L R G E N O I S E M A K E R S E K N T H K A V N A
```

110

```
M S E N S R H M Y A S T G E A V E S P E A B T T C
E S O P G N A C C E P T A N C E S P E E C H V C A
T O R E C O R D I N G S Y P S I U T S S N T E G R T
O T E R T E U P O P L A N O I T I D A R T E D C A
A D G F L I F E T I M E A C H I E V E M E N T T N
M C G O S R G S P L N T C L A S S I C A L N L G L
R A A R C B G Y E L G A T E N P R R T T T M N O R
I M E M E S R D H U T H E F A O G A S Y L U S I T
E S A A S G O S P E L N E E N P E R E I B S W I W
A D R N E I C N G S I B N A A U S A I F E I O N O
S V D C T U Y O P M O S E A S L N E T O G C N M G
O I R E C O R D O F T H E Y E A R C L U S I C L P
S B N S U I R N G E R C N P A R C Y C N E U N C H S
E A E T E O E O P R T O R L O O O N C B T D U H T
E T T S D G E E D S A T L D B S R M O E H U E R T
P E O I T E I R M E A M E T P N T U I M E S R E E
N U V T C N E T A U E U O U N A G B C R E T P N O
A E I R R R E N S G M E C P T E E L O R P R A F Y
E C E A E S N W O E N S P N H A P A B K A Y E R R
Y S A P C U A E A R O C K S O T T O C E E T C T
R S B D A S E D H R T P S P A M N S D G I N R N R
I N T E L E V I S E D T A S T I T O E M S U I R C O
I I S C R M C T T H L I P L S D R B C O T L O E E
S B H N T E Y E O M E T S N L E E O C E E R R W I
I O O T M P T E N T D T P T E E B M L R N A I T R
```

111

```
R I Y E O D S S I T R N E S V L T O D C T F R V R
A R L E V S E A O L H A S T A Y I T P H N P M L C
I S N M U Z E S C L R S P N U C N I I Q K S N O P
E S L V Z S N T L O P O F V W A L L T S F S P H A
L K J I W P A A E N P F T P I V Z E N N S O O F G
T O U T K V S E J F Z P R O F I L E P I C T U R E
A G R D T E K O P R T O W I S R R L Q T O E N F S
J S P I R O I U C E F T S S E P N O N G E R D S I
L O E A O N M O F I C C F E N C E R K E G O E S
T H H E H N E I L F A R H T I E D A S T A T U S F
D S O U E O C E T O I L O E S O P R T M D Z M O Z
R U O L M I S W E C O N T O H T N E W S F E E D
A P O E A T C E N N O C R E S N S S A Q I C R I I
N H O U E A S D C L S U F A T E P D C U U O E T I
T M R O T T S E G F L T Z F F W U L A P N E S K I
I L A O V I A H S N C S K N I L O V T G P F S N R
P O R N O V E I P G D I O P G T R I U E E O T E
E A T E O N L R K E T E S K E S G V K L V T E N E
I A E I D I N V I T E E N S H E S E O I E S D E J
S F R N P S A T T A S O D S C A O N N S N O I M N
N O V A E O O G A D E R T S N Z P T S T T G V M T
W R S A R R I T A P O F R I S V N D T S S G S O U
P C C E R P H P Q U P E L T E N O N C A T E E C C
S Z E E A T O I T S P I S T E H E T N E S O F C K
L O R T C T N R O A O T E W S W H S R T O M I L D
```

112

```
I A A N O U O I B L S Y C I O T D M E B D M R O D
E I F I P P T E N P I O M P E M N L R I A R N I I
E P P M O G O A Y U U P N F S N S A Y N R A E T C
O I B O T F O B A W L K S G I L B H S O E N L I O
R S G T P E P P E R I S A P C N P S E C R S W N
N L U A O N Y L W O N R O E A A F E N S O O V O D
A M P I M E R N M A E O N K R A T L A A B O O I K
L U P B O R S N H L T A O G N B D A U A T M T N Y
O B S C T N O I D U V N O M N A E I L E J U L E A
R L Y A O G P O X I A C K L O R E O E O N L N P N
I A E H I A T R L E I S Y C I E Y N E T R I S R
G T E E B T U I D P E E K L M B L U S A R P T A W
O I D U T S O V N R B A S E O E R U C P T L R A L
S H E A D T F E B B N U D P N M I C R G P A I E B
T W L E L A B R A D T O P N N A M R E O G T E I I
A S I D S O A P R A A E O A U L T S A D B I U N P
R O I Y E L L O W S U B M A R I N E I A R U L L N
L P A G A L I L U I O N P K I T U N N A P M L U U
T E A I M A O I N N O V A T I V E Y G M O A E C G
L C L B T T N L O I O U E I E A S A F O E T I P A
Y I O O B O N I N E Y G E O R G E H A R R I S O N
A L I O O B E A T L E M A N I A E Y N S I O E P E
V S P M S R T O P N O I S A V N I H S I T I R B F
```

113

```
A N S D E L C Y S Y I O B C O E E O O M Y O N E O
E M C O V A L E N T B O N D N Y E L N S R P I N L
A N D A E H E M N I R B N P E E E A E L P N E E M N
T P E N N T U N L R L D N E L A N I S M R T L O L
A P E S R T T I A A I O M L G L T O N E N B L T
L H P R O L Q O T L T L C E N B I N S U D N A I T
O Y L O I U I G R O E O L O C E U M R T P A T L O
O S S O I O R T D M M S M E T A L T T O C T C M N
L I M D E O D O R P N R I S C S V M A E N M I O D
E C T A U A C S O A O T Y I M I A I A M A S F Y N
T A R P O M Y U S M N I M O R T A C D P N S I A T
A L S E R M N U A E C S U M T R T O N E O E T T N
O E N E B D A S E S S O I E N B I R U C T S N A Q
S T L O S M E P R O P E R T I E S T V R T I E H M
S L L I I S U D L S T I O B I T R U R A I S I E A
M E L M R T E N S I S E M A O A O R E D B C E A
G O R O L C C C R E U N R N R A R Y R O S T
S T A L T I T A O I G Y O S N A E M E E T M T N O
T L I E N N P L E R M O R L N O B L E G A S P E N
P B M C N A Y I A R P O P P U L T E G T T G T I I
I E G U L G A O T E R B T O A I N O R G A N I C O
R I S L R R O R A E O T C A S E A E R O I L T S U
V N E E I O E L E C T R O N O C N M N P T S S O M
T E N S E N C M O A L O U R M E S A N B E E E B R
E E T N A T S N O C S O R D A G O V A T M G E S I
```

114

```
L R R W I V S S R D T E E T R I N T E A I E I B L
A T E K G N L W T D V E N S H T G O T R E K D A A
D V O E O N E E O F I J X K A C E R L M T N T I N D
E E S A A R R S G E R R G U O E B A S N I S S N
D F A I R O C E R M T C F C T E T I G I M S I E H
L I N R O I G R D E S V I C T O H O N T R S N P
O L A N R W E N E S C E L O O O T T E O R T C P G U
N G N H S O T A S T I A C M H I K R A N O C A T P U M
L A R M E L T T U R R B S I R W O D I A N G I U M
N T T E E T S O C S H S A M A S R B U A H C N L A
O R A A E T R A B T A T R R M B G I C N R O V C E
I E I R C O N S E R V A T I V E R C S A V A O C E
S G E E W H E W T O I C N D I R A T A G A C I O A
S R E H C R A E S E H T H R R E I A M E O H C O Y
E A K I E O W M N T N O H E O C E R L G E T N
R L N E H T I R G E U R T C O A O E R I E W R U O
G A S W R C R E O T N E E U C W J O I E I E A L S
N I E O O A M W R R N G T D B A T E C P N S O L L
O D O E N D U R I N G I C O N E S O A I R R S A F
C S N N S R C N N C S Y Y R S M U E N D M I C E C
C M O V I E W A R H E R O P T E O W R E C N A C S
R C E T E C E M A R I O N M O R R I S O N E R H S
A N S E U T A T S A N D S O F I W O J I M A I E E
```

115

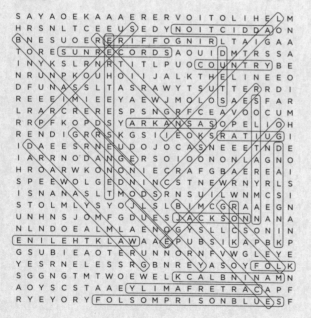

```
S A Y A O E K A A A A E R E R V O I T O L I H E L M
H R S N L T C E E U S E D Y N O I T C I D D A O N
B N E S U O E R E R I F F O G N I R L T A I G A A
T O R E S U N R E C O R D S A O U I D M T R S S A
I N Y K S L R N R T I T L P U O C O U N T R Y B E
N R U N P K O U H O I I J A L K T H E L I N E E O
D F U N A S S L T A S R A W Y T S U T T E R R D I
R E E E I E E Y A E W J M O L O S A E S F A R
L R A R C R E R E S P S R C F C E A V O O C U M
R R P F K O P D S A R K A N S A S O P E L I O N
R E N D I G R R S K G S I E O K S R A T I U G I
I D A E E S R N E U D O J O C A S N E E E T N D E
I A R R N O D A N G E R S O I O O N O N L A G N O
H R O A R W K O N O N I E C R A F G B A E R E A I
S P E E W O L G E L M D N C S T N E W R N Y R L S
I S N A N A S L T M O D S R N S U I L W N M C S N
S T O L M L Y S Y O J L S L B I M C G R A A E G N
U N H N S J O M F G D U E S J A C K S O N N A N A
N L N D O E A L M L A E N O G Y S L L C S O N I N
E N I L E H T K L A W A A E P U B S I K A P B K P
G S U B I E A O T E R U N N O R N F V W G L E Y E
Y E S R N E L E S S R G B N R E Y A S O Y F O L K
S G G N G T M T W O E W E L K C A L B N I N A M N
A O Y S C S T A A E Y L I M A F R E T R A C A P F
R Y E Y O R Y F O L S O M P R I S O N B L U E S F
```

116

```
R T S A S I D E E S W A N A R U B U R A B E T R U
C P N I S A I O A A R D P O W D E R E D S U G A R
F H C I T O E A S R R A B T B U E U U H S U G E H
E A B U T S R A E R T E E A A M C O U T S R R S E
I S T S D A E R B C O E S R A U K L S E T T V I I
R Y A C O O K I E S O T E R C F S F A M P R A S E
F F I W C T F S P K O T A D K F C P N P R E N T E
G E T A L O C O H C G D S A G I O D C E T I I E U
E N O H S P M M P R E H E A T N T H S R E S L F A
R E N N C R I B P I N S K C E P I I E A H W L E C
U I N M R M W L I P T I A G O K L S E I R T A G D
E S D N A G T G M N C S C E F R T T I U E R A G D
T O B E O R E H G I X E W A K M E A S U R E C E I C
U I H G S A A R N O O P S E L B A T K E E I C F O
L G B A D O S G N I K A B N Y K L S E I R T S A P
R N V U I R P P O M S O E P I E C R U S T S I E O
A V O A P S O N A S N E S E K A C P U C E R F K D
G A E S E S O G R A G U S N W O R B K O U E T T E
T E E O T E N E M R E R E E N A C G P S S I N F I
E S P I O S R E A U F S A R N S B O P G A A S A M
R E E S I O G M S E S R U N S G D I V G R E I E I
F R R O A O A A T T X C C N S G N A C E E V E O S
N G P E S S L L R S C E G N E H S P X M N D A I D
E R I G S C A G U E O E C S N A C I T H P E N K R
E S R O W I E G R O C C C R F G M A A S A B W W N
```

117

```
N M Y T H B U S T E R S I R N C D H O N D A N I
B I E E N N B R D I R T Y J O B S L T L V O E O S
C T I D D D T I R O T C A F R A E F E O D C T H
A E T T D A R N G V I S I H Y C C C Y A Y O F E R
R O O A P Y O E A G A H M R E P N T A A E R R N T
T L A C M T C R O P E N E T A A F L W A U G X E R
B W A M E C S T V I S C A Y S T Y N I R A I T E
T M M P T E C C E V V C T A T L O E U N I D O T D
J I P E A G N B E I E F I L L A E R R U S D R T L
P R A W A U L S A Y O R T T O N R O T S T L T G I
R R E M I M P B A C H E L O R S E C C A I R I R A G S
N C E D E O L A E D O N R O L A E D E N C O A G S
R U N S C R I P T E D P T E O U P R J R U W D I M N
N A A M E R I C A S N E X T T O P M O D E L T R A N N A
A R E E M A R C C U L S U R V I V O R T R A N N A
E I W D I H E B A S O W C E H R T D P I S E G C M
I P A O D A N C I N G W I T H T H E S T A R S F A
P R A W S E S E I G I E Y F B A I E A C D V P P R
L J G F E H C P O T E D N M E A R S S T N T A E R
E L I M I N A T I O N R O T E S O P E S S M C C G
N I E R B T E P E F W E O L P D W T A O I G E E P
E E C A R G N I Z A M A R T C T C A R A L W S C C
E P E R A I S S N T R E E P H G B S P Y X B I E S
W C A M E R I C A N C H O P P E R R S H J M N E P
R O T N E V N I N A C I R E M A R E I N W S C T E
```

118

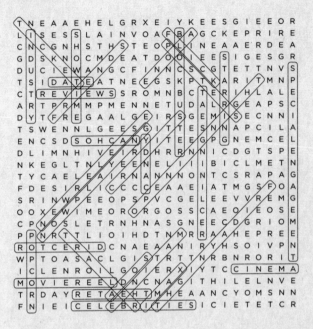

119

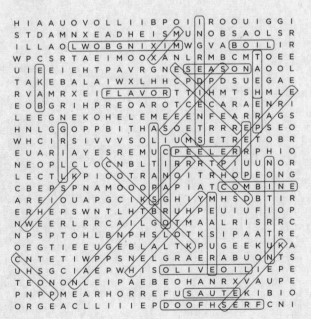

120

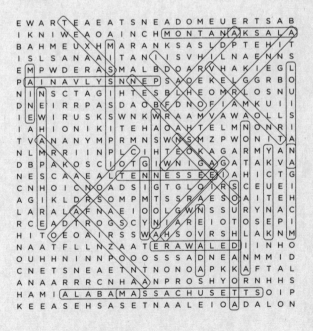

121

```
A P A S O R S M O E F C T C Y A E T A F C C E N D
N N L F P G Y G N I T R O P P U S O G T U N E I U
E R A T A E L S T V I S U A L E F F E C T S D C T
T P R O D U C E R U T C I P T S E B E T L T S D A
A E S T N E T T E U T A T S T Y P R T E O D R O A
I E E F S S E S M F P R Y C A U O F O T A K A T U
A A I I T U E G N I D A E L E U S S C O R E U R
U S A L V A E I N E D T L R M P F G C I P G P C S
T O E M S G T N L E Y H P A R G O T A M E N I C R
S S M A K E U P O A I M N C E M R C R N R O Y E N
E R D W A C G N I T I D E T A S E E E R F S O L R
N S R A I E G O N O T Y E O R D I E R K O C L S B
M P O R T A S R T A E S R R T I G E A L R R O U S
T L F D E M T R E R I C C E M R N T Y U M P D R D
T P I S R N P E E T A S S C O E L R N R A M E P R
U T E I G Y G E O D N N N A R C A O O T N P C A A
U L P T S S M I A I C E E S U T N H M O C S E S A
I D G Y Y I S P S R O A S E N O G S E T E S O D P
E T O R A F T E T E R E R E C R U G R T P A T E A
N C R M C A C R D R M P R A A T E R N S E A E
C O P R T T I E A T I U A A E P G O C L W A M P C
E U G I T R N S E I C T E S C T E I I E O O P I R
E S O A T I S E N O E A C D P L T I P C U G F N E
N N M H D B T R D N M E O D A N I M A T E D E I R
A S N M Y G O M P R I F S N R T T O I R A D G R B
```

122

```
A G G E V A G Y A N T S L G S A I A T D G R R S D
H I T U T P N O E O I L D M C T E E P A C T G E Y
E E R K O K O S T G O L D O O H N T M G T I H I D
N O I W T U N T C T E S U O D L N E C U I A E R
O P E N D L O T I X Y N D W R E S T L I N G M O S
S E N R S E N V F T T E O R L T I S M E G L T T I
N N N I E L S D U R K S K L O I N L I T Y I N I I
L I M K I E N I I Y L F A C A C N M O L E E A G I
T N S K C A N E V N O B C N O H E E R T V R K O B
V G O E K O S D W E T O A M M H T R E E E S H L
H C E C E S N E L E L S P Q O Y C A E K T E R N I
O E A P U Y A C K C W E I T U S G G I T T E A R N
E R R E T S V S S A T E T I U A U I O R M E O E S
T E N E C R A C T I B K I S L L T A S M T W E L E
N M R K S B E L T S O R T G A V A I U O E A I G E
G O U A E R K I N H R T T H E S S C L Q L T I E
N N Y N G O O S K C R S Q S N T L N M S U T F C K
C Y E V I N T E R N A T I O N A L E K G E C E U K
E T L R A A I O I T L T A A D E N I N N S U A N S
N U I I R S T L C O A T E E N Z I L F I T R I R U
N R L R E L T A C H I E M L K N S T U T R E L W N
E N T B O N S A E Y R R E G G O E D G A I T O S S
I I I H K E R P T D C S O G E R A L E K S N I G T I
O T C L H E I E T M N R Q M N B I I C S N I G T I
F E T E N P O K U M Y H Q H W A N R H G C W R G R
```

123

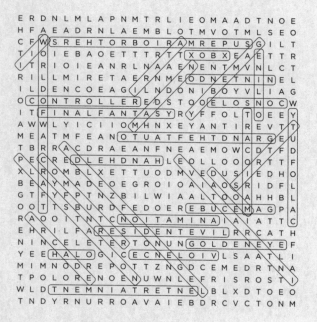

```
E R D N L M L A P N M T R L I E O M A A D T N O E
H F A E A D R N L A E M B L O T M V O T M L S E O
C F W S R E H T O R B O I R A M R E P U S G I L T
T I O I E B A O E T T T R T X O B X E A E T T R
I T R I O I E A N R L N A A E N E N T M V N L C T
R I L L M I R E T A R N M E O D N E T N I N E L
I L D E N C O E A G I L N D O N I B O Y V L I A G
O C O N T R O L L E R E D S T O O E L O S N O C W
I T F I N A L F A N T A S Y R Y F F O L T O E E Y
A W W L Y I C I I O M H N X E Y A N T I R E V T T
M E A T M F E A N O T U A T F E H T D N A R G E U
T B R R A C D R A E A N F N E A E M O W C D T F D
P E C R E D L E H D N A H L E O L L O O R T T F
X L R O M B L X E T T U O D M W E D U S I E D H O
B E A Y M A D E O E G R O I O A I A O S R I D F L
G T F Y F P T N Z B I L W I A A L T O O A H H B L
O O T T S B U R D F E D O E R E B U C E M A G P A
R A O O I T N T C N O I T A M I N A I A I A T T C
E H R I L F A R E S I D E N T E V I L R R C A T H
N I N C E L E T E R T O N U N G O L D E N E Y E F
Y E E H A L O G I C E C N E L O I V S A A T L I
M I M N O D R E P O T T Z N G D C E M E D R T N A
T P O L O R E N O E N U W N L E F R I S R O S T I
W L D T N E M N I A T R E T N E L B L X D T O E O
T N D Y R N U R R O A V A I E B D R C V C T O N M
```

124

```
A N S K A H L J G C O I G A E Y E S E M Y M A M E
E F L L S A F F R O N D A I D P D L A P L E A E
N G D R A L D O R D S O M T N E O T E E H N N D A
R A C S T E E I U E G E M E A O T O P S S N T Y D
P N P R E N L D G R M N L A G I P A M E D A A E R
A A M A R N R S Y Y L E M O N G R A S S M E E A Y
E M Y F E E T U H M I I P R N N V G A S R S T E B
N M N A D F G T R P R E D N A I R O C D S Y N O
W R N L T S T N I M R E P P E P T C I R A E Y S I
O E E P E L C H I L I P O W D E R M A I P N L S O
R A I R I I S A E G B A S I L G O T L C D I O N S
A N O G A R R A T P R P O P P Y S E E D C M R E S
A R E T E E R Y G G I R N L S U E S R G E G E N E
M N S M N T U R M E R I C O M A M R O A R A T I L
I M L E M D M S T M O K M H E R A E S R F R D L A O
D S D S P E D A E T L A P R A P R F R D I L L A O
N A A E R C R H M U A O A G I N Y O R P U I O S T
R G R E S A Y S L N G Y Y M A L L S P I C E G N I
O R C Y R R U C D A I R A B R Y M E L T B S V C I
G I N S D C D U G O S A T A P R R O G A E A O L M
A O S E S A M E S E E D I Y R M D S E E D L L E O
A C Y R N M R D T B N A Y L E I E S N R I T C E T
I P M A R O J R A M R A L E E M Y P E F O N M U P
S E U F I M E T Y E L S R A P I S U G G L G N I I
E E N C M L C P A L G C I F L T A I R P U O U D M
```

125

```
C E D E U W N A E L P A Y I I A L I E I T A E M S
E R E R R Y E T I L E N L F W O Y R O D A C T E O
N P S N E N O T N E M E V O R P M I A M I P L A O
E E I F F S M F L P R W E E O D L O A T E M S A T
U E G L K R A P T E A W O T E U A N A P W E R A P
O A N O I T A L U S N I A O L I N L A T S E Y W B
I B E O T N M E E R D N N F D W A L L P A P E R A
A T R R C T S O C L O D H T R F T E D N N O E C C
O R U I H O Y R O I D O R N T T L T I T E F C L M
M R S N E A L P T R O W F R E A B O O U I E A L F
P N I G N S O I Y E H S T S P R H O O N F O E P A
O L W T R I D W B M O T O L T M R L I R E N R O M
I T N O F D A L C O T E A C A I O S P M S E U R L
N L S N A L E A E D L N I B L E H E L M E U U O O
L R R T L I R S E E S C E L E C T R I C A L T T O
O I E S E C N A I L P P A M T N E I A A G S B C E
R I E I B R P E I A L L O T E O E M I O O N E A S
I R H T R C L G N I B M U L P S T A O L A E D R N
T O R D A C W I E R N T H L R L A R U T C U R T S
A N I A O S O L L O N N A R A F R B E E N S O N D
I R R H O I A L G L T A K T C N O T U E O D O C N
E I R E R B E P L A N L L R T E C Y I C N P M C O
O R I E N O R O E E L L E O P P E E E T R W P N O
G C B T O N E N R R E D L E T A D P U S S A A H E
S M A N S N Y P K R D W A C O T R D N R R L D T I
```

126

```
N E A D E I I O N S D A S O A N D S E O T I T V I
N S R R M T S E R O F D E I F I R T E P S E T U N
E N A I X C F F E C N E U L F N I H S I N A P S U
O I A O A L O S C A L Y S N T G S N E I O B T X O
E A H C N I L L A L N V C C S N E B S N N W M M E
R T E U I T L V O Y E S P R A D N P R E I E E I E
A N S A C R C R T R V C S E O O N I Y V O N T N S
R U A B F E E O T S A D C K V I N A C N K T O O A
E O W N H S I M I N D D D I I N N M E S X X A C V
E M I A O E G C A A A X O N Y O N O C V P T I N E
M G I R C D E S C E C R A I D T Y H A T N Y E F R
S E R P N I O V L O V O T S A N I A N D W S A A D
V H N A U R H C O U R I A H I A I L Y Z T T N X E
A S N S N A C E A O N A T B H N N K V O N T F N A N
L A U U U D I N C H N N A V A J O N A T I O N A
S U O D I N C A N I T N T R N S E A S S U I N N T
T O O L E A C A I A I U E U O O Y N N U S T R I I
B R L S A S I E N I P N S I O K A T E X A S N N O
T N N F N O A C T Y H S F N O O P R O O Y E O A N
O R T O U M X N N E O T I S N E T V I O Y O S U A
N L N N N E N E D S N H A A P A B E N N E T L
C A A E S A M O A A N O Z I R A N W O R N F S S
R L E K A H X E O K I T C A R S O N H O U S E A A
V K E H N N E W M E X I C O N C R T A W I Y E S R
N H H O U S T O N I I D I U A D O C N H K A O A K
```

127

```
S C T S N E E S T G B T R P H N R M T C B C P O S
O C M A T E R I A L S E X H C R U H C I B T T G I L
I R H T P U B L I C S P A C E A I B I S R N R T O
S E H T B S U T A I R S B U T N S U T O Y N T C T
M I U T B U S N D N A Q T R U C T S E S S H O U
L C V A N A I E L T E C S A U Y L I L I E R E T N
S T L E O S N L A C I S S A L C N L A I I U S N G
S N E H S T E N D O N P P T S C M I N N O R S L I
P I N I O S R I I G N P A H I G T C M I N I C U
C R S A A X S E L S N D C H C R B Y I C S R S U R
E P L R L N G D A E I G U R I E S D H N E N E I E
S E G M E O S O N E N I S S S B S E T R O Y E Y T
R U N S Y I G M S I N R E D O M T S O P D E T L E
D L Y E S T T U Y G A E R A I Y P I G L G I S I L
B B H S A C L I S L L A E T R T O G C R L C I S A
S A O B R U E A H I P S H A H O S N S I N A E E C
C S D I T R R I B G T L R I E E L T B C L B M S I
N I U I C T X B U H T O C S U T B A R D A B U X S
E A E A D S C A E T P O A I A Y N O S U A C L A S
R L D E A N N T E M O R D I P A Y R C S O A L
P T E C O I X E N O C E L A I L S O T I T V A L
O O T T L C T T C S N S D T V U G G A G S U U S C
S A T A Q U N S E C L T S L S C U A A N L M D R O
C C R T R O T O S C O U S Y R E N A I S S A N C E
T I N E C L C C S S S S E T O O S A I R N T H U N
```

128

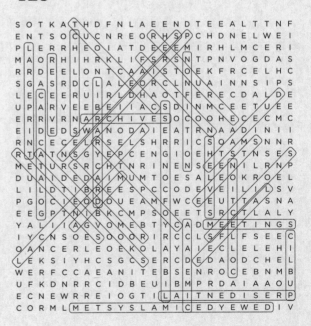

```
S O T K A T H D F N L A E E N D T E E A L T T N F
E N T S O C U C N R E O R H S P C H D N E L W E I
P L E R R H E O I A T D E E E M I R H L M C E R I
M A O R H I H R K L I F S R S N T P N V O G D A S
R D E E L O N T C A A I S T O E K F R C E L H C
S G A S R D C L A L E O R C L N U A I N N S I P S
L E C E E R U I R L D H A O T F E R E C D A L D E
U P A R V E E B E I I A C S D I N M C E E T U E E
E R R V R N A R C H I V E S O C O O H E C E C M C
E I D E D S W A N O D A I E A T R N A A D I N I I
R N C E C E L R S E L S H R R I C S O A M S N N R
R T A T N S G Y E P C E N G I O E H T S T N S E S
M E T U R S R C H T N R I N E N S E E N I L R N P
D U A I D E D A I M U M T O E S A L E O K R O E L
L I L D T I B R E E S P C C O D E V E I L L S V
P G O C I E O D O U E A M F W C E E U T A S N A
E E G P T N I B K C M P S O E E T S R C T L A L Y
Y A L I I A G V O M E B T Y C A D M E E T I N G S
I Y C N S O E S O O O R I R C C L S F L F S E E C
O A N C E R L E O E K U L E A R C G E D A O D C H E L
L E K S I Y H C S G C S E R C D E A D O C H E L
W E R F C C A E A N I T E B S E N R O C E B N M B
U F K D N R R C I D B E U I I B M P R D A I A A O U
E C N E W R R E I O G T I L L A I T N E D I S E R P
C O R M L M E T S Y S L A M I C E D Y E W E D I V
```

129

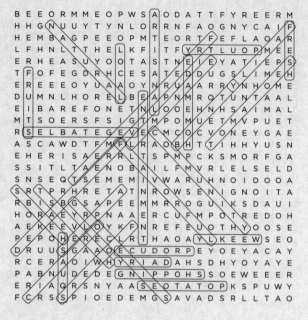

130

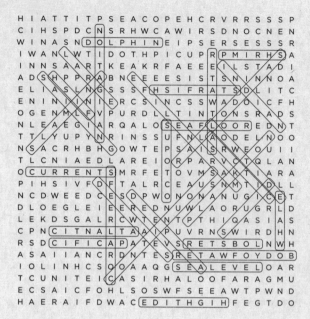

131

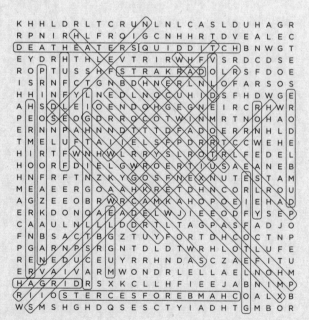

132

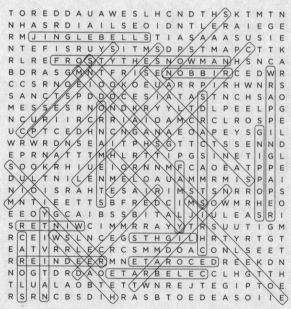

133

```
O A A I C T I T O T T L D N S U S P F E Z C Z K H
R S B N L N G A I E F E I L T U E N N D C F M Y N
S S B E K N N R C L E E C S N N T R N J O M C S
F E L C N N A A K C N M E K K R F G I G K F A I I
F L N E A R K P W A S M D L E S R O V A L F E O D
R K N G H S C A L D I O E A A A T P O O C S R T N
E N A D O O U A X S E C P N N R P A T N E C G A
A I T U E C N N I B L N R K N N U T S B A D N S I
O P L D S T S H E A E E H Y B S O L H N E K E O S
L S O N O N T D A T E N H A L A Y S N A P W I G L
O V P O P N I H N L A I A L L I N A V N R P K O I
G N A M O E T B M E N L H A G V E C U A E A O M R
C R O E L C M E T B Y A A O E O P Z C U S T E O P N
S O N A S I T O R O A R I C A T O K I P T C C O S
A K E H R K U S E I O N L L E H F A L I B C B C C
M Y U C I S N N P P C A I C O O C L E T I E T S A
A R D O L H D L C T S C L K E A C N N T L R I E A
T O L M T A E R T O Z E U O S T C C O N E M R L N
N A C M C K Y A Y F E P S N O A U R R K A B G B A
F D A S C E N O C E L F F A W C B S A A E I R U P
F V F O I C A B E N A N D J E R R Y B L A U H O R
A U N O A P R P I H C E T A L O C O H C R P O D S
A T T T A S T R A W B E R R Y O E K R L S G E U I
```

134

```
M L D I R L S A C R O L E W T E B L N M R N C R S
N A R W D U T R K L T K B I L L I A R D S E E L R
T K L I M P R O S R S T S R I G A T H E R I N G S
M N L S D K O T A T W R E U R O L O L G E C A W R
A N I A A A R R E Z I T E P P A S E N I S K E I D K
K L R F N A E M S R B N S G O S H A W N R E S S I
C N G R D N S O C N E L U I R T K L O A E S N
I N S W W A I O C U D I F D V D T R C O N U T I
W T A A W O U T K R O R C R C C U U A E C O N R S
I O R I N T R O P H R L E I R O F E N K S T R S I
O D A R U N A U O N C A P L K N C W O E I N A I N
I S B K E W N R I R N A S E T R E K A D S S A P A
E C I M E O T N O S I A L T N A O C T N S I L L W
A R S K E D S U F R A M E N U X P W I A S R V I H
B D O E A P T E S S A N R I O P W A R R I L O D E
R D T D I I A U O I T R O K C Z I P A E P L D H U
N D G W L L W A R C B U P B I I E E R W L F L A R
M R U N P B C E E O F K W T D S S G A N M I A A R
G I B I I T N A S K N I R D D E X I M L I P I D H
W N R D I T E D S I E A N R A E A I A G P A S K T
D K T O I E S E R D M B A R O E F U R R G W I S E
T S I P S U B L O H O C L A N B D O D P X R N G G
R I O N I R A L T H T Y H N R I C R A S U A I N E
```

135

```
I S O U R D E A C S A Y O P R A L S N T E N D O D
T V O R E V L I S N S S K C O L C N S E D D P V T
D A E T E R I C E K O C S T R A D I T I O N A L A
N Z U N O A A C C D U I N O P T A A F M V S P O O
C D L O G C S V R T F E S S T S N E N I L N E E M
C A B O I D E A K D S L T A C Y I A S A I O R S C
O K E M T E D E R E L D O A C R H I T N V A N N V
E B E Y N S B L R E B I R C R C C O D B R O E E
L O A E Y K L P C L V A E A Y B O D R L W R P W B
T W W N A S D O W A T M U I C N E E O O W W A S L
W A L O B E U I E Z N O R B H Y E L R E M C P E T
O E N H N T A L U M I N U M R O H L E Y T R A P O
E N L D S S G V E M O D E R N L M E R C N T E L U
V S N N I U Y A U O U T V C H E K A C H R N P E
S N L O O K A T P I C T U R E S E Y W E I O S P E
S L I C V D S O C C N E A A I E S R R S Z N N K C
L E L E V A M T E E O R L N O P L E E F O O N C C
V S R S N H U Y F T B E E A E O Y N V P T T I L A
A A C R C A D S T I N E V N M M O S L O P T S E E
Y T C W E N I I N O R C R A O R E S C N I D B O O A S
L T A O M W N R A C K E R E C S V D W N R L K I O
O A T L E R T A A M R R I Y A T B O N N R R I H V
E D W F O L A T L O B T R R E C N O W Y Z S C S E
K S A R R A E S G B O A T E S E E W Z S B R O O D
```

136

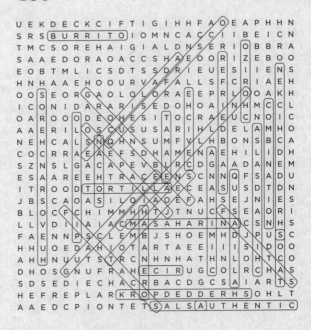

```
U E K D E C K C I F T I G I H H F A O E A P H H N
S R S B U R R I T O I O M N C A C C I I B E I C N
T M C S O R E H A I G I A L D N S E R I O B B R A
S A A E D O R A O A C C S H A E O O R I Z E B O O
E O B T M L I C S D T S S D R I E U E S I I E N S
H N H A A E H O O U R V A F A L L S F C R I A E H
O O S E O R G A O L O L O R A E E P R L O O A K H
I C O N I D A R A R I S E D O H O A I N H M C C L
O A R O O O D E O H E S I T O C R A E U C N O I C
A A E R I L O S C U S U S A R I H L D E L A M H O
N E H C A L S N K Q H N S U M F V L H B O N S C A
C O C R R A E A E F S D H A M E N E H I L A D E M
S Z N S L A G A C A P E V B L R C D G A A D A N E N
E S A A R E E H T R A C E N S C N N Q F S A T D U
I T R O O D T O R T I L L A E C E A S U S D T O N
J B S C A O A S I L O I A O E F A H S E J N I E E S
B L O C F C H I M M H H T J T N U C F S E A O R H
L L V D I A I A A C M A S A H A R I N A C P U S
F A E N N P S C E M B J S H O E M H D J P U S C
H H U O E D A H I O T A R T A E I I I S L O H T C O
A H H N U U T S T R C N H N H A T H N L O H T C O
D H O S G N U F R A H E C I R U G C O L R C H A S
S D S E D I E C H A C R B A C D G C S A I A R T S
H E F R E P L A R K R O P D E D D E R H S O H L T
A A E D C P I O N T E T S A L S A U T H E N T I C
```

137

```
U A T R N U R O D W N C L C E S L U E K L O N D P
N T P T E T N R A D I O C I T Y M U S I C H A L L
O O N I M R C R M E G U R F D N I H S R A T N M R
R A Y C M I N S T S R T N I E T S R D O O J D R E
A N C C C S O Y L R E R O C S L A N I G I R O E S
S H M D A Y I A O O O P N A T C H T U E Y D E P E
P T O A P H T T S M L A E P C S I D I T R I A A T
O A C N N P C S C F M I T H E A T E R S O R S E A
N D E O O U A I R R D H T L D S F D L O E R I S D
E A C E M R D M O L T T O U I T T D F A I C E R D
O S I E C G O F I S T R C O E S T O C C M T C S W
S I E O M O R L B L O O I S R T G T C I E I U A O
O Y A R O E P Y E E I O C U F E N C E S A O D D T
N T A A P R D J U D G E D N H H R R T U L N O R O
D U A N O O A M E R R E R N C N M L O R S S
N O N T L H R R L I E C A T E G O R I E S O P A E
O J O N E C O E O L G I S Y T I C K R O Y W E N E
N N I A C T R E S S I C R S C I C G I T S O H S U
I A T O M I A O R N O O E O R E M U R W D D T S
H Y A L P T S E B S N F N U E D N M P E C S R I V
R R N F C E T O T E A S G Y A W D A O R B R A M C
E A I R D O H U S V L C I A O H P I S C I S T O D
O A M C V S M U O D T S S D D O T Y E N E E W S N
O L O E S E S S A D F R E V I V A L E R N A A E Y
A D N O S E O N Y L L O D O L L E H Y G L Y A D I
```

138

```
X R E T S C V T E K H U L E E I A L V E O N D I K
M B C O D A O R L I A R D N U O R G R E D N U T E
F A I L R M I C H A E L J A C K S O N L C H E E M
M R R S T T H S A D M O C I V I L R I G H T S T A
R A A T H I A S R E D I R M O D E E R F K K H S N
A C Z R I D P A R C R I G R A O O G E A H U G H C
M K Z L C N O L I I G A R L E D R N L T R N M O I
L O E V M S L G E D O R K L A A A O O G T H S P A
D B E R R I L U T M A L C O M X P T O S T N H R T
I A L K Z O O T T L O O D F H N O S X O S A A R I
E M O I A T T D U H N P J U Y I D A S I R K A R H
D A D N L T H K B O E M T L C M A C T R M R L W N
E Y N D E O E C M P R R L F A A A N C I H A E I N
N A O C O N S L A I A E O I K R A Q E G N S M P R
A N A O A M E R R N A S O S I K V A N E A P N R O
D G S I M E R D H S A C D I A G G A W O P D A C C
R E E N N R R E I L A P N R H R J E E O T R A Y L
A L T P O D A R L A N P E R S S L R O S L O I S A
L O A O S T L F N O I T A G E R G E S A R G S O M
H U H W L L C I V I L W A R N A L R E K T L S R A
I A H E E D I C I N Z D E K V F A H T R S A N T I
H M Y L N R E E H I A R I E C S O U R H P D N C O
U M N L A U L I E G I A P L E H C T A S S C C N
D O T F L F E B R U A R Y O A R A S N N P M E O N
```

139

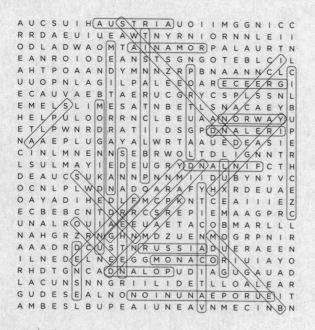

```
A U C S U I H A U S T R I A U O I I M G G N I C C
R R D A E U I U E A W T N Y R N I O R N N L E I I
O D L A D W A O M T A I N A M O R P A L A U R T N
E A N R O I O D E A N S T S G N G O T E B L C I L
A H T P O A A N D Y M N N Z R P B N A A N N C L C
U U O P N L A G I L P A L E E Q A R E C E E R G I
E C A U V A E B T A E R U C G R Y C S P L S S N L
E M E L S L I M E S A T N B E T L S N A C A E Y B
H E L P U L O O R R N C L B E U A A N O R W A Y U
E T L P W N R D R A T I I D S G P D N A L E R I
N A A E P L U G A Y A L W R T A A U E D E A S I E
C I N L M N E N N S E B R W O L T D L I G N N T
L S U L M A Y I E D E U G R Y D N A L N I F C T H
D E A U C S U K A N N P N N M I D U B Y N T V C
O C N L P L W D N A D Q A R A F Y H X R D E U A E
O A Y A D I H E D L F M C P K N T C E A I I I E Z
E C B E B C N D R R C S R E P I E M A A G P R C
U N A L R O U I A E E U A E T A C O B M A R L L L
N A H G R Z R R N N M D Z U E N M O G R P N I R
A A A D R D C U S T N R U S S I A D U E R A E E N
I L N E D E L N E E G G M O N A C O R I U I A Y O
R H D T G N C A D N A L O P U D I A G U G A U A D
L A C U N S N N G R I I L I D E T L L O A L E A R
G U D E S E A L N O N O I N U A E P O R U E I T
A M B E S L B U P E A I U N E A V N M E C I N B N
```

140

```
W N V I S R E F B N E T S D L W O L E D A T L L R
O O Z A R K M O U N T A I N S E L S L H A S E I E
S O U T H D A K O T A S A O I O I M F E R M B O E
N T I O E R N W N E T N V A S E T A T S G N I W S
I R U O S S I M O S W S N A E T E E I W C I A E E
A C A T H O L I C I S M I C H I G A N E I M U U L
L R S I G R N S U I S E O R T U R D V W R L E S I
P I O U Z O F O D R A Z I W E H T I D S A S V V F
T O R I N M N R E D N I Z T S A V T B V T K
A W E M I N N E S O T A N I A A C L R I E Z S W
E A T A S C N S K E T A C O V C B A B S P I C U R
R E N I A E R U T L U C I R G A R S B R L E I I I
G K E F C L I O B N E L E T I O E E M O H R S O H
L I C E S K G A K A L S L H M E A O V Z U I A U D
E D C T S A L A R I N E A D S T D D D I S H I S A
U D I N T W O T N O B L K A R R B A N D R L F R M
C O H R C R E O C E L A S K E T A N A L M N M A L
I V P S F N I S L H L M A O W E S R L D I I I I E
S D A K C S R B S R O I R T O T K O T N N S V I I
I W G B E G B Z R T K P M E I F A T A A V S O I H O
T V O E T N U T E T A I N A N D N S E T V C I I R
L L E K N O M D M G C B H L U R N W H K S S S A G
S S G G R E A T L A K E S R S A S I A N A I D N I
O S T P T E L A U R R T G O K O W L W R A W G L C
```

141

```
B R A L W I N N W R N E S O L P M H N N I D A R D
Y R A A D T K D N R U B P E H Y E R D U A A A U N
A F Y S Y N A F F I T T A T S A F K A E R B A M T
R S C U A I B A R A F O E C N E R W A L B A Y R S
N N A S M A L T E S E F A L C O N A H Y O F R T U
A M F R M A N C H U R I A N C A N D I D A T E I N
W E C W T E V G O N E W I T H T H E W I N D C R S
A S I N G I N I N T H E R A I N B D R A A L Y N E
U E H M H N Z R E D I R Y S A E L N T E I W N T
N N T H T R F N U R U A N W I Z A R D O F O Z I B
O B O Y I H T N E T O T I O C D A E H T I F A A O
U L R I L W T R T T N I U I Y U P Y N R L A G U L
O A W D L T A U I E V E T U O B A L L A L A H A E
G F H N L M O A H P I R L U A I N G U N Y A R A V
T I W E A T A M D E S R A A O C A I T B R C D A A
Z C I A C L P C N N H A N S E L I O E Y E A I S R
U A U R A I T K A A O A D O B C P D G E D P L O D
E N R W B E A A K H T E T A O H S U M R N R A F O
R Q C I N N A Z C S F F S A A N M I L H O A N H R
T U R N E R T Y A M A A R T S M H A F P W N N R Y
C E C D R N S S L A C N S G H D E G F M A Q A A I
G E C O U P C B B A F R L N A A A A I U S M M T R
A N C W A E A F T N O R F R E T A W E H T N O H T
B I L S L T E N O A S Y L A U R L A E R I L R C S
```

142

```
N A E A O T A I R P R A O D T O H A A Q T L A N O
A P B G R Q T Q M Y R T E M O N O G I R T O Y C L
U M N T L E I A E D A B O Q E D O E I E N A T B E
R U H T R N I F N I U P N T M M I G T A T W Y T U
N R I B E N O E R C I A C Q T C S R A S N N N I A
E A R I A U Y N E E E I N T N L D O T O C I S T A
U O X Y P D I O A O A O D P A L A D B N A O I N A
G N O I T A C I L P I T L U M O C A O I L U P T O
E R R B O M Y R B T E R Q T G A N S A N S Y O I R
P A O A A M O I C A N E N M A T I E T G R O R M T
A D E I L P P A O M S C U T E I N E H T I I P I S
A U F M N A R I T H M E T I C N F R E S D U A G S
N N P Y A T N I R N B U B P X N O M O H E I O T F
G O T S B E R M E L B O R P D R O W R P M R U D O
N X T U H D S S Y E R N F E G E R T Y A A I F P G
I I S M A F R T O Y I R N B G C P M R R T O U T U
A V B U N U I U R G T I N I O E I A B G O S O I O
U M E N I C Y C E D N A T R E A G N E T E Y O D R
L G R I T G A R D S N N N L O R I G E A T H E R E
E R N O A I U N O I G A N A A C A I S C T R N O A
M I S Y U O S L N T S R E B M U N L G L T S N I E
R D P S Q N R A T I D N P N E L Q N E E L E T S N
O U T H E O R E M O A A B A C U S H M O H E F A O
P S E R T Y A R N N T D I V I S I O N A N O E S I
```

143

```
N Q O E E C O Q A E E N C O R I S K B C P E H K T
D D E H B A L C B K H E T H H I V D B U A E A B D
A U O B T L U T Y E L A T T A N I E M O S C R A C
E G C E D E A I G A M L L E L L L I M A H K R A M
T E C A N E M M O T N A H P D S E G I I D C I N E
I R K T A R H N L R M D L K O O Y O N C E A S I T
M A R M N E T E O O I L L E B E R U P L B O B A
R T E O O U R R R C G M H A N S O L O R H S N O O
C S K M D D A R T H V A D E R O S A A T T E F N R
I H L A I C D R T H R E A N A K I N L K O E E E
A T A L L I E S E E A M E S O N I S R E S I R K T
T A W A I L A T K H E D E I T D E E P I T N U U
M E Y C E U I N A E E P L E T L S S I P G S Y W N
L D K S E U I N A E E P L E T L S S I P G S Y W N
L P S R U P K A F O D N E F M O S F Y L E E E I O
C U E A A E T B I I L E O E D F E A D C O R Y B F
E B K W A R R O Y E O E I C A C Y R I O O T
A R U E C B A O T M G U S C N A M R G P D R H
I E L N R T C L N M Q T E C A I D B E E M A O
P E S O A B R B F E O E I A T R E R N L E A D
E A B L B T O V S R H C L E I D P K K B U N R O E
J H F C W S F Q W S K O E O G A G R T C A I M D
S C A E E R E S E N O L C E H T F O K C A T T A I
I N O R H E T E O H N A C D P E E W A S S O O T T
C R T I C B N R A Y T D R E H S I F E I R R A C R
```

144

```
B G F P R R S A C H H E R N A D R M A E D L M N R
E E L W O A O M I S S A I G O N M P H A O M A G
E M S R O R R O H F O P O H S E L T T I L A E Y Y
A H O K M O T S E I H S S H A I Y E O R T T S Y A
T O E A Y R N L N Y F B I T N I R A I I E H Y N
I L A R R G K B S G H A I R A I D S M R T V O L A
M S W E E N E Y T O D D A L B H K A P O L I O H M
D P M P B H L C S C A R A N L G E N A R H T D R O
A R R O L S O C R A L I A L U Y H L O F A A T S P
E S L E O R P O S T C K W W C P E D L I Y Y L H L
W S N H A E S A S H O W B O A T L A O L W T K N
I L E F L R O I R O S R A H A E F O H I R O H N H
L B A O S A I T T G A O O A S O T A R A O O L T K
O A L M R K E O E B E R H T O D D F B C T T R L E
B R O O E I L R C B U E S G R E A S E A M O N Y
E E M T N A I M N S O I E U E L C K W P L R L A N
O S I A A A I A I A E N E M S O E I H D I O T T S T
R M P H A T N E S L O G A C I H C T C W M T Y R
Y S H P R E P T E L I L C B R M A E E S F N N I A
S E D D N O O L W R E N T R T M W F P E B I B L M
A L F E P R T S L F O O R E H T N O R E L D D I F
I L T I Y B H S K C I T S A T N A F E H T S S M I
```

145

```
T R H S H A C C K G E T E T T I V N F R C U E S E
O U D E W E R R R E L U N M S A O O N M E S Y N B
A E A F I I A E N E S U O E G A R T U O G R S S
E N D T C I R T S I D T N E M R A G G W O D R U A
M I K R Y U O N A O M A T E R I C S N O S A E S K
Y Z O E M M E O Y I N O E U C O L E C H I C B L A
O A C P G A G I N R A P G O N A R A O R T E R S S
R G U Y N Y S D D U R M F A H I T R N I C C U G U
U A A E I E U D P R A P R M N W A O T U T A B R E
R M E S H S P U S C K L E N A H C N E R F G T H Y
E U N W T E I R G I A S S L V O G U E U U P R O C
T E N R O K E L E I N D K S O O Y R R V H W I I C
U R Y S L T A Y S W N A T H C P A K R O O N N A N
A A D Z C M Y M I E O O A L M R S T A E L Y T S
E D Z U O G T D R G D U E C I E N O M W L I Y I K
F U A U O R D T A S T E W K M Y G L Y E D E C E U
R D R E D C A R P E T E U C R R R O Y E I O E K N
A E U I M T A A C U R K R O A E R N A E P W Y O O
S K R E Y D A O Y K D R O P A K E D A O N M N C L
T N K N O H U G C R R R H A E A N O L O T U R O W
V L R E A T T T E I N Y F S G C G N I A C E R H E
S A E U U I P G R R A A N R L T I H N R T E I M I
Y R S R I Y P E F L I U I N U E S N N R O R E U N
T K E I I G O R E E A G Y T U A E B O Y A A E M S
Y D C I T M P G T U M U T C F E D R R U S U C I M
```

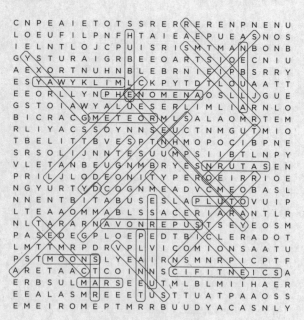

146

```
C S A I S G S I F N N E O I P C T A E O R C O O T
V C N O I T E L P M O C S R U H N I P F R K E G G
S S M A E T L A I C E P S F R O I C O F E S E S B
E C W N E L E T O C T R A E A U E E N D L O E E N
D L I C F A S P S O D H G M S L N N I L W T R E W
I N D F T T N U P R O F E S S I O N A L U O I S E
S T E S H N E E T N O R T H N I Z M I O O I A E E
F O R T S E F N T K I D A P T E D K S N H C R S U
O I C O E G D A B F C E C N I E R F K E B C E C
K P I L M E L T I S R E E R L T A V O A O T I C E
E C V A P E F M U E G A N T E I A O R P L W A A K
A M E Q A H E A T E U G A E L L A N O I T A N B E
N T R G C N S N L L I N E O F S C R I M M A G E I
F T U D E E I L A R A C U T C A W U S M U A E N I
S E F L N W O D H C U O T I C F C T C B A L I I N
C E I E T C A F A T U G E M T E F P A H F A Y L L
S T R I E E G U T M I F T C T P T E U D T B M O E N
E I S P E T C M C P E E M Y I C M C N A S E G
B D T E E E Q I T N C Q U A R T E R B A C K E E
N O D L A E O O E I O E U T F I A I T N L F N O L
S E O F F E N S E E O I R C I Z N M I N G E L E K
N L W F U I P F N D R N A I A R O E E S T K N G I
O A N O I T I T E P M O C O I N A E S T C G I Q E
```

147

```
C N P E A I E T O T S S R E R R E R E N P N E N U
L O E U F I L P N F H T A I E A E P U E A S N O S
I E L N T L O J C P U I S R I S M T M A N B O N B
G Y S T U R A I G R B E E O A R T S I O E C N I U
A E X O R T N U H N B L E B R N I E I P B S R R Y
E S Y A W Y K L I M L C K P Y T D T L O U A A T T
E E O R L L Y N P H E N O M E N A O S L L J J G U E
G S T O I A W Y A L U E S E R L I M L I A R N L O
B I C R A C G M E T E O R M L S A L A O M R T E M
R L I Y A C S S O Y N N S E U C T N M G U T M I O
T B E L I T T B V E S P T N H M O P O C I B P N E
S R S O L I J N N T E S U U M P S I J B T L N P Y
V L E T A N B E U G N M B R Y E S N R U T A S E N
P R I L J L O D E O N I T Y P E R O E I R R I O E
N G Y U R T Y D C O G N M E A D V C M E O B A S L
N N E N T B I T A B U S E S L A P L U T O V U I P
L T E A A O M M A B L S S A C E R I A R A N T L R
N L T A A R N A V O N R E P U S T S E Y E O S M
P A S E O E G P L O E P E D T B I C L E R A D O T
L M T T M R P D R V P L V I C O M I O N S A A T U
P S T M O O N S L Y E A I R N S M N R P I C P T F
A R E T A A C T C O I N N S C I F I T N E I C S A
E R B S U L M A R S E E U T M L B L M I I H A E R
E E A L A S M R E E E T U S T T U A T P A A O S S
E M E I R O M E P T M R R B U U D Y A C A S N L Y
```

148

```
G P P N A Z M E E D N O R D E I A B I E M N C B P
D D A N E D A U M T T Y M E G S U O I C E R P D D
K M H S A N S T U S M T L P I R I E E I I E I Y V
A C I N R I N G U I U O L O R I E T A G I A I M
S T T Z M A T N N G B L V Y R A S R E V I N N A O
S R S E D D E I O I D E C R G U U Z A P O T I E D
O R V N I B T L C A R T R E R N A V I G A S O W L
E V E N U A D C R B B B R S B X C P U Z G R O A W
O P U S L I S G I T E N A A L P P N E C K L A C E
F R U P P D C R Z D N A A E N A E D E I D I O S D
U T N G R H T H C O O R B G T N A N U E C T I E D
E I T P I H A S I O S M I N D N R O S O L A N E I
I E S R S A R L B I S H O N G O L M A I A I L A N
I I I T E O S U N P T L L E N S A A S Y E S E F A B
C Y O E R E A S C S A T U M G C E I P E S E F A B
G N A L T A N M N L O C D M D T H D E O L D U N A
E A A E H N E G I R U B V O E I C T S B E P N E N
A F S C C T A B A F X P E T S V T E M F I I I N D
C F U A C I D U F G E R I H P P A S I E I I Y D U C
U I E R R Y O L A D E S I E L E W O D O K I T T S
A T W B L I I I A E E M E R A L D V P E K S R I W
T E T B C N G R S T O R E G A O B B A U E Y N R G
L E C I K N N U N E E N I N F N T A L T F L B N B
A C Y S M I O E C E E P U O T I A B B A B S E U U
F T S N E I A I E U E O N W R S P U G A O E C A R
```

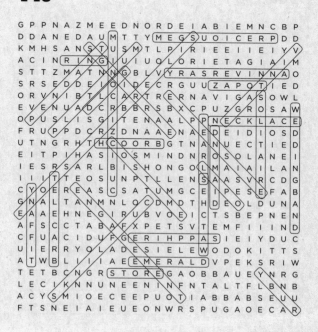

149

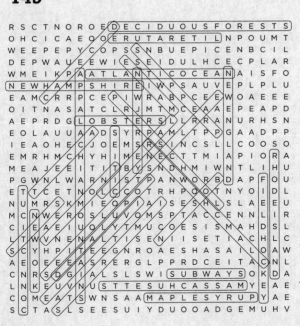

150

151

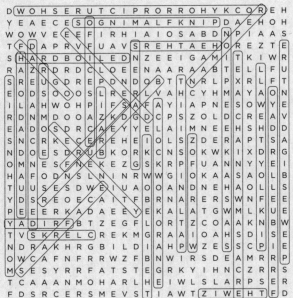

152

153

```
I A T A I V O M B I R S B T G E I N F E A S E I E
T S R D A C E I L C S O R F P E U E N S N O E P C
T E N S L R A A N S A N D S U M M E R Y S I A O R
A R I E A W C L S T N R I N C O B R O C V I O A S
I R I F W U S W I M S U I T O S R C L A C S I A N
S H O R E L I N E F N H O B T S E S E A L E N T K
P I A U D B G B M S O C R A B M L N U B A D N K I
L T E S S A I A S R W R H A R E L U R G D S N O B
A F N O M A S E E I K I N I R D A S E O E L A R O
S Y S L B F S R R U E S L I T I K N L L I S O D W
H S A G E W B G T S D B F N A T I L A F M D E E O
I R D G K A F L O A T S L L S E A T S L E N G F S
N H T A N T E L T N S C L A O R Y C I N M G S K E
G U T L E E S K R D L N O T S R W T R O P I C S L
J N A R S R A E R V T C R L I A I C P I C N I C R
D S I R L S H T B O A R E B A N C D I T S A I S I
N C C E X K S C C L A O L N L E M B A A E N U A F
L R L U L I R I A L R M I A O A N A E C O E I F F
S A A L K I U I F E E R R T A N N L A A I J A F B
T L A T R N S I U Y B O O O E L A K E V I T R E K
S A J T C G V F N B T W A L S I G O E A C J O P L
B A I B M S E V N A E A N N M R E S N T R E G X T
S H M L A N R A W L L X B E O S C G I D C C S N E
S L L E H S A E S L A L D A A O X A G T O I U I I
C S A N D C A S T L E S C E L A A U T R A E R L N
```

154

```
O D D H L M G W E O C Y G L I S G S E G O M R T M
Y P H N I E I R A C G E O R G E S S E U R A T S C
M C T D L E O N A R D O D A V I N C I R N S O A T
L N I E E O R R A S S I P E L L I M A C A V L I C
G R T O C G H O I N L N K C L L U P M D I S S L V
L C I D W L E C N A N D Y W A R H O L N T O A D O
E G A T A I A O N Y C Y E E S A E G C E C A C O R
R I N R T C L U R U M R M U E I X E E U R I I O L
I O E E A G I L D G M U G L E R N O L T U G P R O
G I S N I V E H E E I D S E E T E H T K M A O D L
V O L I I R A O T M M A R B V O D H E K L A L A R
T D J D I U O G L V D O O A O I O N C L T U B I L
E E N O L S G E G E A E N K V S J D A S R I A I M
L N R A E A U V I P G K E E D C H N R E E P P O O
A C I E S N K I A N O S K O T E E H N L B C U K L
M N C T H I M A R G M C L N O H F E I L G M M O S
D L O S U H G I I H R L A E B N N W E H A S J E E G
R T L U O I O D R I O U R R U Y I L L G A U M R N
A P U G I J Y O F O G H A A G A R N N A A L H T A
U O G U S T A V K L I M T P V L U D G H I E D A L
O L H A K A D I R F A N A L L D E C O R A R E
D F U A L O S J A C K S O N P O L L A C K G A S H
E C P A D V O I E O A O E A G V I S N R A L S R C
A U W I N S L O W H O M E R R R L I I A M O A L I
A H T W O R O L E I V O L A G N A S R M K G L L M
```

155

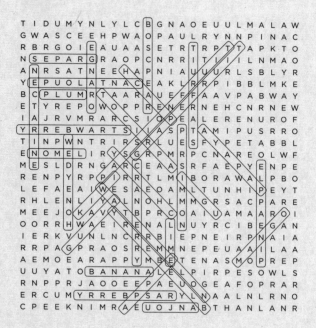

```
T I D U M Y N L Y L C B G N A O E U U L M A L A W
G W A S C E E H P W A O P A U L R Y N N P I N A C
R B R G O I E A U A A S E T R T R P T T A P K T O
N S E P A R G R A O P C N R R I T I I L N M A O
A N R S A T N E E H A P N I A U U U R L S B L Y R
Y E P U O L A T N A C E A K L R R P I B B L M K E
B C P L U M R T A A R A U E F F A A V P A B W A Y
E T Y R E P O W O P P R E N E R N E H C N R N E W
I A J R V M R A R C S I O P E A L E R E N U R O F
Y R R E B W A R T S I I A S P T A M I P U S R R O
T I N P W N T R I R S R L U E S F Y P E T A B B L
E N O M E L I R Y S G R P M R P C N A R E O L W F
M E S L D R N G A R C E A A S R F A E P Y E N P E
R E N P Y R P P I R R T L M I B O R A W A L P B O
L E F A E A I W E S A E O A M L T U N H I P E Y T
R H L E N L I Y A L N O H L M M G R S A C P A R E
M E E J O K A V Y T B P R C O A I U A M A A R O I
O O R R H W A E I R E N A L N U Y R C I B E G A N
R E K V U N L N C R R B I E P N E I R P N A I A
R R P A G P R A O S R E M M N E P E U A A I L A A
A E M O E A R A P P Y M B E T E N A S M O P R E P
U U Y A T O B A N A N A L E L P I R P E S O W L S
R N P P R J A O O E E P A E U O G E A F O P R A R
E R C U M Y R R E B P S A R Y L N A A L N L R N O
C P E E K N I M R A E U O J N A B T H A N L A N R
```

156

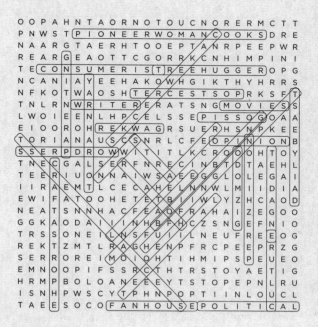

```
O O P A H N T A O R N O T O U C N O R E M C T T
P N W S T P I O N E E R W O M A N C O O K S D R E
N A A R G T A E R H T O O E P T A N R P E E P W R
R E A R G E A O T T C G O R R K C N H I M P I N I
T E C O N S U M E R I S T R E E H U G G E R O P G
N C A N I A Y E E H A K O W H G I K T H Y H R R S
N F K O T W A S O V E T E R C E S T S O P R K S F T
T N L R N W R I T E R E R A T S N G M O V I E S A
L W O I E E N L H P C E L S S E P I S S O G O A A
E I O O R O H R E K W A G R S U E R H S N P K E E
T O R I A N A U S C S N R L C F E O P I N I O N
S S E R P D R O W W I T I T L K C R O O O H T O Y
T N E C G A L S E R F N R E C I N B T D T A E H I
T E E R I U O N N A I W S A E E G G L O L E O A I
I I R A E M T L C E C A H E L N N W L M I I D A D
E W I F A T O O H E T E T B I I W L Y Z H C A O D
N E A T S N N H A C F E A O F R A H A I I Z E G O O
G G K A O D A I I I N H B F H C Z S N G E E N I O
T R S S O N E I L N S F U I I L N E U F R E E O G
R E K T Z M T L A G H E N P F R C P E E P Z R G
S E R R O R E I M O I O H T I H M I P S P E U E O
E M N O O P I F S S R C T H T R S T O Y A E T I G
H R M P B O L O A N E E Y T S T O P E P N L R U
I S N H P W S C Y T P H N P O P T I I N L O U C L
T A E E S O C O F A N H O U S E P O L I T I C A L
```

157

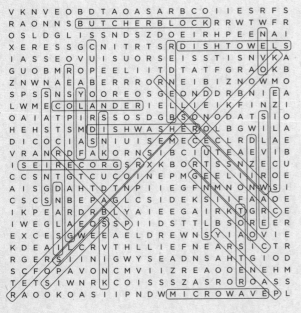

```
V K N V E O B D T A O A S A R B C O I I E S R F S
R A O N N S B U T C H E R B L O C K R R W T W F R
O S L D G L I S S N D S Z D O E I R H P E E N A I
X E R E S S G C N I T R T S R D I S H T O W E L S
I A S S E O V U I S U O R S E I S S T I S N V K A
G U O B M R O P E E L I I T D T A T F G R A O K B
Z N W N A E A B E R R O R N E I B I Z N O W M O
S P S S N S Y O O R E O S G E O N D D R B N I E A
L W M E C O L A N D E R I E L L I E I K F I N Z I
O A I A T P I R S S O S D G B S O N O D A T S I O
H E H S T S M D I S H W A S H E R O L B G W I L A
D I C O C I A S N I U I S E M E C E C L R D L A E
V R A N R D F A K O R N S I B C I U T E A E V I B
I S E I R E C O R G S R X K B O R T S S N Z E C U
C C S N T G T C U C O I N E P M G E E L I R O E
A I S G D A H T D T N P I I E G F N M N O N W S
C S C S N B E P A G L C S I D E K S I I F A A O E
I K P E A R D R B L Y A I E E G A I R K T G R C
I W E G L A E O S S P I I D S T T L B S O R E E R
E X C E S G W E E A E L D R E W N S Y I A O V I E
K D E A I L C R V T H L L I E F N E A R S I C T R
R G E R S I I N I G W Y S E A D N S A H T G I O D
S C F O P A V O N C M V I I Z R E A O O E N E H M
T E T S I W N R K C O I S S S Z A S R O R O A S S
R A O O K O A S I I P N D W M I C R O W A V E P L
```

158

```
G E E G E R I B K E L F E K E T U L T S B S G N G
T G R E D I P S R I R B A E T F I R E A N T I E R
E G S I L A S E S T Y T T I E D C S U P G I N L T
A Y I E N G E Y T A Y S V E C S E L D S L C D C B
E U A S I U H W B D I E F L L S Y N L L I K S A R
T A E N A B O T X U Q S O M R Y G A L M U I F E E
T W P E C E E D O Y T S Y D S U L S N T C N P I I
W B E O Q N E L L M A T U W B B T F S U E S I K G
O H K E I U L F A H O N E Y B E E D N K G E R F D
I D R T V J T O S I H W D R K B C T S O T C T R P
L R I E T X I C I C A D A I C F A O Y L L G T I N I
E E K T U C L B U U L I I R L E K G A L A F R C
G B F T W R A I F B C T E N R O H O S G R C D R
T V C O E L T E E B E L R K T S T H E T H R S E
H T R U S C E N T I P E D E S D I T E L T N E I
A M E L B K R E E B E D A L O E K B I T N S P L E
I F C W A S P A L M U I E P A C L D L I W P V H
M E T R L K I E Y E I E I D N K I L W L N S O E H
O F N H M L S U B L C E E Y E T Y N F G E N R T
E C H I R F L Y P D S S N L G E P G K I B P S F F
L S J E P R A Y I N G M A N T I S M I T U I S I R
E T T G E P R E E P Y E L O F G D T N C G F A S R
T R I P L T R I G N T V E E I E F L R H A M R H T
N Q F E K B C L Y O E L S I E K C I C B U R G T P
```

159

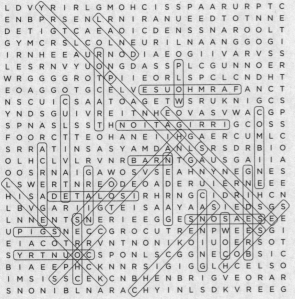

```
L D V Y R I R L G M O H C I S S P A A R U R P T C
E N B P R S E N L R N I R A N U E E D T O T N N E
D E T I G T C A E A O I C D E N S S N A R O O L T
G Y M C R S L C O L N E U R I L N A A N G G O G I
I R N H E E A U R N O D I A E O G I I V A R V S S
L E S R N V Y U O N G D A S S P L C G U N N O E R
W R G G G A N O T P I I E O R L S P C L C N D H T
E O A G G O T G C E L V E S U O H M R A F A N C T
N S C U I C S A A T O A G E T W S R U K N I G C S
Y N D S G U I V R E I T N H E O V A S V W A C G P
S P N A S L S S T N O I T A G I R R I G C O S S
F O O R C T T E O H A N E I X H G A E R C U M L C
S R R A T I N S A S Y A M D A N L S R S D R B I O
O L H C L V L R V N R B A R N T G A U S G A I I A
O O S R N A I G A W O S V S E A H N Y N E G N E S
L S W E R T N R E O D E O A D E R U I E R N E E E
H I S A D E T A L O S I R H R N G C I D R I H C N
L B V G A R I I G T E I S A A Y A A S I E D S G S
L N N E N T S N E R I E E G E S N O S A E S E E
U P I G S N E C C G R O C U T R E N P W E E S G I
E I A C O T R R V N T N O N I K O I U O E R S O T
S Y R T N U X C S P O N L S C G N E C O B S I C
B I A E E P H C K N N R S I G I G G L H C E L S O
I M S I S S C E K C N B H E N B R I G V E O R A R
S N O N I B L N A R A C H Y I N L S D K V R E E G
```

160

```
S U S C L O E N O H P E L E T E O I O C U K T N A
K O E I F C K E S L G I E O R R O G F A A T B S S
C R L R E R N E A N B A H K S U R O O E T H A O C
F A R D S R E N H L D R S S N V K F U S B U R G A
Y S E D N L H E E E O S M E T P I R O S N K E P
E T L O I Y R O M E M D A E U A T H Q P L R I H U
R O I S T H D R U B T M S D E A R T U L X Y M U R
S H G E S C U R A R G A O U E D H R A E S H O T E
R I H C E T C T O H E I G K P U S B R B V U N S H
P D I U U O K G P O T D H P D S K A E E H N S E
I E G E Q C D O D G E B A L L C E Y L M W G A U L
N A R H Y S U D L I T S E I U H V E R Z R Y S D F
C N E T T P C P O E T C D K L G S E E E A Y S L L
R D E K N O K F E E A H S T C E N C E N S H E A A
G S N A E H G J S G R R E G S A H I J D U I E A G
N E L E W R O U H H M N R L O A J T E W L P H D
S E I R U R P E A L P R S W K P P A D T
G K G H U P E R R D I G D A A P P C I S L S O R T
A T T N N G T O P E O E W O J H T D R N R L H S A
S E P O D B Y P I E S A S E E F A U A E T O I L
I C M D I E R E S R E A Y K D T T F E U O S L F S
K E Y C A C O D G I E H S R E V O R D E R O K H C
F A R D N A L Y D N A C Y D N S P U H E S U H H T
```

161

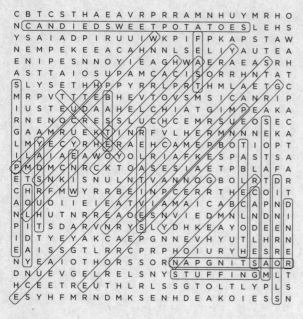

162

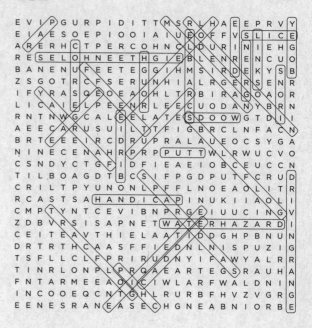

163

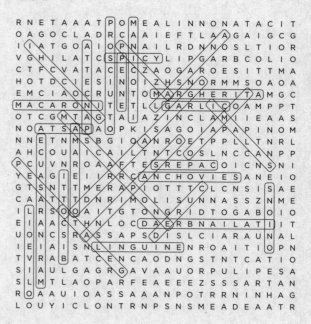

164

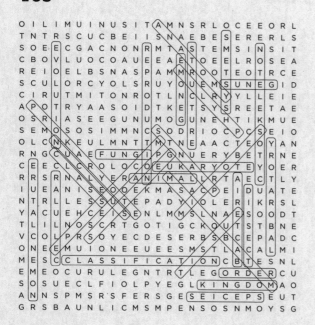

165

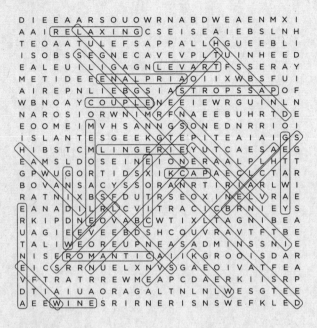

166

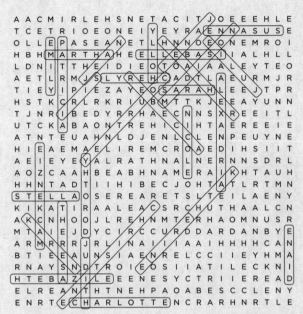

167

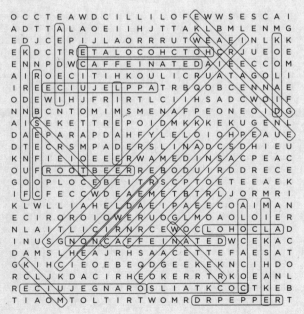

168

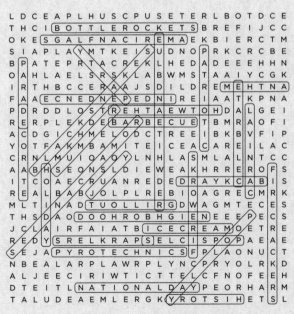

169

```
U S W E D P P U T M E R S R P K C R O A N A T G D
E C M D P D U R I N M L B C B T W T A A N R I E P
P S A N E N I R S R R P E R E B G R S G M E L M S
S U O R E P A S I L O H E R R P R A P N C D A L W
U W K O P E U R C E S S I E L N L L E U C C E W D
C G B C P A A L U A O R S P R S U N D A D T T E E
R N A U I A R D R U R Y R A R N D E E O I D S D V
T S T R A P D T R E S D E P L O R E B A E S G I O
I O T B I E E C S L L B T F E G K N R L O H O I A
Y S E S A C E C O B O F N N E V W O L R S O A S R
G I R I U S P E T A G D E R E M I I T R O C A M E
E T D I W E P M D R R C C U M F I S Y I V D G S N
O G E E A R T H D A Y E G A T D N C T I E U E G N
P R S S L D U Y O R A R N O N G C O C T L I E R C
E T N E S A B S G S V I A S E O R R S C A O L L
L E L I I K D R S E A P L R I E W E S I I A T C C
A N B G C R E L E D L L C M B T E S E E V I E E N
E A L S A U D D A O U T Y I R S N H P C O N R R E
M R P C R S E W R I M E C L H V R E B A L W E Y
R C W I S P U A A B I M E T A L S D S E P C D B
A C N T G C K E I E N D R D E N N S G R L E U A S
B O A S U R S D R K U D E E G A V L A S S E R G E
M R G A I C O N S U M P T I O N D D S S I S A S M
C I D L A C T H N O I T U L L O P E C U D E R A L
E I S P C R S L C E C D E S M B L P R S P V T D A
```

170

```
Y O T A O R L Y N D P T C O B M S S C L G M B I P
B S R N E A R R J L M U A B I L I U O R R T E E R
N S T B B O P O A D S O A R O K A A B M M G B M D
O K W E O O O E T B A B I E S R U S S U I S E R R
E W A R P E E S S D N L S G K R D S D D R G C A P
T S A X A C B O S U R S Y O T I S E R C A B B A P
R U L K F A S E R C A O O R H E A I R S S E A R P
B U L C E S U O H E R A W K L U B U T S F S T N A
H K A A R D E P A R T M E N T S T O R E H T H E B
U L U E J S B B S W E N E O C L R T N U O B A S I
U L A D C D L N P R K E E E B E O E E X I U N A A
B E O B P S E G A B M O F C C N S G E A W Y D N U
B E R E E E L T E E A S O L R D I R R M H D E B D
E I K N N R A P E O R S F P D E T A W R Q U E N O
B E I M N M R S O O T T U A O H P T H A L I Y O S
E E R D E A F E A C S R L E D B O U L C E E O L E
E R M S Y C T W O O N A T R T S U W S E F E N L E
A E A M S Y T O B J S M C C P R G M M T O S D E U
A A Y N E S L L P I T L S W R U A F B D O A S N K
T O K O L I S A L E B A C E T S S A H W D B B B A
E A O H P H C F O T D W D T S U T D E L S A N X O
Y N P R T D C H F B H O M U R E T S Y T R O O N O
A E B T S L H O K R C U A O A H T T S O X L H D E
O O Y D A O E S E W A E E W H T U R E B E E R N H
```

171

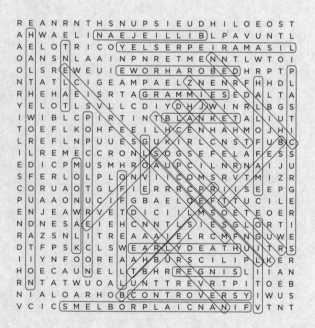

172

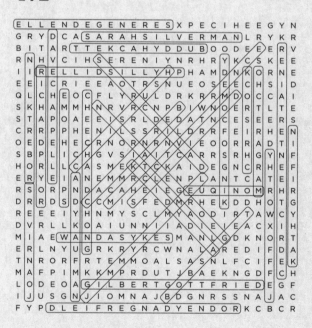

173

174

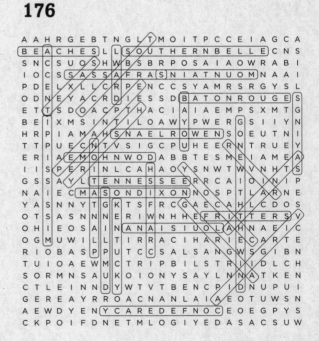

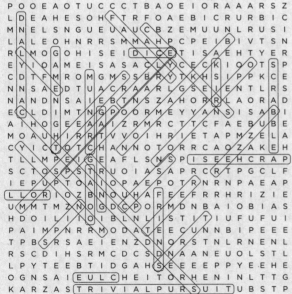

175

176

177

```
E E R D T E R A R O W L E E S L C L A S M B I A N
T G E E R L A A E D H A W S O O Y N S K G F L C F
L N H G O T A D V C U I L W K D E F Z S H N N A H
S I O A D C T W L N N R H A H A A M B I O H T R T
O L Y P N I A E I D S R G T R N O S T H O J R C E
D B M M P R N T S T R E T C H E F H R W M L U L
N R F C I N E F H R A W C H O D R E B A T T E R Y
I I T E G E R G C R I L C O T A A C X G O N L R A
I P E L G Y D A S G B P H N N N B L E P M C S R O
H P D H I C G D S U H A L A I D Y E I A D L E L X
H A T L S D C A C E O B L H N M H C R S I U C L D
D S B T B M E K T L E A A L X T T A S C S T E R N
W T B A E U L P R D E E H E U S M I N R L E T A T
M B U C H E R E R A A H L L A D R E G D E N E E R
T E G R T N I N S W B O H M T E R N S R E B C W S
U E J T X C D D D A R S W I T Z E R L A N D M I U
A D I D O M K Y C T I I I N D I G L O Y H L B U O
E K O E N E E M N R T V S U L P R I T R O R M V N
T E E T T A C T P T O Y O A A L E B I R T
U E V I I J H I A L N S S E M U K C L E W K M R S
A B P E I E G R I L E A T H E R D P K W N E A G I
E A A O C I U O U D R O B A T R M E X E M I T M C
E L W A T E R P R O O F H N L R L E R J T E N I H
D N F A K R B A I D H E E D W E D D R S I C T C E
D E L D A A E H R M C O L W E L W A C O N E L L R
```

178

```
I F U R T A K H E S I S U L O R S O L R N F A T L
U J L A D M A N D T E A J S E A N H H I H S R A G
N O E R J U R L F D U N E T A A E E R R G A D R G
Y A E T E A J C E W K A E R O M L T E M N I A E Y
D Q N M F M H Y R V M A R M N I U T O H R O V H D
E U E D F A T Y L C T O A Y R O G E R G H I I G S
Y I G A R R E T T C S I A N F E E T L O H M D E E
I N E L E E A E S R R C R O Y O L E U R B I H N R
U E E R Y K W A Q B I E O H N G C E C B H N J I H
I S R C R V C L E O H T V T L M S G R A A O R E R
H D S N U I A N L P E A A N T E I L T E N K E R E
L D H W N R H E O L N F W A A R L Y B K E J A O S
H R S E S S B T A E R E M R A G A R R I S O N A A
E A D E I I S W I R Y E A T Y N M A A I E A Y N A
E W V V W I R X D U N D D R R M B R A M G M D O H
U K E S R U A W H W E E A R R L E E N R O O Y Q D
E L S H A S A Y I S U R J G R D R R T E T H H E L
G A C R T N I L S C I I N R X R G A I N I T S U A
E K E T E T L X D O J C K N T S Y M O U U B U E A
T S A H D I A R Y A S K N E T N H Y A D T J E S T
A R N A A V C M S W Y O J C D A R Q T A Y L D V M
C L R M I O E O M L R I E L G I E R U U R L D T A
N A L E X A N D E R L R K C G W T E V H R R A R L
S S R E E I D A X E E D N E A A N A E E A I H N R
C A E A I N Y T R D R X L D T A D E X L V O T A T
```

179

```
R C O C O U I G E U O C R F F I Z N U A E O B O L
E C E D S E B I I C O F F E E B A N L R B U C N C
I I A P C C O A N R H N L I T N Q Z U C E Y N R I
A O T C A A C I U I I N A E S B C N A C I B R I N
F I M O T T O S E I T A I O L L E P A A P A R A E
C M U I T N U N U H T A A S D I M A R Y P U O N M
A B M A L R P A O M I N E A A N Y C E A A A A A O
C E M A E C F R C E C I C S E U C O H G O C E A
A U L P A Y R O T S I H C L N E E I I A I E C O E M
N T A C G U N E F E E U A R I O D E S C A S A A O
A E E I W T M A A N T Y G Q A L M N T P G L M T T
T D C S I L T H T I I T N H T A S A A E L E
O M O N I C O T E S F L H N A I F N O Z N L H A
F C E L E W I N E A E E I O U C E T U O E L I H C
T N Q E L S M A N E A A Z N O R A I N F O R E S T
T M U S A L R E B F G A A E M W I R R E C T L R H
R N A E V T U E O T P L R O D A U C E M G A C O L
U S T U I O G N S A C A C R S B L A G A Z I A N R A S A
O I O M S M A C H U P I C C H U A G P L A S A
O P R U R N C E A S N L N T F N N O S E C O A C O
E N T A I B M O L O C O O Q I Y H A E N L I A Z
L O S R C E A I U S L P C I I A N I O T N O E Y L
G A B O L O A G R I C U L T U R E O N I O C R C L
I A R P F A O I O N P N N C C H T S O H C N O P S
N I T Z N U T I A M A G U O E A E R N E S L T B N
```

180

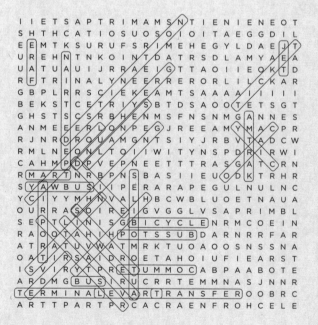

```
I I E T S A P T R I M A M S N T I E N I E N E O T
S H T H C A T I O S U O S O I O I T A E G G D I L
E E M T K S U R U F S R I M E H E G Y L D A E J T
U R E H N T N K O I N T D A T R S D L A M Y A E A
A U T U A U I J R R A E I G T T A O I I E O K T D
R F T R I N A L Y N E E R R E R O R L I L C K A R
G B P L R S C I E K E A M T S A A A A I I I I
B E K S T C E T R I Y S B T D S A O O T E T S G T
G H S T S C S R B H E N M S F N S N M G A N N E S
A N M E E E R L O N P E G J R E E A M Y M A C P R
R J N R D R O U A M G N T S I Y J R B V T A D C W
R M L N E O N L T O I I W I T Y N S P D R I R W I
C A H M P D P V E P N E E T T T A S G A T C R N
R M A R T N R B P N S B A S I I E U O D K T R H R
S Y A W B U S I I P E R A R A P E G U L N U L N C
Y C I Y Y M H N V A L H B C W B L U O E T N A U A
O U R R A S O I R E I G V G G L V S A P R I M B L
S E P T L I N I S G B I C Y C L E N R M C O E I N
R A O O T A H H P O T S B U S D A R N R R F A R
A T R A T U V W A T M R K T U O A O O N S A R S T
O A T I R S A I D R O E T A H O I U F I E A R S T
I S V I R Y T P R E T U M M O C A B P A A B O T E
A R D M G B U S I R U C R R T E M M N A S J N N R
T E R M I N A L E V A R T R A N S F E R O O B R C
A R T T P A R T P R C A C R A E N F R O H C E L E
```

181

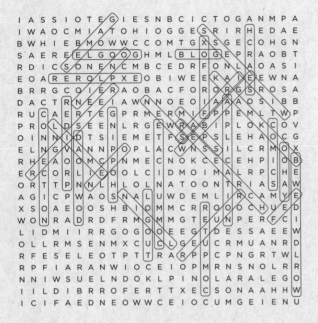

```
I A S S I O T E G I E S N B C I C T O G A N M P A
I W A O C M I A T O H I O G G E S R I R H E D A E
B W H I E B M O W W C C O M T G X S G E C O H G N
S A E R E E L G O O G H M L B L O G E P R A O B T
R D I C S O N E N C M B C E D R F O N L A O A S I
E O A R E R O L P X E O B I W E E K A I E E W N A
B R R G C O I E R A O B A C F O R O R G S R O S A
D A C T R N E E I A W N N O E O I I A A A O S I B B
R U C A E R T E G P R M E R M I F P P E M L T W P
P R O L D S E E N L R G E W R A B I P L O K C O V
O I N N I D T S I E M E T F S E P S L E H A O C G
E L N G V A N N N O P L A C W N S S I L C R M O X
R H E A O O M C P N M E C N O K C E C E H P I O B
E R C O R L I E O O L C I D M O I M A L R P C H E
O R T T P N N L H L O L N A T O O N T R I A S A W
A G I C P W A O S N A L U W D E M L I R C A M Y E
X S O A E O O S H B I O M M C R R O O C H U E D
W O N R A D R D F R M G M M G T E U N P E R F C I
L I D M I I R R G O G O O E E G T D E S S A E E W
O L L R M S E N M X C U C L G E U C R M U A N R D
R F E S E L E O T P T T R A R P P C P N G R T W L
R P F I A R A N W I O C E I O P M R N S N O L R R
N N I W S U E L N D O K L P I N O L A R A L E G O
I I L D I B R R O F E R T T X E C S O N A A H H W
I C I F A E D N E O W W C E I O C U M G E I E N U
```

182

```
O B O S G S U R N E I I A T K P E M S I L I M R E
K K M U E S U A B A T S H H L N G L A O C C O S P
A S T P O A I L K P G U N H U E S U Y N R I E A E
O S P M G S S L Y L E S P T C U R I B O U H N I R
E U R U G A B E E A A M C E M L I N I A T O O H R
I P R U A L T L E A A U C I R L T I O E C U R P N
W T U A E O T Q E U Y C E U E N A H N H T N I C S
G O N A O K N I W R H U C T R E N C I U T S A R D
R M E M I P O O C K N C T N C C O C O E P H O A S
O A A S E I N I K P M U P A E A K U N P S N U E C
N T L O M B U H E S C M B C R P B Z P A C R S D A
H I R H C P B S N E O B H H E L U R U A H C I O U
U L U T A T G P C A A E E A I A A Q T A A G P E T
B L S A U B E R E G T R O R H P S E O T A M O T L
E O E I L A R O E N T S H D A P O T A T O M A Y S
H A I L I A T U R E E K O H C I T R A H A C O O N P
P C L O F R P T T A N P I N R U T B I D S P C K A
P A B C L E S S N A E B A M I L L P O S O C E R T
U E H C O R T R T P B C E R S N U L H C R L L A P
N N T O W E B S P A H A E A U T E H A C O C E I P
S C I R E A C E G S A P G C N G A E O O B R R U N
E E C B R E R E K I C C L A U S U E L G P T Y N S
T P T P L S Y R I S K E A M T N A L P G G E S H M
U N L S T U O R P S S L E S S U R B A S H Y R R A
P S N E L A S U R P U S C R N R A D I C C H I O E
```

183

```
S A T I B V S H G C I E E P P R T E S G B S R A A
A S O O L S I S R E E H C M A E T E M O H B F N I
C O C C N L U G S N E L L O G T A E R L G M O H E
O H D O W O C T D E N L G E M E E L L A B E S A B
L M S C D E T A H B A M L F R P C S U G S C N L E
P R A C S E P I O B K L L E M R E V A W E H T F E
B N I R F R R N T A O S B O E U C T E H R U O T W
S C E P H M A E D C S E C C A O I S I S L T G I T
C A I E N A K C O E E M C P B A S D E T E A N M L
A A O H K S W V G R A O L N E O W N A E I N I E R
P I I L A S B A S O S L L T S D O A U T E O N E L
S P O B W O O S E C O A A T O I E T T R S H N A E
E O Y L S B A T F S N M B I E A T S T E K C I T A
M F N A E P O P C O R N T A T O B G N R P M I S G
P T E G P B T O I N O B O O L A A V E T S O S O U
V O A E C L C S A I R P O E S T S E Y H P O R T E
A O T W R E S T L I N G F O R A A T A R E N A R B
O E N H R E R T L P I H S N O I P M A H C L O T K
P I I P F H L B R O D R G A T L G O D N T H M O E
N R P O C N B P M N B I I K I G H R A U A A E I E
L C R O E P B G E N L T B U S A S A E E T O T F B
T P T L L A H N B S T I G B I T E R L R O T V N O
I M S F I I O A O N C E E N V E C N E O R E E O S
L H L B A E K S T E P A T C F E N N L O S E R E T
N G A S E H P S D O E A S A S E L O S W A S A L I
```

184

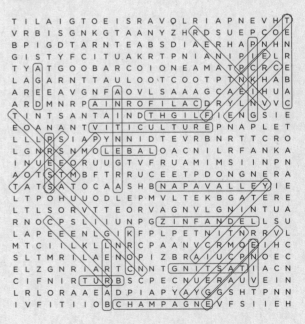

```
T I L A I G T O E I S R A V O L R I A P N E V H T
V R B I S G N K G T A A N Y Z H R D S U E P C O E
B P I G D T A R N T E A B S D I A E R H A P N N R
G I S T Y F C I T U A K R T P N I A N I P I E L R
T Y A T G O O B A R C O I O N E A M A T P C R C E
L A G A R N T T A U L O O T C O O T P T N K H A B
A R E E A V G N F A O V L S A A A G C A E X H U A
A R D M N R P A I N R O F I L A C D R Y L N V C K
T I N T S A N T A I N D T H G I L F I E N G S I E
E O A N A N T V I T I C U L T U R E P N A P L E T
L L L P S I A P Y N N I D T E V R B N R T T C R O
L G N R S N M O L E B A L O A C N I L R F A N K A
I N U E E O R U U G T V F R U A M I M S I I N P N
A O T S T M B F T R R U C E E T P D O N G N E R A
T A T S A T O C A S H B N A P A V A L L E Y I E
L T P O H U U O D L E P M V L T E K B G A T E R E
L T L S O R V T T E O R V A G N V L A G I N T U A
R N O C P S L I I U N P G Z I N F A N D E L L S U
L A P E E E N L G I K F P L P E T N I T N R R V L
M T C I I L K L L N R C P A A N V C R M O E I H C
S L T M R I L A E N O P I Z B R A I I U C P N O E
E L Z G N R I A R T G N I T S A T I A C N
C I F N I R T U R B S C P E C N U E R A U V E I N
L R L O R A A E A D P I A P Y A Y G G S H T P N N
I V F I T I I O B C H A M P A G N E V F S I I E H
```

185

```
T C R T A A R M D A R A E I D F F T I F T O I P N
M T O L S I T R L D T E E S I S R D M S E T O T Y
F P X T P E P D R I D E S G U N G C R A E T S O E
U E C H T A T W N T R C S A F O U U A M E A D K L R
A N U S P O S U S A O D D S D I M P D F F R C X L R
R S U D F N N I S C L O R T E T N S H U N C N A O
D C I R O T F C O W I T O S N C U I R L N L A S R
I U W S M U U N A G I H P I D A C D I S N A N R R
O E F R V N S E L N S F E X K R I E N C E F D E R O
A I E A L A M I N A D E F F U T S D E S L S O T O
N T R C E D A C R A N Y T L O T T O V A C R V C I T
K S D R L N L E A E E W F A U A A W U S A R O A T K
E N P E D I L S R E T A W G R F P N O O K R F O R F
I D A P S K D S O H S S G S N T E E S E E R O A F
E D N M S F F O O D N T A A R I S E O U C A K H S
D L W U W U D T N D I A M O I S L F N I P C N C O
C N E B N N A E L C A L E D C I R L N R F O R A S
T R R L I H R F K D N S S K K R T L I A L A T P R
A G F E L O R E D R E N E E F E E Z C R M F T C W
A I L D F U T L M A S E A L G S E L O B H A R O O
L O E B O S T R O L L E R R F C L D L X Y T S I S
I D I S N E Y W O R L D O D E C T E T O E O Z S T
A G I R E C E E S Z T E O R R F R E C R R D R X A
W T D O L C O L E E H W S I R R E F G P D E E R E
A E N T U E E O A L U P A U C X T C R S D L E T N
```